21世纪新闻传播学丛书

# 深度报道：理念与操作

徐国源　著

苏州大学出版社

**图书在版编目(CIP)数据**

深度报道：理念与操作/徐国源著．—苏州：苏州大学出版社，2004．8(2010．2 重印)
21 世纪新闻传播学丛书
ISBN 978-7-81090-287-8

Ⅰ．深…　Ⅱ．徐…　Ⅲ．新闻报道—研究　Ⅳ．G212

中国版本图书馆 CIP 数据核字(2004)第 046635 号

**深度报道：理念与操作**
徐国源　著
责任编辑　许周鹈

苏州大学出版社出版发行
(地址：苏州市干将东路 200 号　邮编：215021)
常熟高专印刷有限公司印装
(地址：常熟市元和路 98 号　邮编：215500)

开本 787 mm×960 mm　1/16　印张 20　字数 373 千
2004 年 8 月第 1 版　2010 年 2 月第 2 次印刷
ISBN 978-7-81090-287-8　定价：35.00 元

苏州大学版图书若有印装错误，本社负责调换
苏州大学出版社营销部　电话：0512-67258835
苏州大学出版社网址　http://www.sudapress.com

# 序言

孙旭培

我们这一代人被"文革"愚弄过,也写过愚弄别人的东西,无论哪一种愚弄都应该反思、反省。

20世纪六七十年代,我在一个大型煤矿做过新闻报道工作,那时都是按照"因为A所以B"的模式写稿,只要生产形势好,每月都可以见报,这个月写"抓阶级斗争,煤炭产量升",下个月写"办好学习班,煤炭大超产",再下个月写"人口下来了(宣传抓计划生育),产量上去了"。这些"愚民新闻"都有一个共同的特点,就是宣传简单的因果关系(或称线性因果关系),尽管实际上两者根本构不成因果关系。可那时的新闻学教人们根据形势需要抓角度,搞的就是这一套。

搞改革开放,是做真正的大事业,来不得半点花架子。新闻工作者明白,许多事物都不是"因为A所以B",而是"因为ABC所以DEF",即不是简单的因果关系,而是多因多果的关系。而这一点正是催生深度报道的重要原因之一。与此同时,随着我国受众平均知识水平的提高,那种仅仅限于达到宣传目的的"愚民新闻"遭到人们的鄙视。改革开放过程中出现的大量问题与困惑,需要新闻工作者去辨析,去解答。深度报道则实现了报道的广度与深度的统一:一方面,信息容量大,通过详尽披露有关新闻事件的多种资讯,使报道更为真实、客观、全面;另一方面,信息指向明确,通过各种新闻背景的合理运用,表现出新闻事件的"景深",着力于深入发掘新闻事件的本质和意义,使报道更为深入、透彻和权威。

美国哈钦斯委员会在其提出的《自由而负责的新闻界》报告中,指出了深度报道的本质:"所谓深度报道,就是围绕社会发展的现实问题,把新闻事件呈现在一种可以表现其意义的脉络中。"在我国社会转型的年代,特别需要大量的深度报道。用喻国明教授的话说,"我们需要以现实问题的解释、分析为核心",将有关新闻事实"编织出一个正确地确定其社会位置的经纬度坐标系来"。这就是深度报道的功能，因为它不但报道“实事”，还达到“求是”。

深度报道自然而然地会揭示很多的问题，其中有些从宣传的角度来说，最初并不是希望传媒涉足的问题，但是由于这些问题是改革进程中必须正视和解决的，就随着深度报道的进行而成为人们广泛谈论的话题，最后由于获得社会的广泛参与而得到解决。这种情况确实不胜枚举。从这一点来看，深度报道的发展，也促进了我国新闻自由度的提高。

深度报道的兴起，除了以上所谈的社会原因外，也与我国传媒进入20世纪80年代以来竞争日趋激烈有关。由于高新技术日新月异，信息社会的信息渠道四通八达，各媒体抓独家新闻愈来愈困难，竞争的一个重要方向就是作深度报道。可以说，深度报道为产生名记者、名媒体提供了较为理想的环境。《南方周末》等知名报刊就是例证。

深度报道在我国新闻界发展了20余年，学界和业界对它所进行的研究林林总总，难以计数。但现在摆到我面前的这本徐国源的书稿，堪称此类研究之佼佼者。这本书结构合理，层次分明，概念明晰，是新闻业务研究领域的一部力作。

此书在前人研究成果的基础上，力求开拓创新。著作引证丰富，资料翔实，同时又富于自己的见解，是站在前人肩膀上写出来的有见解的学术著作。因而它不同于一般的新闻教科书，是一本颇具理论深度的研究性著作。作者严格遵循研究性著作的写作规范，重要概念的引入，都细致阐明其内涵与外延。全书逻辑性强，知识密集，信息丰富。书中应用了不少其他学科的知识，特别是把传播学理论与新闻学理论融会贯通，这是很可取的。

我历来认为，许多新闻学的研究者把新闻业界“急就章”的作风带到学界来，写出的东西肤浅，既很少引经据典，又缺少真知灼见，好像是在做“经常讲，反复讲”的宣传工作。而做学问是需要有“板凳须坐十年冷，文章不写半句空”的精神的。徐国源是文学博士，文史哲学科扎扎实实做学问的传统作风就表现在他的研究中。这都是值得称道的。

2004年3月于华中科技大学

（序言作者为中国社会科学院新闻与传播研究所研究员，中国社会科学院研究生院新闻系教授，华中科技大学新闻与信息传播学院特聘教授、博士生导师）

# 目 录

contents

## 原理篇

## 第四章　深度报道理论经纬(下)



# 采访篇

## 第五章　深度报道的采访(上)



## 第六章　深度报道的采访(下)



# 写作篇

## 第七章　深度报道写作概述

## 第八章 独立文体的深度报道写作



## 第九章 组合文体的深度报道写作



## 第十章 广播电视和网络媒体的深度报道写作



# 编辑篇

## 第十一章 深度报道的编辑

# 原理篇

# 第一章 深度报道的本质

2003年1月12日，由传媒观察网、九州传媒研究中心共同主办的“九州传媒奖”在清华紫光国际交流会议中心揭晓。这是国内第一个将媒体经营管理、发展创新作为主要要求的传媒评选活动。在2002年度“九州传媒奖”获奖名单中，有几个与媒体创新有关的奖项特别引人关注——

年度最佳媒体奖：《南方周末》。获奖理由：“《南方周末》作为一份综合性的周报，不论是报纸本身的品质，还是报纸的市场表现，都堪称当今中国最优秀的报纸之一。更重要的是，《南方周末》体现了中国传媒人的理想。”另外，《南方周末》还同时获得了“年度报道突破奖”和“年度传媒人文关怀奖”。

年度独家报道奖：《财经》杂志。获奖理由：“对中国财经界的很多重大事件、黑幕、内幕进行了独家报道。”

年度深度报道奖：《三联生活周刊》。获奖理由：“《青基会的赢与亏》一文，压力之下见英雄本色。有关东突、杨斌事件的报道更体现其视觉敏锐、深度分析的新闻周刊特点。”

这次评奖，多少折射出人们对传媒报道有了一种新的评价尺度和视角。《南方周末》《财经》杂志、《三联生活周刊》等报纸或期刊之所以在这次评奖中脱颖而出，除了它们的办报理念和思想给国内传媒提供了许多有益的启示，以及它们的影响力、发行量和市场表现等因素之外，传媒本身的品质，如社会责任承担和人文关怀、报道的锐利和勇气、满足读者的深度资讯需求等方面，也是一个不可忽视的因素。这些品质，从报道方式看，又似乎都与深度报道有关。

相对于客观报道而言，“深度报道”作为一个独立概念的提出时间不长，但发展迅猛，业已成为世界范围内新闻媒体中传播的新一代主流新闻，且新闻的"深度"理念，像新闻的"客观"法则一样，已经渗透到新闻理论和实践的各个方面。毋庸置疑，深度报道已经成为当今传媒资讯时代的重要报道形态，那么我们有理由质询：如何界定深度报道？它是如何衍变而来的？它的传播原理是什么？新闻的"深度"如何生成？它的采写原则和技艺又是什么？这一切，正是本书要讨论的问题。

让我们带着这些问题，进入新闻报道的深度空间。

## 第一节 "深度报道"辨析

深度报道，在西方新闻学中被称为"In-depth Reporting"。我国最初引入"深度报道"一词的新闻学工具书，是1984年3月由浙江人民出版社出版的《新闻学简明词典》，该词典在"西方新闻学术语"类中，对"深度报道"就有比较概括的介绍：

> 深度报道(In-depth Reporting)，是一种阐明事件因果关系、预测事件发展趋向的报道形式，诞生于本世纪40年代，是新闻的五个"W"和一个"H"的进一步深入的报道方式。它的主要特点，要在"why"(为什么)和"how"(怎么样)中进一步深化，要求"以今日的事态核对昨日的背景，从而说出明日的意义来"。在"时间"(when)上，不仅要说明现在，还要追溯既往，推测未来；在"地点"(where)上，不仅要报道现场，还要注意到地点的延伸和波及；在"人物"(who)上不仅要采访当事人，凡直接、间接有关人员都应采访；在"新闻事实"(what)上，与新闻事实有关的情形与细节都要尽量搜索；在"原因"(why)和"经过"(how)上，不仅要说明新闻发生的来龙去脉、前因后果，而且还要分析它的意义，预见它事件的发展和影响。
>
> 这是一种为对抗电子新闻竞争而发展起来的报道模式。西方记者认为，报纸只有充实版面内容，开拓报道的深度和广度，才有可能胜过广播、电视新闻传播。

这个定义基于报道方式的探讨，或许还没能充分表达西方"深度报道"

的全部内涵，但对于当时我国新闻理论界和业界来说，却是新鲜而富有启发意义的。但遗憾的是，这个“定义”却一再被人们所忽略，以至“深度报道”一词尽管后来被广泛沿用，但我们对它的认识却仍是极其模糊的，且经常在不同语境中滥用这个概念。

从业界范围看，自20世纪80年代中期起，我国新闻界就有人试图对“深度报道”作出定义。有一定代表性的观点如，有人认为，“深度报道是在思想上有深度的报道”；也有人认为，“深度报道是更长、更详尽的报道”；还有人认为，“深度报道是一种解释性报道，一种‘大报道’”。显然，以上种种对“深度报道”的理解是很肤浅也是片面的，与前述西方新闻学中“深度报道”定义相比较，明显反映出我国新闻业界因实践匮乏而表现出的认识上的肤浅。直至90年代以后，由于新闻媒体大规模涉足“深度报道”，人们对“深度报道”的认识逐渐深化、明了。1993年出版的《新闻学大辞典》总结了多年来媒体“深度报道”的实践经验，对这一概念作出了新的界定：“运用解释、分析、预测等方法，从历史渊源、因果关系、矛盾演变、影响作用、发展趋势等方面报道新闻的形式。”①这个定义立足于新闻“方法论”，对“深度报道”写作实践有一定的指导意义。

作为较早创办电视新闻深度报道节目的中央电视台新闻评论部，其推出的栏目《焦点访谈》《东方时空》和《新闻调查》在公众中具有广泛而深刻的影响。他们对电视深度报道作过不少有益的探索，因此对此具有比较深切的认知。中央电视台新闻评论部把深度报道栏目的风格表述为“把编辑记者对事实本质的认识通过对事件的报道，对事物内在逻辑的揭示，达到引导观众思考判断的目的”。孙玉胜则基于电视深度类节目，特别是调查类节目的探索性实践，在《十年》一书中对“深度”理念作了探讨，认为，“深度来源于事实本身”。深度报道是对事实真相的探寻过程。“所谓深度，就是对事实的占有，作为记者，你获得的事实越多，你离深度就越近。”由这些表述不难看出，随着深度报道实践的丰富和理论思考的深入，媒体已经能够将深度报道由操作层面提升到理性层面上予以把握，逐渐逼近于“质”的探讨。但新闻业界的定义也有一个普遍存在的问题，即他们往往从自己的个别经验中，提炼出对于深度报道的看法，因此有的定义虽有启发性，却未必具有普遍适用性。

---

① 甘惜分：《新闻学大辞典》，第153页，河南人民出版社1993年版。

学术界对于深度报道的解释，也因认识的差异而显得莫衷一是。有的定义着眼于深度新闻的内容、文体、形式的变构，就仓促作出结论，认为“深度报道是一种新闻文体”，如有的著作就把深度报道与解释性报道、预见性报道等文体划为一类，以为“在我国，深度报道也称为‘全息报道’‘全方位报道’‘解释新闻’‘大特写’‘事实纪实’”①。中央电视台原台长杨伟光则认为：“深度报道是一种通过系统地提供新闻事件的背景，用客观形式解释和分析来延伸和拓展新闻领域的一种报道方式，一种以‘深’见长的新闻体裁。”②这些定义都把深度报道混同于一种新闻文体。但稍加分析，人们便不难发现，前一个定义本身不仅存在分类学上的逻辑矛盾，而且以罗列性描述代替理性分析，也是非科学的定义方式；而后一种观点把深度报道既视为“报道方式”，又看做是“新闻体裁”，也是不恰当的。因为“报道方式”与“新闻体裁”虽不无关联，但毕竟前者属于新闻的运作手段或方式，而后者则归于文体范畴，不能简单地等同起来。

其实，深度报道从来就不能简单地说是一种文体，从某种意义上讲，深度报道只能说是“新闻执着于深刻性的一种写作旨趣”③。1992年2月，经过资深电视专家拟定的我国“电视新闻分类条目（讨论稿）”中，没有将“深度报道”作为独立的体裁与消息、专题、言论等并列；在“新闻联播”和其他新闻类的栏目中也鲜见“深度报道”类的说法。鉴于此，有专家曾明确指出：“深度报道没有固定的格式，也不应过多地受篇幅长短的限制，只要能从深层反映新闻事实真相，通讯、特写、评论、专稿、调查报告都可以写成深度报道，即便是一条消息，只要它立意高远，对问题反映深刻，也可以被看做是深度报道。”④这种认识比较接近深度报道的实质。而在新闻实践中，组合文体的深度报道的出现，进一步打破了“深度报道是一种新闻文体”的设定。这种组合式报道立足于“深”字，将多种新闻文体加以整合，从而在整体上构成了深度报道，绝非任何一种新闻文体能够归属。对此，台湾地区学者沈征郎有一阐述：“基本构架为新闻，再配合记者分头探访的相关新闻，专家与学者的看法，又有列表图片的辅助……这就是即时的深度报道形

① 高宁远、郭建斌、罗大眉：《现代新闻采访写作》，第142页，新华出版社1998年版。

② 杨伟光：《中国电视论纲》，第168页，中国广播电视出版社1998年版。

③ 杜骏飞：《深度报道写作》，第2页，中国广播电视出版社2000年版。

④ 陈作平：《新闻报道新思想——新闻报道认识论原理及运用》，第157页，中国广播电视出版社2000年版。

态……深度报道的写作形态很难明确分界。”①这种以超越文体和写作的视角看待深度报道的观点，或许更贴近其本质。鉴于以上一些理由，如果把深度报道看做是超越于“新闻”之上的独立性文体，显然是没有道理的。

杜骏飞、胡翼青的新著《深度报道原理》是旨在探讨深度报道理念，并期望“在新闻理论建构上着眼于若干有意味的突破”②的专著。该书提出有关“深度报道”的定义为：“‘深度报道’所体现的是一种新闻旨趣，它揭示了新闻的主体与客体之间的关联，从深度（深刻性）和广度（广延性）两方面指出了新闻文本以受众认知效用为主导的运作方向。”同时，他们又不同意将深度报道看做是“报道形式”或“报道方式”，而是强调深度报道的“超文体价值”。应该说，该书提出“深度报道的旨趣是一种思想方法，也是一种新闻理念”，并指出深度报道的“本质在于对新闻本体的哲学理解”，其理念“是一种具有人文主义特征的新闻本体论”，“指向是社会关系的总和”等，这些见解都具有启示性，但他们从根本上否认深度报道同时是一种“报道方式”，却是不可理喻的。在笔者看来，深度报道尽管可以从哲学理念和新闻本体意义上加以认知，但也不能否认，自它诞生之日起，深度报道主要还是与媒体实践相关涉，它不仅是一种“传播旨趣”，还是一种因新闻传播者对新闻本体认识的不断深化和媒体实践的探索所呈现出来的全新的操作方式和报道形式。如果否认了它是一种报道方式，在某种意义上也就割裂了深度报道的置身之地，那么我们没有理由，甚至也无法探讨深度报道的可操作途径了。

在评析了以上一些深度报道的定义之后，尚需提出我们自己的理论。深度报道无疑是相对于客观报道的平面性、片段性和孤立性而言的，我们唯有从新闻理念的递嬗中，发现其所处的新的“文化版图”，才能对深度报道作出恰当的解释。鉴于此，在所有关于深度报道的定义中，笔者以为美国哈钦斯委员会在其报告《自由而负责的新闻界》中为深度报道所下的定义最接近它的本质：“所谓深度报道，就是围绕社会发展的现实问题，把新闻事件呈现在一种可以表现其意义的脉络中。”

如何理解这个定义，喻国明教授曾作过比较深入的阐发：“深度报道‘深’就深在以现实问题的解释、分析为核心，为呈‘点’状分布的有关新闻

① 沈征郎：《实用新闻编采写作》，第153页，台湾联经出版实业公司1992年版。
② 杜骏飞、胡翼青：《深度报道原理》序言，新华出版社2001年版。

事实编织出一个正确地确定其社会位置的经纬度坐标系来。如果说，客观报道的基本要求是‘实事’，那么，深度报道的本质要求就是‘求是’。”①

这个定义源于西方新闻的社会责任理论，但其本质却是向社会学和新闻本体敞开的，而且更切合于新闻报道的实践活动。换言之，借助这个视角，我们便会找到深度报道不同于一般客观报道的特殊本质。

首先，深度报道将历史的、现实的和未来的因素融会起来，构成“全方位、大综合、超时空、深层次”的立体报道。或如西方记者所说：“以今日的事态，核对昨日的背景，从而说出明日的意义来。”深度报道提供有关历史背景，并从放眼未来回瞻今天，既可以解释正在发生的新闻事实的来龙去脉，交代与之相关的事实之间的因果关系，有助于受众更清楚地认识事情的真相和本质，同时又能够揭示事态的发展和走向，从而真切地把握某个事件在整个历史链中的意义和价值。

其次，深度报道将新闻事实的多层次内涵充分挖掘出来，注重事件与事件、事件与背景，以及它们与各种社会反映之间的内在联系，从而在不同层次的关系中透视其社会意义。美国哥伦比亚新闻研究生院的教程中，曾提出新闻报道的“三层次”划分理论：第一层报道，是事实性的直截了当的报道。此时，记者会直接援用新闻发布会、新闻公报、声明、法令和各种社会意见等。第二层报道，是发掘事实真相的调查性报道。这里，记者不仅采集事实，而且还寻找旁证，核实材料，增补事实，并且在报道中渗透记者的见解和思想。第三层报道，是在事实性和调查性报道的基础上所作的解释性和分析性报道。记者将会对事实进行多方面的解释和阐明，提供原因、结果、观点、分析、说明诸要素，引导受众深入到事实的本质中去。所谓深度报道，正是在上述第二层、第三层报道基础上形成的，明显具有新闻性、调查性、解释性和分析性特点。为适应于此，深度报道要通过揭示这些要素之间的内在关联，帮助受众在一种“情景化的状态”中更为全面地了解事物的由来与意义。

再次，深度报道特别关注事件发展的连续性和过程性。深度报道除了在空间上反映事件的多种环境性因素外，在时间上也体现其延展性和戏剧性。或如刘建民教授所说：在深度报道中，“记者抓住的绝不是‘本质的瞬

① 喻国明：《深度报道：一种结构化的新闻操作方式》，见《媒介的市场定位》，第332～337页，北京广播学院出版社2000年版。

间’，而是‘一定时空运动的本质’”①。如果去除了动态的过程性，那么受众就无法更为真切、生动地把握“这一个”事实，也可能会“蒸发”掉报道中必要的“铺垫”或“延迟”所带来的阅读和视听期待。

最后，与客观报道那种“冷眼观察”的报道方式异趣，深度报道不排斥记者的主体“介入”和主观倾向。深度报道因其体验性、解释性和分析性特点，记者往往不可能做到绝对的中立，甚至因为强调记者对问题或事件进行深入调查、价值判断和预测分析，还在某种程度上强化了记者的个性色彩。当然，我们仍需指出，深度报道中记者的“介入”应该是有限度的，它以不损害新闻的客观性和真实性为前提，并且不能因“介入”而构成“霸权性”的话语扩张。

由于深度报道具备以上这些特殊品质，一些研究者从内容上分析了它通常包括的具体指标。陈作平认为，一篇优秀的深度报道可能会体现以下12 项指标的部分或全部：事件、背景、有关资料、说明、原因、意义、过程、分析、前景、时效、事态和建设性意见。② 而杜骏飞则结合自己的认识，认为如下 9 项指标是不可或缺的：（1）事件，即新闻事实的主体。（2）新闻背景，即新闻发生的前因。（3）新闻前景，即与此新闻事实相关的其他新闻事实。（4）新闻过程，即这一新闻发生递变的过程。（5）新闻分析，即对这一新闻事实所作的主观评价或意见倾向。（6）主观感性，即新闻工作者在感觉上所得到的具体印象。（7）新闻预测，即新闻记者根据现有的新闻事实及相关材料对未来所做的预言。（8）图片，即与此新闻事实相关的图表、照片等，包括图片本身的说明。（9）对策，即记者对于如何干预新闻事实的现实化意见。③ 上述两种指标体系基本暗合，没有根本性差异，这里不再另作补充。

---

① 刘建民：《宏观新闻学》，第 110 页，中国人民大学出版社 1991 年版。

② 陈作平：《新闻报道新思路——新闻报道认识论原理及应用》，第 154 页，中国广播电视出版社 2000 年版。

③ 杜骏飞：《深度报道写作》，第 2 页，中国广播电视出版社 2000 年版。

# 第二节　深度报道的特点

“深度报道”一词自诞生之初，就曾招致许多批评。美国詹姆斯·波普就指出：新闻理论中不应该使用“深度报道”这一概念，因为它似乎暗示人们，曾经在某一个时期里，有一种“肤浅报道”被接受过。他进一步指出，“新闻”一词从来就与深刻联系在一起，肤浅的、不深刻的新闻根本就不是新闻。

这种观点自然不乏合理之处。但从社会角度看，因受众对于各种新闻资讯的不同需求，有些报道客观上并不以“深刻”“深入”为追求，而仅是一种简单的客观告知，也并非不可理喻。这就从反面提出一种诉求，新闻报道在满足常规新闻资讯服务的同时，是不是该由另一种特殊类型的新闻报道方式提供更深层次的资讯服务呢？这样，一种以“深刻性”为旨趣的新闻报道就自然出现了，也恰恰是在满足受众更高层次诉求的基础上，深度报道获得了自身的特性和职责。

## 一、深刻的涵意

深度报道以挖掘新闻事件的深层原因，揭示社会现象的内在本质，探寻各种现象之间的内在联系，并对现实问题作出深度解析为职责，这就决定了它以“深刻”见长的主要特质。深度报道之“深”，主要表现为主旨的深刻性、背景的多层性和广泛的启思性三方面。

### （一）深度报道探寻深刻的自然、社会和人生涵意

媒体的根本责任不在于，或主要不在于让人们觉得好看、精彩和过瘾，而在于环境守望，从而真正成为人们的“信息管家”“时事顾问”和“意见领袖”。媒体的“主打产品”新闻，除了满足人们日常所需的资讯以外，其本质是向延伸视听、了解社会和启示人生敞开的。客观报道一般只能满足受众知悉新闻事件的“何时、何地、何人、何事”诸要素，而较少涉及“为什么”和“怎么样”，更缺少对问题或事件的本质性追问，这样，人们获得的事实信息必然是局部的、片段的。以我国电视新闻报道为例，西方新闻学者约翰·沃

伦在分析了我国的电视新闻之后指出:“中国电视没能提供多少比一闪而过的电视图像更多的东西。送到电视观众眼前的基本上是在国际舞台上发生冲突的战斗群体的画面,而有关冲突的原因和意义的线索却几乎没有。即使是有关政府官员及其活动的新闻,着重点都放在单纯的活动和会议上,几乎完全忽视了要把单纯的访问放到易于理解的上下文中。”①这段话主要是针对动态新闻质量低下而说的,但也从新闻的本质上对深度报道作出了有益的提示。

宏观地看,深度报道要揭示报道对象与社会、与人的关系。它通过详尽报道事实真相,召唤人们正视问题,疗救痼疾,推动问题的解决。因此,深度报道首先要在社会涵意的开拓上下功夫,从而引起最大程度上的公众舆论的共鸣。深刻的涵意总体上呈现为以下几方面:

(1) 主旨的深刻性。所谓“深刻”,即见人所未见,思人所未思,言人所未言,也就是思想的独创性。与哲学之“玄思”、文学的“隐喻”性主题不同,新闻主旨的深刻一般落在社会和人生的问题上,而且指向明确,因此更要求记者对社会问题有广泛、深入的理解,并形成自己独立的价值判断。那么,如何做到见解“深刻”? 还是如刘熙载《艺概 · 文概》所讲的“文以识为主。认题立意,非识之高卓精审无以中要”。也就是说,记者的“识”最重要。

(2) 内涵的丰富性。深度报道之所以不同于一般的新闻动态报道,在于它对“为什么”和“怎么样”这两个社会性要素的深刻揭示。它往往透过社会问题、现象和事件的表象,力图进行立体的、全方位的深入剖析,展示社会生活中深层次问题,从而真正达到引导受众思考、判断之目的。因此,从新闻思维角度看,深度报道呈现出很强的“追问”色彩,其每一次追问都意味着思维层次和意蕴层次的深化,犹如历史调查中的“考古作业”。

(3) 认识的拓展性。深度报道的思想价值,还在于它对于受众认识的拓展性。它往往由“点”及“面”、由简单到复杂,拓展和延伸着人们的感知和认识。“优秀的深度报道在文本上的深刻往往体现为表现事实的层层深入:从表层拓展向深层;从事件拓展向认知;从事件本身拓展向事件之间的联系、事件与人的联系。这种拓展能够帮助读者在类比、演绎和归纳中获知新闻价值。”②

---

① 《上海广播电视研究》1989 年第 1 期。

② 杜骏飞、胡翼青:《深度报道原理》,第 11 页,新华出版社 2001 年版。

（二）深度报道在多层次的背景上展示报道的深度

背景对于一般报道也是不可或缺的。麦尔文·曼切尔曾告诫记者："不使用背景材料，几乎没有什么报道是全面的。忽视这个忠告的记者，他们决不能给读者和听众提供充分的情况。"①对于记者来说，必须向受众提供有助于理解最新事态所需要的背景情况，这应该成为新闻写作的一条通则。

深度报道致力于"把事件呈现在一种可以表现其真正意义的脉络中"，背景的价值更被提高到前所未有的层面上加以认识。《纽约时报》原副总编罗伯特·加斯特指出："过去，新闻报道总是强调表面的事实——即发生了什么事——而很少追溯其原因。实际上，一场种族骚乱、一次监狱暴动、贫民窟的条件恶劣乃至一件谋杀案都有其社会背景，其原因都是深深地扎根于某个地区或社会的风俗、传统和经济条件之中。这一切正是事件的根源，而且是人们可以认识的根源。在我看来，对其进行追溯，正是报纸的责任。只有了解这一根源，才能对症下药，解决影响我们大家的许多痼疾。"②确实，背景在深度报道中的运用，有时甚至具有决定性的意义——因为同一个事件的报道，如果置换了背景，受众完全有可能得出截然相反的结论。

从操作上看，深度报道打破了"就事论事"的简单模式，通常把报道对象置于多层次、立体化的背景上进行聚焦。它不仅从横向上注意事物与事物之间的相互联系，而且从纵向上考察其历史背景和发展态势，构成一个纵横交织的网状结构。

这种立体性背景可以由多种事实形态构成，如历史性事实、环境性事实、简历性事实、数据性事实、反映性事实等，它们有力地烘托着主体性事实，并且在记者的分析、解释和阐发中不断"繁殖"出新的意义。以美伊报道为例，一般报道往往着眼于新的事实本身，以即时性的资讯提供事态的最新进展，而深度报道却一般会提供多种类型的信息，如美伊对抗的历史渊源、中东地区复杂的自然和人文环境、领导人的性格和价值观的冲突、美伊军事力量的对比、世界各国的政策和态度等，这些背景性事实的提供不仅有助于读者了解事件本身，而且对于人们更全面地把握世界格局的形成和理解有关全人类"战争与和平"的永恒主题也会有诸多启示。

---

① 麦尔文·曼切尔：《新闻报道与写作》，第175页，中国广播电视出版社1986年版。
② 转引自王春泉：《实用新闻写作》，第193页，西北大学出版社1995年版。

（三）深度报道在意义空间上具有启思性

“思”，在海德格尔哲学中具有自在性，它既不是理论的，也不是实践的，而是属于“在”①。启思性意味着主体通过作品，调动、激活受众业已形成的“自在”之“思”，并获得超越自身的思考。

“接受美学”理论还告诉我们：文本是在读者阅读过程中才现实地转化为某个作品的，文本的潜在意义也是由于读者的参与才得以实现的。“文学文本只提供给读者一个‘图式化方面’的框架，这个框架无论在哪一个方向和层次上都有许多‘空白’，有待读者在阅读过程中填充与充实。”那么，什么是“空白”呢？“所谓‘空白’，就是指文本中未实写出来的或未明确写出来的部分，它们是文本已实写出的部分向读者所暗示或提示的东西……但这种‘空白’恰恰是‘一种寻求缺失的连接的无言邀请’，即请读者把空白补上。”②“接受美学”还从反面提醒文本书写者：如果读者已被提供了全部故事，没给他留下什么事情可做，那么读者的想象就无法进入这个领域，结果将是，当一切都被现成地设置在读者面前时，他们就不可避免地要产生厌烦情绪。

“接受美学”最初的研究对象是文学，但将它放到深度报道的文本研究中也不无启示。深度报道当然要引导受众进入自己的话语空间，但这个空间应该是开放性的，而不是强制性的。以宣传报道为例，如果以为大众传媒宣传什么，受众就接受什么，那么在这种理念指导下，所谓“大张旗鼓”“旗帜鲜明”的宣传模式就必然是强制性的，其结果是不可避免地使受众产生腻烦和抵触情绪；反之，如果注意到受众在报道中的参与性，在受众的认知程度上下功夫，通过比较、鉴别和“用事实说话”，那么“启思”的效用就会显示出来，受众可能就会不知不觉地在参与性“认同”中接受你的价值判断。

新闻传播中的受众心理学研究已经表明，受众在阅读或视听中从不是被动的接受者。他们在观看的同时，也夹杂着种种复杂的心理，如认同、修正、反感、拒绝等。深度报道注重思想之“深”，并不意味着可以忽视受众之“思”；相反，只有重视受众认知的特点和程度，才能有效地传播自己的思想。因此，“接受美学”对于深度报道的有益启示是：要将作品之“思”转化为受众的自在之“思”，从而真正体现出“启思性”。

---

① 海德格尔：《人，诗意地栖居》，第 30 页，上海远东出版社 1996 年版。

② 朱立元：《接受美学》，第 23 页，上海人民出版社 1989 年版。

## 二、广阔的视界

随着深度报道实践经验的丰富，有的记者认识到：深度报道应该是“全方位、大综合、超时空、深层次”的新闻报道。这个判断虽嫌抽象，但其中已经蕴涵着这样的认识：深度报道之“深度”，其实是与“广度”相辅相成的，两者互为前提，具有高度的辩证统一性。事实也是如此，正如一些研究者指出的：没有广度，深度报道就无法基于充分的事实，通过层层深入而达到深度；没有深度，广度也就成了泛泛而谈的、信息的无用堆砌。深度报道的广泛性与深刻性是互为前提的。

深度报道展现的视界广阔性，可以从多个层面上来分析。它既表现为因内容丰富而呈现出的视界开阔性，也呈现出因结构交叉复杂而生成的全景性，还有因其影响力大而决定的受众广泛接受性。这里分别加以分析。

### （一）深度报道在资讯传递上展现出视界的开阔性

深度报道之“深”，是以报道面之“广”为前提的。在传统新闻学中，所谓新闻报道主旨深刻，只要发掘出事物的本质意义，在“线性”上反映出认识的深度就可以了；但在深度报道中，这个“深”字，却要放在一个坐标系中来把握。换言之，深度报道之“深”，不仅是“点”上的深刻，而且是带有全局性、整体性认识的深刻，具有视界上的开阔性和开拓性。

从认识论角度看，由于观察问题的视角和立论的参照系不同，得出的结论可能大不一样。深度报道与现代认识论的观点相一致，突破传统报道中“以偏概全”的局限性，企图以更广阔的视角，在一个更周密的坐标系中界定对象的位置。有的深度报道未必给予读者一个明确的结论，但在深度解说和揭示过程中已呈现出深层次意蕴。请看中央电视台“新闻调查”播出的节目《恢复高考二十年》策划案的“调查理由”：“恢复高考，发生在中国面临全新命运的1977年，它历史地成为‘拨乱反正’的突破与发端，正是‘恢复高考’这一次‘艰难的破冰’，突破了亿万人早已习惯的‘政治宿命’的沉重心理（出身论），清扫着‘文革’十年笼罩在中国上空的浓重阴霾。可以说，这一举措是教育工作、经济工作、政治领域一系列重大改革之前的‘试运行’，尤其是观念的革命，它可视为在全国范围内的第一次‘强劲出击’。恢复高考，是国家‘人才战略’的重要步骤，而作为‘人才战略’走向深入，

'跨世纪人才工程'又在实施，这一调查正有回顾与前瞻的意义……"①显然记者的视界是开阔的，它为整个报道提供了指向性蓝图，也体现出"正在发生的历史，新闻背后的新闻"的栏目特色。

（二）深度报道结构交叉复杂，呈现出全景全息的特征

深度报道的"构件"要素很多，如事件、背景、图表、照片、说明、意义、分析、前景、时态和各种意见等，要把众多的要素组织起来，仅靠单一的线性结构显然是捉襟见肘了。一般来说，深度报道运用统摄性思维，将许多线索整合起来，其结构显得交错复杂，它散而不乱，最终指向一定的意义。

全景全息是这种复杂结构生成的特征。单一的结构只能承载片段的信息，不具备全景全息的结构功能。深度报道由于其驾驭报道复杂题材的需要，运用统摄性思维方法，将事件与事件、事件与背景、背景与背景之间的联系勾勒出来，这种结构方式必然会产生比较丰富的"信息量"，全景全息的特征也必然鲜明。同样以《恢复高考二十年》为例，其拟订的"策划案"就考虑到了深度报道这些特点，同时又非常具有计划性和可操作性。它的主要内容包括：(1) 选题评价：调查目的不仅仅在于回忆一段动人的往事，更在于通过调查"恢复高考"这一决策出台的背景与经过，让现在的人们能更深入地了解当时的中国，了解国家急需人才、重视人才的殷切之情；(2) 调查理由（见上）；(3) 历史背景：当时阻碍"恢复高考"的两大阻力——"两个凡是"和"两个估计"；(4) 主干事实：可以概括为"四次会议与两个谈话"，这里有一部分调查将牵带出许多有意思的细节；(5) 基本调查样式："钩沉法"，这种调查样式与本片层层深入、环环相扣的几个主要内容相谐，问题的阐释与展开以时间为线，而"钩沉"可以和谐地、不破坏时间线索地完成场景的转换、人物与事件的过渡；(6) 主要调查结构：由四个分题构成，核心问题为"恢复高考"这一划时代的重大举措是怎样出台的？它又是怎样改变了一个人、一个民族、一个国家的命运？(7) 几个兴趣点（略）；(8) 几点建议："悠远而不忧伤，凝重而不沉重"的基调，建议留一点篇幅简单展示备选人物的经历，跳出个人的局限性才能跳出历史的局限性；(9) 主要采访对象（略）；等等。② 由此不难看出，为了反映全方位的信息和深刻意义，这个报道将多条线索、多个层面、多种材料交融在一起，并运用统摄性思维中的

① 叶子：《中国电视名记者谈采访》，第 130 ~ 138 页，长城出版社 1999 年版。

② 叶子：《中国电视名记者谈采访》，第 130 ~ 138 页，长城出版社 1999 年版。

"钩沉法"将它们组织起来，将全景全息的丰富内涵最大程度地表现出来。

（三）深度报道具有广泛影响力和受众阅读面

从媒体实践看，深度报道的社会影响力是巨大的。其影响力来自于几个因素：一是深度报道关注社会"焦点""热点"，从最受社会关注的问题切入，具有广泛的社会"共振性"和"共鸣性"；二是深入受众已感知却尚未确知的领域，对问题或事态作深度分析和预测，而那种"围绕社会发展的现实问题，把新闻事件呈现在一种可以表现其真正意义的脉络中"的理性态度，也满足了人们对新闻"求知性"的诉求；三是一些深度报道致力于故事化的叙述，描述新闻事件的全过程，非常切合于一般读者的接受心理，实际上也最接近"新闻"的本来意义；四是深度报道中融入报道主体的情感、体验和主观感受，这种个性化的色彩具有较强的感染力；等等。传播学的效果研究中有"使用—满足理论"，它认为"人们用媒介满足不同的需要"①。深度报道能够让受众在使用媒介过程中，获得求知、审美与思考的极大满足，而且不同层次的受众可以在信息量很大的深度报道中得到不同层次的满足。

近年来，大众传播研究中出现了一个概念，即"媒介分层现象"，这种理论首先被解释为大众传播的"小众化"。从传播理论的演变看，大众传播曾经给予人类文明的革命性影响在于：将呈现零散状态的大众，以接受同一传播的方式集合在了一起，彼此分割的小众经由大众传播媒介变成了相互联系的大众。而"现阶段的小众化当然不是回复到人类社会传播的原始状态，而是对大众传播的一种提升和细化，将需求不同的大众分割成不同的层次，以不同的媒介予以传播，媒介因此分层了"②。当然，在不同的视角中，媒介分层现象可以有不同的划分，如市场分层、社会分层和文化分层等，但它们都从不同角度预示了媒介分层的前景。

深度报道是比较符合这种未来传播趋势的：一方面，它以详尽而完整的资讯为各种层次的受众提供全面的社会图景，能够有效地启发受众去思考和行动，因此受众更愿意从深度报道中获得社会信息和人生指南；另一方面，深度报道还在潜移默化中改变着社会的各种观念、思维习惯和行为方式，长此以往，人们就会接受深度报道所蕴涵的价值取向、人生态度和文化

---

① 沃纳·佛赛林、小詹姆斯·坦卡德：《传播理论——起源、方法与应用》，第330页，华夏出版社2000年版。

② 孙纬：《多重视角中的媒介分层现象》，《新闻大学》2002年秋季号。

观念,用媒体思考问题的方式去思考,按深度报道提供的科学方法指导自己的行动。我们有理由相信,随着整个社会受教育程度和文明程度的提高,深度报道作为具有较高"知性"特征的报道方式,在受众中将具有更强的影响力。

## 三、整合的功能

格式塔心理学有一个理论,认为"整体大于部分之和"。深度报道恰恰契合了这个观点,它将新闻事件、背景及各种主观性要素整合成一个有机体,其最终的意义并非是各个要素的意义之和,而是有了新的"所指"和"能指",或者说已呈现出新的意义。这就是"整合"带来的超越性功能。

我们的时代具有许多"悖论"。一方面,各个学科越来越专业,技术和部门分工越来越细;另一方面,又不断出现跨学科、边缘性学科和部门之间的"协作化",人们试图将这种精细、精深的学科和社会分工"整合"起来,呈现出整合的倾向。新闻传媒也是如此,"小众化""分层化""专业化"等已呈趋势,而"大众化""集团化""媒介融合"又并行不悖。这种矛盾的展开,加剧了人们对时代认识的摇摆不定,或许也正是所谓"后现代"社会的诸多不确定特征之一。

尽管如此,"整合"仍然是我们时代的重要特征。在新闻传播领域,随着新媒介,尤其是互联网的出现,整合报道的现象尤为突出。网络对报纸、广播和电视等媒介技术特点的兼容,即是一种典型的整合。如果说网络是大众传媒的整合者,那么深度报道就是新闻报道方式的整合者。深度报道的整合性可以从以下几方面认识:

(一) 媒介整合

目前,媒介整合已成为世界范围内的新闻传播的潮流,也构成了深度报道勃兴的重要"平台"。其表现主要反映是:(1) 跨媒介组合的深度报道利用广播、电视的时效性和广泛影响力,利用报纸、杂志的可保留性和深刻性,利用不同媒介的丰富表现方式,充分协作、整合,对社会关注的"热点"和"焦点"问题进行全媒介的系统报道,以"合力"形式对社会舆论施加影响。这被称为"媒介联动"①。(2) 网络新闻的出现,它将报纸、广播、电视的优

① 杜骏飞、胡翼青:《深度报道原理》,第16页,新华出版社2001年版。

势融于一体，以即时性、集束性、互动性、参与性和个性化的新颖方式，增加了深度报道的新的报道形式。这种媒介整合带来的报道方式的转变，已经给各种传媒提供了许多有益经验，某种程度上还引发了新闻观念的剧烈变化。

（二）文体整合

如前所述，深度报道并非是一种文体，而是一种执着于深刻性的报道旨趣。这种新闻理念打破了过去以体划分的牢笼，也不再过多考虑文体结构的归属，只遵从于报道的内在逻辑，以及以何种方式更清晰、更完整、更深刻地传递资讯。例如，近年来在各种新闻媒体中频频出现的话题新闻、观点新闻、新闻透视、解释性新闻、调查性新闻、精确性新闻等，就不是传统意义上的消息、通讯、特写、评论等文体所能够包含的。它们越出了传统文体的范畴，是根据深度报道的旨趣，糅合了各种文体（包括新闻文体、文学中的文体和“述学体”等）杂交而成的新的报道品种。文体的整合倾向在各个学科的文体中都有显现，但在新闻领域中表现得尤其突出。

深度报道中文体的整合性，还充分反映在组合文体的深度报道中。它的特点是“把过去的对比报道（比较新闻）、集纳式报道的长处汇集一起，格式别致，方便灵活，它视野开阔，可长可短，可多可少，有叙有议，图文并茂。有些事情，如实摆出，让事实说话，看似中性，实则褒贬自明。有时点名点将，却不扣帽子，掌握分寸，留有余地，较易为受众和报道对象所接受”①。

（三）运作方式的整合

深度报道不同于“一事一报”“一人一报”“一时一报”，使报道局限于一个比较小的范围和比较浅的层次上；深度报道有着立体和综合的特点，这就要求它是多时、多地、多人、多事的综合展示。且由于深度报道仍属于新闻报道范畴，所以报道一定要从现实出发，选择那些正在发生，或已经发生却仍然影响着现实的事件，即题材要有重要性、时新性和可议性的特点。但从记者的作业形态看，新闻报道中“新”和“深”本身就构成一对矛盾，深度报道既要体现内涵深广，又要报道快速，这个固有矛盾就必须通过媒体协作来加以克服。因此，深度报道中，媒体对新闻分工的有效整合是必然的。

当今新闻传媒中报道、编辑、主持“一体化”已形成模式。世界各国的新闻传媒都根据自身的特点，正建构对于事件报道的快速反应机制，以求得

① 周胜林：《高级新闻写作》，第84页，复旦大学出版社1997年版。

独家、深度、高质量的新闻报道。以新华社为例，近年来，围绕“快速反应”“深度报道”这一突发事件报道的核心问题，新华社在新闻采集、发布、报道组织指挥等方面作了大量卓有成效的探索：(1) 他们把提高一线记者捕捉和报道突发事件的能力作为一项重要工作来抓，提出“所有新华社记者无论何时何地，遇有重要新闻事件发生，都有责任和义务通过文字或口授方式向总社发稿”的要求；(2) 建立健全24小时发稿制度，确保稿件随到随发，满足媒体用户尤其是网络、广播电视用户的需求，如2001年10月8日凌晨，美国发动对阿富汗的军事打击，新华社在6小时内共播发英文稿件149篇，对内对外中文稿件64篇，图片13张，与世界各大通讯社的报道同步；(3) 加强指挥和策划，增强对突发事件报道的控制力，逐步形成了由社党组—总编辑室—总社各编辑部—国内分社、驻外总分社与分社组成的统一、灵活、畅通、高效的报道指挥系统；(4) 实现通信技术现代化，保证报道畅通无阻。现在新华社记者在外采访均可利用数码相机、便携电脑配合移动电话组成的移动发稿系统播发文字、图片稿件。最近，新华社又将更为先进的高速海事卫星发稿系统投入一线报道，送一张150K左右的照片，由原来的8～10分钟缩短到25秒钟。① 显然，在当今激烈的多媒体新闻竞争中，对事件进行深度报道离不开分工协作和对人力资源的整合，这也从一个角度对媒体人员提出了复合型人才的素质要求。

## 四、延展的模态

深度报道在空间意义上呈现出广阔性，而在时间线索上则体现出一种过程性，或者说延展性。这种延展，应该说是必然的，因为深度报道“以今日的事态核对昨日的背景，从而说出明日的意义来”，就要求以“现在”为原点，追溯既往，推测未来，时间上的过程性十分明显；如果从新闻事件发展看，它一般也具有时间上的延展性：或则数天、数周，或则持续数年、一年之久，在这个事态变化发展过程中，新闻事实都可能因本身的嬗变和外力影响，构成追踪报道的契机，从而使系列报道、连续报道成为可能。因此，无论从深度报道的本体特征或报道对象的动态发展看，延展性无疑都构成了深度报道的重要特点。

① 霍小光：《新华社重大突发事件报道机制》，《中国记者》2001年第11期。

如前所述，深度报道并非特指某一文体，而是一种把握问题的方式，所以在不同类型的深度报道中，其延展的模态也是不一样的。概括起来看，可以从三方面认知：

（一）问题型延展

一种深度报道以提出问题、分析问题和揭示问题见长。它深入调查事端，详尽披露事实，分析前因后果，预测发展趋向和社会影响，这种类型的深度报道一般以意义上的延展（深刻性）为主，但也同时反映为"历史—现在—将来"的时间上的延展。

问题型深度报道通常运用调查与分析、追述与前瞻、叙述与议论相结合等方式，并且在感性和理性的层面上都有许多"兴奋点"，因此问题型深度报道的延展过程，要多在可看性和启思性两个方面下功夫。以中央电视台"焦点访谈"栏目播出的《"罚"要依法》为例，该节目是揭露山西省长治市境内部分公安交警利用职权在309国道上乱设卡、乱收费、乱罚款的丑恶现象的报道。它的成功之处，在于既抓拍了许多触目惊心的警察乱罚款画面、细节，又有直抵要害的现场采访，正面的激烈冲突产生紧张的收视节奏，侧面的含蓄描摹产生舒缓的收视节奏，二者在节目中交叉运用，使节目收纵自如、张弛有度，再加上主持人以从容的叙述带出的饱含深情的评说，使节目紧扣观众的心理节拍，完美地体现了这类节目的个性和价值。

（二）时态型延展

事件的发展往往有其连续性和过程性。追踪性的深度报道注意到事态的发展可能给受众带来新的关注，而着力于对新闻进行全时态、更深入的报道。在笔者看来，深度报道中的连续报道、追踪报道，正是因报道时态的延展而构成深度的。

美国密苏里新闻学院《新闻写作教程》指出："一篇连续报道可能同最初发表的报道同样重要而有趣。人们想知道发生了什么事，随后，他们通常还会问，以后又发生了什么？由于报纸不能等到一件事整个发展过程完结之后才去付印，因此通常要进行连续报道。"①系列报道的侧重点尽管有所不同，但它也关注事实的进展，并且根据事态的变化、认识的深化和受众意见的回馈形成后续反应，从而在新的"生长点"进行深度报道。

---

① 布赖恩·布鲁克思：《新闻写作教程》，第210页，新华出版社1986年版。

（三）互动型延展

新闻传媒不仅在单向意义上传播新闻，而且还极为关注受众群体的意见，以此引入更深入的报道中去。现代大众传播的一个很重要的理念，就是充分重视受众对新闻传播的“介入”，使之以各种方式参与到新闻传播中来，形成节目或版面的“互动”。因此，受众的来信、来电及在线交互有时会直接成为深度报道的组成部分，受众也成了深度报道的参与者和报道者。他们不仅提供新的报道线索，而且还会提出观点和意见，使深度报道在延展过程中修正自己的报道方式和内容，不断拓展着报道的话语领域。从更广泛的意义上看，这种“互动”过程本身，还构成了深度报道的一种重要“活力”和“张力”。例如，获江苏省好新闻一等奖的系列报道《一旅客刺死歹徒是正当防卫还是防卫过当》，其新闻线索其实是群众提供的一条信息，即几名歹徒在列车上向旅客索取“座位费”，一名旅客与他们扭打起来，混乱中用水果刀捅死了一名歹徒。这是一条常规的法制报道，没想到见报后反响强烈，各方反馈来的信息很多，还提出了不少问题，记者据此展开连续报道，从而将主题推进到了不同一般的广度和深度。

## 第三节　深度报道的类别

2001 年，美国纽约发生了震惊世界的“9 · 11”事件。接下来三个月内，五大洲数亿人每天都能从媒体中看到美国攻打阿富汗的战争和世界局势的风云变幻。人们不会怀疑它是当前世界上唯一进行的战争。在那些新闻开放的国家中，三个月来，媒体有几千条新闻再现这一事件及其影响下世界的动向。许多人没有走出国门，可是他们头脑里早已形成了一幅完整的图画：美国人在废墟前的惊恐，阿富汗塔利班在重型炸弹下的溃逃，美、英的联合军事行动，中国、俄罗斯的表态……

麦克卢汉说：“电视图像本身是一个平坦的二维马赛克图像。”①实际上，我们把每条新闻置放在反映整个世界的四维空间中，每一天的新闻都是一小块组构世界的立体马赛克。如上例中，“9 · 11”事件发生后的每一条

① 马歇尔 · 麦克卢汉：《理解媒介》，第 386 页，商务印书馆 2000 年版。

相关新闻，都可以被看做是一个马赛克，是它们把世界真实地组构成一个整体。

那么，传媒又是如何组构世界的呢？刘建民教授在《当代新闻学原理》一书中比较深入地揭示了传媒组构世界的方式："传媒组构世界，是个极为广泛的概念，一般是指无数条报道反映客观世界的各种全貌及走势——政治全貌、经济全貌、教育全貌、社会全貌，等等。既然新闻展示的是一种图景，每条新闻的影像与具象化就在叙事中形成一个小的图画，构造一个个片段性的外部世界。新闻影像的时间本质体现在叙事之中，成为极具个性的拼图特征。记者由构图过渡到拼图，把人物和事态的交互作用、情节和细节的蜿蜒起伏，纳入时空变换的延伸……叙事借助影像之力将外在世界浓缩，使四维空间的连续事件在荧屏或版面上加以'沙盘化'，对事件的叙事和分析就更有意味。几个相互连缀的不同时空的事实，被整合为宏观事物的全貌，完成了新闻的拼图。"①

显然，这里主要是针对以反映全貌和走势为特征的深度报道而言的。从这个演绎性思路中不难看出，新闻组构世界的主要方式是"叙事"，由此形成各种要素粘合的"拼图"，最终使四维空间的连续事件在荧屏或版面上"沙盘化"。这是一种典型的结构主义的思维方式，而深度报道在本质上恰恰符合这种"结构化"的特征。

如果打个比方，客观报道就像一个个孤立的、片段的马赛克图像，深度报道则是通过一定意义方式组合、拼接而成的马赛克方阵，或一种拼图。由于深度报道常常是一种基于社会宏观或中观层面的结构式展现，所以它的每一个要素，如事实、背景、阐释、原因、过程、意义等都不是独自发挥功能，而是需要通过借助"叙事"的过程，使每个要素在恰当的位置上交互作用，合力地反映客观世界和生成意味。正是从这个意义上，我们认为深度报道是一种结构化的新闻操作方式。

一般认为，深度报道大致有两类：其一是独立文体的深度报道，其二是组合文体的深度报道。但考虑到新兴的网络媒介，它构成的深度报道形态也有自身特点，不妨单独作为一类，即网络媒介的深度报道。这里，将从结构化角度分别予以阐明。

---

① 刘建民：《当代新闻学原理》，第132页，清华大学出版社2003年版。

## 一、独立文体的深度报道：意义结构模式

在前面的有关论述中我们已经表明，在所有关于深度报道的定义中，美国哈钦斯委员会在其著名的报告《自由而负责的新闻界》中为深度报道下的定义最接近它的本质："所谓深度报道，就是围绕社会发展的现实问题，把新闻事件呈现在一种可以表现其真正意义的脉络中。"这个定义之所以为许多学者所认同，重要的一点是它抓住了深度报道——特别是独立文体的深度报道的本质，即认识到了深度报道存在一种意义结构模式，而这恰恰是被其他定义所忽略了的。

深度报道是一个立体的构造，具有时间、空间、认识的跨度，而意义脉络却把这种跨度串联以"桥梁"。深度报道通过事实的集纳，材料的连缀，借助局部现象的总和并辅之以各种深刻的思想反映世界。深度报道根据零星并逐渐密集的事实片段，以意义解读的方式具象全息地记录生活，最终在人们的头脑里自然拼成一幅完整的画面。

独立文体的深度报道种类繁多，按照本人在《新新闻导读》①一书中的分类，至少也有 20 多种。但从文体流变角度看，解释性报道、调查性报道和预测性报道可以看做是最基本、最典型的深度报道。这里依据三种不同类别的意义结构模式原理，分别予以揭示。

（一）解释性报道

什么是解释性报道？中外学者有着众多的说法。美国新闻学者卡尔·林兹特诺姆认为："所谓解释性报道，就是在报道新闻事件中补充新的事实，即'历史性的、环境性的、简历性的、数据性的、反映性的'事实，这样就能使正在发生的新闻事件更加明白易懂。"②李良荣在《西方新闻事业概论》一书中则认为："所谓解释性报道，就是运用背景材料来分析一个新闻事件发生的原因与意义，或影响、或预示发展趋势的一种新闻报道。"概括起来，大致可以这样理解：解释性报道是一种有深度的报道。所谓"解释"，就是基于各种背景材料对新闻事实作出的深度解读。

翻开美国的报纸，从体裁上看，解释性报道占了大部分报纸版面。一些

---

① 南方出版社 2001 年版。

② 转引自刘明华：《西方新闻采访与写作》，第 81 页，中国人民大学出版社 1993 年版。

著名的大报，像《纽约时报》《华盛顿邮报》《洛杉矶时报》等，解释性报道几乎占了70%以上的版面。1978年版《世界大百科》把解释性报道的增加列为20世纪美国新闻事业发展的一大趋势。而在西方其他国家如英国、法国，一般也占据50%左右的报纸版面。日本学者新井直之曾经预言："今后的报纸，解说的重要性将日益增加。如果说，报业史的第一阶段是'政论报纸'的时代，第二阶段是'报道报纸'的时代，那么，今后的第三个阶段就可能是'解说报纸'的时代。"①因此，西方一些新闻学者把解释性报道的崛起看做是新闻写作的"第三次革命"。

在我国，解释性报道也以"新闻述评""新闻综述""新闻分析""观察与思考"等名称与栏目出现。这本身无可厚非。但问题是我们的一些媒体或记者经常将"解释"与"评论"混为一谈，这就有悖于解释性报道的本质了。确实，任何报道都会表达记者对某一问题或事件的看法，"纯客观"是没有的。解释性报道既然要对事实作出分析、解释，无疑会带有主观评论色彩。但是作为一种报道方式，严格地说，它应该把议论隐藏于叙事之中，尽量把意见贯穿于对事实的解读中，而不直接站出来说话，也就是该把"解释"与"评论"划清界限。对此，《纽约时报》远星期刊主编马凯有一个形象说法："事实是看到的，解释是已知的，而意见则是感到的。"他还引用三个句子表达了新闻（客观报道）、解释与评论之间的区别：

> 报道苏俄正在发动一次和平攻势，这是新闻；
> 说明苏俄为什么在这个时候让和平之鸽唧唧咕咕地叫，这是解释；
> 表示对任何苏俄的和平试探都应加以拒绝，这是意见。②

由此不难看出，解释性报道属于"报道"范畴，而非主观性的评论。其真正含义是对事件作出合乎情理的解释——把每一项重大事件放在特定的社会背景、各种事物的关联中去分析其产生的原因、社会影响、后果。这才是对"解释性报道"的最好诠释。

解释性报道很典型地具有一种结构化的思维方式。其图示结构可以表达为：事实层次（发生的事件）→背景层次（历史材料、数据、社会意见等）→

---

① 和田洋一：《新闻学概论》，第70页，中国新闻出版社1985年版。

② 李茂政：《当代新闻学》，第241页，台湾正中书局1987年版。

意义层次(主客观统一的认识)。也就是说,记者通常在事实的牵引下,提供各种注释性材料,由此引导受众进入更深入的思考中。

喻国明教授总结了西方以解释性报道为代表的深度报道实践,认为“聚焦法”是一种特别适合于深度报道的叙述结构方式。“聚焦法”的基本结构模式是:(1) 导语:一个与报道主题相关的最为典型的人物或事件的“白描”。它可以是一段感人的情节,也可以是某人的独白或引语。其任务是提供一个生动的个案或场景,激发受众的受传兴趣。(2) 过渡到主题。首先,设法在个人的遭遇或经历与一个宏观或中观性的社会问题之间建立起某种联系,然后,点出报道的主旨,使报道顺畅地由对个人问题的描述转换到对大问题的考察、分析上去。(3) 发展主题。即对大问题展开报道和分析,多层面地观照和透视主题,使主题得以全方位地展现。(4) 有力的或意味深长的结尾。这是采用聚焦法进行报道的一个特色。聚焦法特别讲求首尾的连贯性,它要求如果报道从某位人物写起,就一定要以这个人物收尾,如果报道以一个戏剧性的场景开场,结尾也一定要回到这段场景中,使受众在对一个具体的人物或场景的感受中,再次回味大问题。①

“聚焦法”从一个角度揭示:以解释性报道为代表的深度报道,其“深”就深在“聚焦点”在意义层次上有深度,以及透析的面有立体纵深感。它透过事实层次,进入宏观或中观性的社会问题,由此转换到大问题的透视和分析上去,从而呈现出“以现实问题的解释分析为核心,为呈‘点’状分布的有关新闻事实编织出一个正确地确定其社会位置的经纬度坐标系来”的深度理念。它站在全局高度,聚焦主题,用透视的方法,形象、立体并完整地反映现实,而不是支离破碎地描述社会;它用多角度的透视,叙议结合,全方位切入重大问题,使受众对报道内容获得全面、深入的认知和把握。这从理论上说明,解释性报道本质上是一种结构化的透视性思维模式。

(二) 调查性报道

何谓调查性报道?许多学者曾经从不同的角度作过不同的解释。日本新闻学者武市英雄着眼于“本体”研究,明确指出:调查性报道的题材是今天、当下的,是在日常生活中被遮蔽、被忽略的事实真相,即使它被片段地报道过,也还没有从正面深入地发掘。调查性报道是彻底的调查或探查,同时

---

① 喻国明:《深度报道:一种结构化的新闻操作方式》,见《媒介的市场定位》,第 332 ~ 337 页,北京广播学院出版社 2000 年版。

又是地道、科学、详细而公正的调查。调查性报道的表现手法与传统的客观报道不同，它一开始就亮出报道者的态度。① 一般认为，作为满足公众知情权的一种重要新闻样式，调查性报道的主要职责是进行舆论监督，行使所谓媒体的“第四种权力”。

概括地说，与一般新闻报道比较，调查性报道具有以下几个特征：首先，从报道的诉求看，一般报道主要关心的是单纯的、公开的事件或资讯，而调查性报道则注重揭露黑幕和挖掘潜藏在公众日常谈论中的新闻事件，并且深入追问被各种社会和认识因素遮蔽着的真相。因此，我国学者甘惜分先生在《新闻学大辞典》中，将调查性报道定义为“是一种以较为系统、深入地揭露问题为主旨的报道形式”，是不无道理的。其次，从报道业态看，一般新闻报道往往受制和听命于即时性新闻事件，强调记者应在第一时间赶赴现场，以最快的速度公诸于众；而调查性报道则侧重于揭开鲜为人知的内幕，对记者的采访要求更高，难度更大，而对时效的要求相对宽松。再次，从思维方式看，一般报道的思维状态比较简单，是具体、微观的，而调查性报道却需要调动宏观的、联系的、立体的思维方法，内在机制更为复杂。

历史地看，调查性报道发端于美国新闻史上的两次“揭丑浪潮”：一次是19世纪末20世纪初，另一次是20世纪60～70年代。② 最初的“揭丑”报道，通常是针对某人某事进行的“单项揭丑式”，也称“传统揭丑式”，后来许多记者已认识到，对于腐败和不法行为的产生，不能仅从个人品行、操守方面分析，许多问题与社会体制存在的弊端有关，也就是说应该从宏观层面加以分析和解决。由此调查性报道又裂变出另一类针对某一方面存在的问题而进行的“综合分析式”，也称“新型调查式”。但不管哪一类，“揭露丑闻”和“揭示真相”仍是调查性报道的基本品格，这业已构成人们认识其特征的一种标识。

调查性报道是对新闻事件的“本真”揭示，也是一种新闻叙事。按麦茨的看法，叙事功能之一在于根据时间架构（即故事时间）创造另一种时间架构（叙事时间），从故事时间开始，经叙事时间的转化，最终完成于阅读时间。调查性报道不是事件记录的“流水账”，而是抓住几个关键的节点，展现出事件衍变的来龙去脉，叙事时间就成了故事时间的纯粹压缩版。这个

---

① 参见武市英雄：《日美新闻史话》，第187页，福武书店1984年版。

② 刘明华：《西方新闻采访与写作》，第103页，中国人民大学出版社1993年版。

观点说明，调查性报道最终呈现的时间，是实际调查时间的遵循，同时又是它的精华压缩，读者按照叙事时间中凝聚的内容最终完成自己的阅读。

一般来说，调查性报道的故事时间按照记者调查的过程展开，而且这个调查过程还构成了节目或文本的“现在进行时态”。这种现在进行时态的表现，形成了节目或文本的结构主线，往往使人们忽略了阅读时态与故事时态的界限。以“新闻调查”中的《公交能否优先》为例，记者白岩松通过对北京市 103 路电车沿线的调查采访，把涉及“公交优先”方方面面的问题逐一展现开来。103 路电车所经路线好比是一条长长的“藤”，记者顺“藤”摸“瓜”，把大大小小的“瓜”一一摸了出来。通过双机拍摄把事实本身的过程、记者亲历调查的过程和观众感受的过程统一起来，形成了清晰的“进行时态”，产生了近似直播的观看效果。

调查性报道的“着力点”在于追查和破解，即通过调查，揭开层层内幕，洞察被权力、社会关系乃至集体无意识遮蔽的“本真”，把一个真实、真相和真理还原给人们。在这个“追查”和“破解”的过程中，一种追问式的逻辑推理结构也就逐渐呈现出来。最典型的莫过于《华盛顿邮报》两位记者于 1972 年 6 月 18 日开始，历时 22 个月的关于“水门事件”的报道。这个历尽艰难的调查过程如同侦探破案，冲破层层阻挠，最终巧释玄机，呈现出一种西方侦探小说般的叙事结构和推理思维。不妨说，调查性报道的结构模式本质上就是一种强有力的逻辑推理（追问）结构。

（三）预测性报道

预测是人类的一种古老活动。伴随人类智力的觉醒，人们很早就对自然界的变动、国家大事、战争胜负以及人生命运等进行着多方面的预测，并乐此不疲。新闻传播作为社会生活的反映，也同预测结下了不解之缘。例如，两次海湾战争的爆发、“9·11”事件和恐怖主义活动、世界经济盛衰走向……对这些有关人类生存、和平和发展的重大问题，新闻媒体都作过大量的预测。可以说，预测性报道正在对人们未来的生活产生着重要影响。

美国《预测未来》一书称：“预测是指对不确定的或不知道的事件作出叙述。在多数情况下，这些事件都是未来事件。”①据此，“预测性报道”可以定义为：是对将会发生而尚未发生的事实所作的前瞻性报道，它着重对新闻事实的发展变化趋势或前景进行科学预测，其价值取向表现为准确性、科

① 威廉·格·沙里文：《预测未来》，第 1 页，中国展望出版社 1984 年版。

学性和权威性。

预测性报道和预告性报道有联系也有区别，两者的共同点是“预先报道”，区别在于：前者是“测”，即通过对新闻“生长点”的分析、推理，以前瞻性思维预测事物发展的动向和前景；后者是“告”，即预先报道即将发生的新闻。预测性新闻和预告性新闻有许多交叉的领域，如有些报道往往是预告中有预测，预测后即预告，很难将两者截然分开。

预测性报道以理性、前瞻的眼光，向读者或受众提示、分析“明日生活”，不仅强化了新闻的时效性，而且对社会舆论和社会心态能起到导向作用。同时，在当今社会“个体生存”因素越来越受到关注的情况下，人们对社会生活的未来走向、事物发展的“将来态”有更多的期待，因此以“明日生活提示”为自身特色的预测性新闻自然会赢得更多读者的青睐。据中国未来研究会提供的情况，近 30 年来未来研究的主要领域集中在以下几个方面：(1) 社会预测，(2) 经济预测，(3) 科学技术预测，(4) 军事预测，(5) 政治预测，(6) 生态环境预测。[①] 此外，体育赛事分析、时尚流行趋势提示、天气预报等，也是深受欢迎的预测。现代新闻发展的趋向表明：传媒对那些未来可能成为大问题的潜在性主题，要尽早接近，与受众共同思考，这种预见性态度对记者来说是不可或缺的。

预测性报道属于未来学，但它不能割裂与“昨天”和“今天”的联系，同时又面向“未来”。因此在预测过程中，有三种意识是不可忽略的：首先，是历史意识，主要表现为对植根于历史递嬗规律的把握。以经济预测报道为例，就不能不告诉人们：经济增长是波浪式的，从一个波峰到下一个波峰不断循环，每个周期都经历从衰退、大量投资、繁荣、建设过剩到混乱，再到衰退，每次循环大约需 20 ~ 25 年时间。新闻传媒应认识到这样一个周期，反映并预告经济循环中每个阶段的状况和发展方向。其次，提供价值判断的意识。任何预测，本质上都有一个理论预设，也就是判断未来的理论依据，如果没有这种依据，那么所谓预测在很大程度上只是臆测或信口开河。同样以经济预测报道为例，就必须确立一个基本判断：世界正处于结构性的变革之中，这是一场新的社会转型。它主要包括两个层次：一是社会生产力的质变，形成一场新的技术革命和产业革命；二是利益格局和生活方式的演进，以及社会管理方式的改变。新闻传媒分析这一变革，要看到它不仅局限

① 戴增义：《救救地球、救救人类》，《参考消息》1992 年 6 月 5 日。

于生产领域，仅是一场技术革命，而且是一场由生产力质变牵动的整个社会形态的演变。① 再次，提供独到见解的意识。今天的传媒竞争，不是单纯的资讯的竞争，资讯的"易得性"使人们可以通过各种各样的渠道获得信息。更主要的是见识的竞争，卓见是别的传媒很难分享的，是在传媒市场的竞争中最能体现自身价值的方面。预测性报道凭依它独到的见解和预瞻，能在报道中做到开拓视野，独排众议，料事如神，那么其社会或人生的"参谋""指南"作用也就体现出来了。

预测性报道同样含有一种结构模式。按照传统预测学的"推背图"的思路，它主要反映为由"前知""已知"推演"未知""后知"，实际上表现为一种智能性的演绎思维模式。在这个过程中，知识结构、资讯来源、智能判断和灵感闪烁合力地成为助推器，使预测的结论臻于"神奇"。

## 二、组合文体的深度报道：动态结构模式

毛泽东有一个著名观点，认为人们认识世界不是一次能够完成的，而是由表及里、由浅入深，是一个螺旋式的逐渐深化的过程。新闻的认知方式也表明，记者对于事件或问题的认识，也是分层次、分阶段的：在发端阶段，报道者往往因停留于事件本身给人的冲击，所以更多地表现为对事物的感性"触摸"，而随着时间的过滤，一些深层问题会逐渐泛起，人们的认识也会在理性力量的牵引下，步步深入。鉴于这样一种主观与客观制衡下的认知结构，传媒相应地建构了对应世界的方式：以组合文体这一动态结构模式，更全面、深入地观照世界的变动，从而建立了另一种深度报道模式。

刘建民从宏观新闻学的视角，指明了新闻组构世界的原理："媒介传播的新闻事实不是单一的，而是集束的，集合着记者们的精心观察，由媒介铺天盖地投下信息的'雨线'。一个重要事件一旦发生，会吸引全世界的记者'叙事'它，从不同角度再现世界的真相。媒介作为一个集合的整体，每日每时的报道反映了生活的各种变化，对外部世界构成经纬密织的图画。这如同地球经纬线的环式结构，每条消息就是一个交叉点的影像，无数条同类内容的新闻再现了它的现象或真相，混杂其中的假象最终在人们的认识中

---

① 参见丹尼尔·贝尔：《后工业社会的来临》，第20～42页，商务印书馆1984年版。

被排除了。新闻组构世界的方式就这样被揭示出来。”①

这个观点着重解释了新闻组构世界的方式，指明新闻传媒是人们认识世界的“镜像”这一本质。这里，由于话境的限制，没有深入探讨每一条新闻，即一个马赛克是如何构建的。但从这个演绎性思路引申开去，所谓“媒介传播的事实不是单一的，而是集束的”的论断，其实隐含着一种认知：那种以全面反映某一重要事件的新闻（在现代传媒中主要以规模性的深度报道出现），往往是以组合方式存在的。

显然，这种组合性报道是向“深度”敞开的。以往，深度报道的传统形式，如调查性报道、解释性报道等，已经获得了“深度”命名，但致命的是它们与生俱来的先天缺陷——采写周期过长，因而时效性不足；单向度的主题切入，很难撮合全方位的视角等——已经在现代传媒的嬗变中显现出诸多的不适应。在大众文化和信息消费的时代，最具成长性的“卖点”，并能够获得广泛的社会价值承认的，是思维对于社会需求变化的敏感性和基于这种敏感性的创新和丰富。这样，足以适应新闻传媒变革之需的新一代深度报道，即组合文体的深度报道也就应运而生了。

直至目前，组合文体的深度报道至少在西方国家活跃了20年。比较有代表性的形式有：连续报道、系列报道和版块式报道。这里，同样按照结构主义的分析方法，从传播原理分析其特征。

（一）连续报道

连续报道是指新闻传媒在某一时段内，围绕受众关注的某一重大新闻事件或重要人物所采写的分段持续报道。它的特点是声势大、报道面广、时效性强、持续时间长，因而也容易产生广泛、深刻的社会反响。连续报道也称追踪报道，它追踪事态的发展轨迹，并不断、及时地进行报道，每一次报道的递进，都构成连续报道的片段，直至最终完整地呈现事件。例如，杭州《都市快报》1999年的“圆圆事件”，从走失的孩子圆圆出现到圆圆找到新家，其间长达几个月，报纸全程跟踪报道，在版面上采用连载的形式，使一个无人认领的孩子的命运引起杭州市民极大的关注，也成为这一时期《都市快报》最大的新闻“卖点”。

连续报道的核心在于引人关注并且对象是正在进行中的事件。它一般以事件或人物为中心，严格按照事件的推进展开叙事。因而连续报道的间

---

① 刘建民：《当代新闻学原理》，第131页，清华大学出版社2003年版。

隔时间一般是没有规律的，情况需要时，可以在短期内连续发表，如果报道对象没有明显变动，报道就处于静止状态。因此判断事件在传媒中可持续的程度，主要依据是事件本身蕴蓄的足以构成公众关注的“能量”及其延续的精彩程度，公众注意力转移了，也就意味着连续报道的结束。

就传媒的实际工作状态而言，是不是需要对事件或人物作连续报道起初未必十分清楚。从理论上讲，当某个社会事件引起了公众关注，或某家报刊已经刊登了有关报道，但事件的新闻价值仍然可作深度挖掘，那么通常称之为“后续报道”的操作方式便可进行。一般来说，后续报道可以说是一种“倒叙”式连续报道，其特点是要求提供新角度，吸引读者对已经知道的事情追根究底。这些新角度包括：(1) 提供已有报道没有涉及的资讯；(2) 充分挖掘过去报道未包括的新内容；(3) 追述事件过程，提供更生动的细节和背景；(4) 对报道过的事加以分析，推测可能发展的前景以及有关人物的反应，从而展现出超越原先报道的深度性；(5) 搜集最新的多侧面的反应，以增加新闻的接近性等。显然，后续报道是连续报道的特殊形态，正常的连续报道是以“发生”为起点，而后续报道则以“结果”或足以引人注目的“高潮”为起点，但最终仍然构成报道的“连续”。

连续报道不是传媒塑造的“神话”，而是更符合新闻特性的同步记录。例如，美国前几年著名的“辛普森案”的连续报道，便是发生在一位公众人物身上的新闻“强力出击”。美国电视机构为了提高收视率，甚至动用了直升飞机，对辛普森杀妻案的追捕过程和审理过程进行了堪称现场化的全程的连续报道，公众坐在电视机前如同观看了一场超级电视连续剧。

传媒中的连续报道还意味着主体(记者)受客体(新闻事实)的牵引，主体按照客体的变化过程“随动”。这种“随动”当然不是绝对的被动，而是在不变更事件主线的前提下，发挥主动性。例如，使整个采写、转播过程更富有条理和传播节奏；设置必要的悬念，分割出时间的片段，以吸引受众的关注；引入相关的信息、背景，丰富对故事的想象力等。从总体上讲，连续报道的叙事节奏应该与受众的心理期待的脉搏同步，反之，公众的注意力就会转移。

现代受众心理学研究表明：受众的需求是随着社会的发展而不断变化和丰富的，并且其变化的速率和丰富的扩张在现实中有不断加快的趋势。因此在这种情况下，固守传统的精耕细作固然也有效益，但归根结底是有限的。这个结论预示着，连续报道并非无限期地拖沓，而是应符合受众周期性的心理节奏。因此可以认为，连续报道的结构模式总体上是一种“体验—

满足”结构模式，传媒的“随动”主要按照受众需求的原则，形成组构的敏感和到位的操作。

（二）系列报道

系列报道是指在同一个大主题的统帅下，选择组织多个相互独立而在性质意义上又相互关联的视角，在一个时段内对引人关注的问题进行分篇、持续的新闻报道。系列报道适用于对非事件性新闻或隐含着社会深层矛盾的重大、重要题材作深度性的报道。在西方报界，一般称之为“计划性连载”。

在中国新闻奖和各省、市、自治区好新闻奖的评奖中，我国通常把系列报道奖和连续报道奖不加区分，只设“系列报道奖”。其实这两者之间还是有差别的。与连续报道比较，系列报道有自己的个性：

一是“定期性”。连续报道的一般对象是“人”或“事”，因而受新闻人物的活动或事件的发展过程的影响，间隔的时间没有规律，情况需要时，可以在短期内连续发表；如报道对象没有明显变动，则会处于停顿状态。例如，克林顿“绯闻”报道，美国媒体连续报道了多年，但其中也多有间隔，只是当有了新的证据、证人或线索时，媒体才连篇累牍报道。而系列报道的依据是相对静态的“问题”，是对处于盘根错节的矛盾胶着状态的社会问题展开的分析和述评，因而可以在一个大的主题框架下，划分若干个独立篇章，定期发表，呈现出规律性的持续。

二是“计划性”。连续报道一般是无法计划的，而系列报道直接来源于记者或编辑的主观设计——通过策划、选择，决定报道主题和采写方案。这里的主观设计，建立在充分研究社会、形势、受众需要等基础上，具有明显的预期效果和目标。所以在连载特征上，系列报道一般都有三个固定：版面位置固定、字数固定、间隔时间固定。

三是“文体的统一性”。连续报道是对事件的“随动”，因而在表达上也要根据事实本身的变动情况比较灵活地报道，如消息、特写等。而系列报道则要求在大致统一的文本架构中运作，文体一致，长短相近，并且有统一的写作风格。

系列报道从选题开始，就体现着记者干预社会生活、为公众服务的巨大热情。这种社会“介入”的抱负，使它带有浓郁的分析型、思辨型的色彩。它一般站在时代和历史的高度，从较高层次上透视、探讨社会问题。系列报道的观照对象一般有两类：一类是课题型的，主要反映一个时期社会面临的亟待解决的重大问题；一类是话题型的，多为公众感兴趣的日常问题，类似于“新闻会客厅”中的谈论。前者要求记者具有见识和眼力，有高度的历史责任感，其主题应达到相当的高度；同时，因为这种报道方式允许跨越时空选择事例，重视记者、采访对象借事实发表议论，因而，它可以将潜在的问题显泛化，将分散的问题集中化，使高深的问题具体化。① 后者则需要记者敏于回馈生活，善于从日常的感性材料中，触及百姓痛痒，并以幽默、轻松、善解人意的态度，成为寻常百姓的新颖别致的“读物”。②

系列报道也存在着一种模式化的操作思路，其主要特征是运用“分解”式思维，对一个症结性问题或记者预设的议题予以“破题”，从而分解成若干个子题。例如，日本共同社连载的《日本的幸福》，就是一个典型的范例。它由三个部分组成：《妻子们的思秋期》《当妻子抛弃丈夫的时候》《老年之路·女人之路》。记者从女性主义视角，反映了日本社会的真实图景，展示了在高速增长、经济繁荣的背后，日本女性内心的苦闷和空虚。这里，揭示日本现代商品经济社会中重经济而忽视人性，反映女性生存状态，可以说是一个框架性的宏观命题，由此“破题”，把宏观问题分解成一个个具体的子题，从而多侧面、全方位地揭示日本女性人生的“细部”。这种“分解”式思维模式，也形成了系列报道的“解读”性阅读结构，受众的兴奋往往也来自于探寻性的“思维乐趣”。

（三）整合报道

整合报道，也称版块式报道、组合式报道或结构式报道，即整合传媒信息资源，对某个重要问题、事件或人物进行全方位、多角度、立体化的报道。它一般用于报道重大事件或重要新闻主题。

整合报道最大的特点是强化了新闻冲击力，足以使受众对新闻事件、人物的方方面面、前因后果，以及表面的、深层的、纵向的、横面的资讯都有整体、系统的了解。比如，电视新闻的整合报道，它可以集纳口播新闻、图片新闻、短消息、字幕新闻、现场报道、新闻背景、专家评述、记者现场报道、编前编后语、本台评论等。整合报道被称为深度报道的“集团军”。中央电视台

---

① 参见刘明华：《西方采访与写作》，第181页，中国人民大学出版社1993年版。

② 所谓“读物”，在西方有着特定的含义，通常是指报纸、杂志等刊登的富有趣味性的报道和文章。它是商业新闻不可缺少的构成部分。按西方新闻学理论，报纸具有报道、言论、娱乐、教育等几个方面的功能，读物是达到娱乐和教育目的的手段之一。

2003年对伊拉克战争进行的全程直播，充分发挥了电视现代化传播的“共时空”优势，把播报时档延展到24小时，使中国观众首次感受到了“一场直播的战争”。整合报道堪称为深度报道的鸿篇巨制。

网络媒体由于技术优势，足以整合各种信息资源，因此更显示出整合报道的各种特征。它显示出的资讯的多样性、新闻链接、互动特征，甚至可以使一条常规新闻组合成整合报道。而当重大事件来临时，网络新闻的整合效应更为明显，可以在真正意义上实现“汇天下之精华”。但它也有一个缺陷，就是在“海量”的资讯面前，受众也因量大而无所适从，而信息噪音的融入，则使这种整合显得智能不足，“把关”也成了幻影。

网络新闻的缺陷从反面提示人们，整合报道不是各种信息的简单撮合，而是按一定规律组合成的有机结构。每种报道形式在整合报道内都必须是有组织的调遣，必须围绕一定的“意义”展开。理想的状态是：每种报道融入整合报道便成为统一体，拆开又是独立成篇的个体。例如，发表于2000年12月7日《南方周末》的《银行尴尬面对贫困生》就是一篇典型的整合报道，它由《全国12个省市国家助学贷款发放情况概述》《一些银行为何不愿发放助学贷款?》《“亏本生意”为什么，怎么做?》《上海助学贷款为何红火?》《专家谈国家助学贷款》《农行的“金钥匙”贷款》等6篇报道组成，以联动配合、相得益彰的“立体报道”形式，把综合性、全方位的信息提供给受众。这组整合报道的每一篇报道各就其位、各司其职，“合力”显示了整合性新闻的规模效应，多种报道形式、报道角度又反映出媒体多面、周全的思考和服务精神。

从总体上看，整合报道是一种勾连式的网状结构。每一篇报道构成了网状结构的一个环节，是一个独特的篇章，同时又呼应着其他报道。因此整合报道特别注重组织策划和宏观调度，报道的每一个“点”，都要经过“主脑”的统一构思，然后富有活力地展开运作。现代传媒的发展表明：重大事件的整合报道关键不在于“点”的精致和讲究，而在于一种智能高效运转的创造结构、机制和体制。

# 第二章 深度报道的流变

深度报道不是一夜之间出现的，而是新闻工作者历经漫长、艰辛的探索逐渐形成的。深度报道在新闻史上被人们接受和认同，已有70多年历史，如今它仍在社会思潮、新闻理念和传播技术等因素的持续作用下不断衍变和发展。本章将重点考察中、外深度报道的源流，追寻深度思想生成、发展的脉络，从而找到它在过去、现实和未来新闻报道中的多重意义。

## 第一节 新闻思潮之衍变

刘明华在《西方新闻采访与写作》一书中指出，西方报界在报道方式上曾发生多次明显的变革。这种变革大致可以分为六个阶段：(1) 杂报时期；(2) 素朴的记录；(3) 以趣味性为主的时期；(4) 煽情时期；(5) 客观报道时期；(6) 深度报道——新的摸索期。① 这个结论大致描述了西方新闻报道所走过的历程，也基本符合实际情况。

深度报道思想，是在大量的新闻报道实践和理论探索的基础上逐渐孵化出来的。一般认为，研究深度报道的起点，要从奠定今天新闻报道基础的客观报道时代开始。新闻报道从这里出发，汲取新新闻报道、社会科学化报道的经验和教训，"深度"思想渐趋生成，并开始进入不断深入的摸索期。

① 刘明华：《西方新闻采访与写作》，第42页，中国人民大学出版社1993年版。

## 一、客观报道

从西方新闻史发展看，早期报纸的主要内容是社会事件的记录，因而当时的许多报纸都以新闻、消息、电讯、纪录、纪事等冠名。之后，政党报纸蜂起，其特点是重评论、重宣传，即便新闻，也是夹叙夹议。针对政党报纸的“言论煽情”，以贝内特的《纽约先驱报》为代表的独立报纸在1835年就提出了“客观报道”的基本思想，但因其时“煽情新闻”大行其道，客观报道并没有成为主流新闻。

在美国新闻史上，塞缪尔·鲍尔斯第三是第一个明确提出“独立新闻学”的人，也是第一个提出客观报道原则的人。这位《斯普林菲尔德共和党人报》的主编在1855年的一篇社论中，主张新闻报道要在事实与意见之间划清界限。他认为，新闻只应告诉读者最原始的信息，然后让读者自己去作出判断和评价，这恰恰是客观报道最核心的要求。

客观性原则的确立与19世纪60年代通讯社的广泛出现也有关系。由于通讯社发布的新闻要销售给持有不同立场、不同办报方针的报纸，新闻的商品属性更为显著，因此对通讯社提供的新闻稿件，原则上要求淡化政党色彩，不宜含有过多的党派主张。在这种情形下，客观上要求新闻报道必须采取新的表达手法，如只提供信息，不表达观点，将议论、意见、情感排除在外而仅仅叙述事实本身。①

真正为客观报道奠定主流地位并成为时潮的报纸，当推《纽约时报》。1896年8月，阿道夫·奥克斯买下陷于困境的《纽约时报》，他没有仿效“黄色新闻”的煽情手法拯救时报，而是大胆采用新的办报方针：“我的殷切目标是，《纽约时报》要用简明动人的方式，用文明社会中慎重的语言，来提供所有的新闻。即使不能比其他可靠途径更快提供新闻，也要一样快；要不偏不倚地、无私无畏地提供新闻，不论涉及什么政党、派别的利益，要使《纽约时报》的篇幅成为研讨一切与大众有关的重大问题的论坛，并为此目的而邀请各种不同见解的人参加明智的讨论。”从1896年10月5日起，该报每天都在报头上印有这样一句话：刊登一切适合刊登的新闻。

对此，日本新闻学者武市英雄指出：“经过杂报、官报、政论机关报、报

① 童兵：《比较新闻传播学》，第94页，中国人民大学出版社2002年版。

道第一主义、煽情等各个阶段之后,从《纽约时报》起,终于进入了奠定今日新闻报道基础的客观报道时代。”客观报道不仅开创了新闻发展史上的一个新阶段,而且其影响是十分深远的。①

客观报道传承至今,已有百多年历史。经过多少代新闻人具有探索性的新闻传播实践活动,西方新闻界对新闻客观性的认知及客观报道手法已经积累了不少可行的经验,具体地说,它们是:新闻只是客观地叙述事实,不应夹杂记者自己的评论;评论和新闻要尽可能分开,新闻中引用的议论包括说了什么话,谁说的,在什么地方、什么时候说的,都要注明出处;记者自己的评述性意见,只可以出现在评论文章或署名的报道中等。

由梅尔文·门彻撰写的美国新闻学经典著作、据称被300多所大学采用的新闻教科书《新闻报道与写作》断言:“客观的新闻是对看得见的东西及人们的言行进行的报道”,反之,新闻就不具有“客观性”。他还认为,“当记者谈到客观性时,他们的意思是:新闻报道不含有记者的观点或感情,它包含的是事实,报道是以一种不偏不倚的、独立自主的观察者的视角写的,如果报道可以经得起某些记录——言说原文、会议记录、警察局报告、购物凭证、薪水册、失业率数据或重要数字的核实,那么它就是客观的。如果材料有证据作为支撑,那么报道就是客观的”②。上述观点表明,构成新闻的要件是“事实”(“看得见的东西”和“人们的言行”),为确保记者所写的是事实,必须做到(1) 排除记者的个人情感;(2) 拥有不被别人左右的中立立场(不偏不倚、独立自主);(3) 材料必须有根据、经得起验证。西方教科书上还通常援用下面一则例子,以说明什么叫“客观报道”。

三岁娃娃将被征入伍

合众国际社纽约电　谁也搞不清楚这是怎么一回事儿——本星期五,居住在纽约市约克城高地的3岁小女孩皮丽·夏普洛收到了入伍通知书。

昨天,她像平时那样吃早餐,她边吃边看一张华盛顿征兵处寄来的通知单。根据这张通知单,她得在“从18岁生日那天起30日内报到入伍”。

---

① 刘明华:《西方新闻采访与写作》,第43~44页,中国人民大学出版社1993年版。

② 梅尔文·门彻:《新闻报道与写作》,展江主译,第63页,华夏出版社2003年版。

尽管小皮丽仍有许多时间考虑这件事，但她已明确表示："我不去！"

显然，这则报道是用鲜活生动的事实"说话"的，记者不发表任何观点和议论，这符合"客观报道"所强调的 KISS（Keep It Simple, Stupid）原则。"新闻的力量在于事实，身为新闻稿的作者，一定要遵循这个原则。一篇新闻稿是一篇迷你的新闻论文，要以最平实的语言，在最短的空间说完。"① "客观报道"的原则从一个侧面反映了新闻报道的特性和要求，即要"用事实说话"。

客观报道作为世界新闻发展史上的一次重要思潮，首次正式把"客观性"定为新闻传播原则，它标志着"客观性"作为一个重要新闻观念的问世，并将在新闻界一直保持着"新闻专业理念"的地位。其意义在于，它不仅解决了写作方法上的问题，而且实际上还塑造了新闻的品质。不难设想，如果没有客观报道的提出，新闻就始终难与政论分开，报纸客观反映现实世界的功能就不能充分发挥，也就难以形成有别于一般"宣传文本"的特殊个性。1923 年，客观报道原则在美国《新闻规约》第 5 条中得到确认，该条规定："不偏——健全的工作可以使新闻报道和意见表达清楚地区别开来。新闻报道不应该参加意见或任何偏见。"②

客观报道要求记者尽可能以客观、公正的态度反映世界，迅速、正确、详实地提供"所有的"新闻，这无疑是一大进步，但它本身的矛盾和局限性也是明显的。其主要表现如下：

首先，客观报道所倡导的倒金字塔结构，即在导语中将何时、何人、何事、何地、何故等要素概括出来，在新闻主体部分按事实情节的重要性的顺序陈述事实的方式，显然会束缚对事实的开掘。新闻学者康博把这种报道模式命名为"冰山理论"，他指出，新闻媒体每天观察地方社区及国家，搜寻危险信号，就像雷达在海面照射冰山的顶端示警一样。记者在没有帮助的情况下，只能描述冰山的顶端，而对沉在海底的冰山的主要部分未能注意，因此就无法描述。③ 例如，第一次世界大战和 20 世纪 20 年代末开始的经济恐慌等重大事件，由于新闻界只是孤立地报道已经发生的一个个具体事

---

① 巴克赫斯特：《打开知名度》，第 23 页，海峡文艺出版社 1989 年版。

② 童兵：《比较新闻传播学》，第 94～95 页，中国人民大学出版社 2002 年版。

③ 杜骏飞、胡翼青：《深度报道原理》，第 58 页，新华出版社 2001 年版。

情，而忽视告知人们造成形势不断变化的缘由，使公众对事态发展无法判断。尤其令新闻界深刻反思的是，由于当时大多数记者将客观报道奉若神明，摒弃了自己的深入观察和分析，将国家公职人员的讲话作为“事实”加以报道，结果却传播了谎言。

在客观报道模式下，由于只强调记录事件，无可避免地割裂了事件与事件、事件与背景之间的联系，因此受众对问题的了解是局部的。在一个充满变数的社会里，受众需要从整体上把握世界的局势。作为时代航船上的“瞭望者”，媒体有责任告知何处险峻、何处平易，而受众的这些需求不能得到满足，自然会对客观报道产生疑问。在越南战争报道上，就有类似情况：记者们按美军新闻中心公布的战报发消息，新闻中心故意夸大敌方伤亡数字，制造乐观气氛，新闻媒体也照样作“客观报道”，结果，这种客观报道对公众全面了解事实真相的“知情权”构成了伤害。

其次，客观报道片面强调冷静客观地对待事实，排斥记者的主体介入，在某种意义上就遏制了记者发现“问题”、分析“问题”的主动性，记者难免成为具体事件的“书记员”或“传声筒”。以日本为例，由于大量从地下抽取工业用水，导致地面下沉，但是媒体仅仅报道有关部门已经测出的具体数字，却不能从总体上主动探寻它的原因和后果，这种情况使受众明显感到“客观报道”的软弱无力，也从根本上对这种报道方式提出了质疑。

再次，客观报道本身也存在先天的逻辑矛盾。由于种种社会原因和主观因素，所谓“客观”，在具体的报道实践中往往不能做到或不能完全做到，因而有人讥之为一种“美好的理想”或“神话”。一些学者明确指出，“客观性”既难以衡量，也难以落实。无论自觉与否，记者的感情和意见必然会渗透到对事实和事件的报道中去，因此所谓的“纯客观”实际上从来就不存在。另一位学者赫伯特·阿特休尔更从“权力关系”的角度揭示了客观报道的本质：“客观性法则在资本主义世界中为维护其社会制度，为防止背离其意识形态的正统观念增添了力量。仔细观察，你会发现客观性法则绝对不是什么科学的东西，而是视偏见为神圣，捍卫这个制度，反对社会变革……根据这个法则，异议允许存在，甚至受到鼓励，然而异议的范围是有限度的，抗衡正统观念不能逾越一个范围，即统治阶级所规定的范围，因为统治阶级是正统观念的代表，他们不仅手中掌握着财源，而且左右着新闻界的权威人士。”①

## 二、新新闻主义

客观报道过分强调客观公正、“消弭自我”地对待事实，忽视记者的主观能动性，必然招致具有创造意识的记者的“反动”。20 世纪 60 年代初，美国出现了一股新闻思潮，它特别主张记者在新闻报道中的“介入”，强调描述个人的主观感受，这就是“新新闻主义”，或称“新新闻文体观”。

新新闻主义的代表人物有汤姆·沃尔夫、盖伊·塔利斯、约翰·麦克菲和乔·迪第恩等。其创始人汤姆·沃尔夫在《新新闻主义》中宣称：“所谓新新闻主义是指用小说的笔法来写新闻故事。这种报道方式融合小说的创造力、想象力及新闻记者的采访技巧，一反新闻界过分依赖新闻来源提供消息的传统，由记者到现场对一件事深入观察，并作详尽分析。”②他们否定“传统的新闻写作”（主要指客观报道），称之为“墨守成规的新闻逻辑”“新闻记者的原始主义”“是客观性的愚蠢作品”。他们还认为，记者与作家的混合是新闻学的新哲学，主观性的东西才是真实的。只有进行真正的艺术概括，用艺术方法写新闻才能高于事实等。这种新闻理论对于客观报道来说，无疑具有挑战意味。

新新闻主义的出现，显然是由 20 世纪 60 年代美国的社会和文化环境所促成的。此时，大众媒体置身于全社会的“反叛时代”，权威和理性受到怀疑，因此新闻报道普遍染上了“批判性”和“反文化”色彩。其主要的报道题材，也基本上是从反主流文化着眼的，如批评政治思潮和政治事件，描写地下青年、飞车党人、裸体舞者、城市嬉皮士、吸毒者等社会反文化图画，展示街头暴力冲突、飞车党人公开强暴青年女子等。新新闻主义运用小说笔法，以曲折、个性化的故事情节和充满感官刺激的场景吸引读者，试图在情感与理智两方面席卷读者。

在报道手法上，新新闻主义也建立了一整套有别于“客观报道”的写作技巧。主要有：(1) 综合小说、自白自传和传统新闻报道的各种手法，并一般以戏剧性场景组织叙述；(2) 记者介入报道之中，成为角色，摒弃“纯客

---

① 赫伯特·阿特休尔：《权力媒介》，第 150 页，华夏出版社 1989 年版。

② 葛昀：《评议“新新闻主义的复活”》，《新闻大学》1999 年秋季号。

观”观察，他们“将自己变为作品中的主角，常常像一个当代地狱之行的导游”①；(3) 在电视报道中，经常运用炫目的特写镜头、倒叙、摇镜头、背景细节等，构成丰富的感官刺激，并由视点的变化带给人一种“你就在那儿”的现场震动感；(4) 充分记录人物对话，并用对话直接展开叙述；(5) 注重体验，反映意识流动，运用闪烁其词使人回味；(6) 着力刻画细节，包括记录人物的表情、姿态、穿着、习惯等。例如，汤姆·沃尔夫的报道：

> 这是那小姑娘第一次经受这种极度的快乐，因为她第一次服用了少量LSD而飘飘然起来。
>
> “我看到一幅奇妙的情景！我们都在这里，我们可以随意干任何事！”
>
> ——她向多丽丝·迪莱和桑克讲了这些。多丽丝像个得力助手，说：“对了，我们都在这儿，一切顺利。你是好样的。”
>
> 小姑娘倒在多丽丝旁边的一张折叠椅中并瞧了她一眼说：“我真有点不相信你……”

这段文字，大致反映了新新闻主义的写作特点，言辞暧昧、迷离，如同小说。用汤姆·沃尔夫的话讲，它显示了“饱和渗透报道”的活力。从20世纪60年代至70年代初，新新闻主义成为西方传媒中风靡一时的报道体式。

新新闻主义摆脱了“客观报道”的桎梏，开始释放出记者主体的活力，同时也在观念形态上对传统新闻报道有着借鉴意义。它对新闻走向“深度”的有益启示是：

其一，记者记录历史而不仅仅止步于报道新闻。新新闻“更深入地介入他们所报道的领域，他们把更为有效的理性注解带到他们的报道中，那是一个更为丰富的思想和动态的结构，更为历史性而不是新闻性的观点”②。新闻向历史和人性敞开，重新获得新闻生命活力的源泉，应该是新闻不断解放的目标。

其二，感性与理性的融合。传统的客观报道趋向于“历史叙述法”，其主要特点是诉诸人的理性，而新新闻报道着力于描写情景和细节，还原生活的本来面貌，企图为一个更高的“客观性”而努力，激活了新闻报道的感性

---

① 约翰·霍洛韦尔：《非虚构小说的写作》，第21页，春风文艺出版社1988年版。

② 约翰·霍洛韦尔：《非虚构小说的写作》，第198页，春风文艺出版社1988年版。

功能所带来的活力。

其三，报道手法的多样化。新新闻报道由于强调了文学意味、独特的观察（“第三者的眼光”）、个人的体验和现场气氛，因此相应地激活了许多为传统报道所不用或少用的技巧和手法，如细致的描写、对话、意识流、戏剧性场景组织等，这些都对深度报道富有启示。

但不应忽视的是，新新闻主义自它诞生之初，就存在一种极端倾向：它把“新闻”与“文学”混为一谈，并且在报道中盲目扩张主体功能，实际上也就消解了新闻的本质属性；而且，新新闻关注的领域往往是社会“边缘性”题材和耸人听闻的名人隐私、暴力事件等，这种趣味偏向也自然会遮蔽更深刻的社会主题。因此，新新闻主义在20世纪70年代末就招致美国新闻界的广泛批评，被认为“对新闻和文学都有失尊严”。

## 三、社会科学化报道

随着科技时代的来临，愈来愈多的媒体和记者试图将更科学、更具体和更精确的方法，应用到新闻采集和报道上，形成了一种把社会科学研究和传统新闻报道技巧融于一体的报道方法，新闻史家称之为“社会科学化报道”。这种借助社会科学研究方法的报道形式，拓展了新闻的视域，丰富了新闻的报道手法，而且它的报道效能也是传统报道所不能比拟的。

社会科学化报道是多种新闻报道方式的总称，其具有代表性的新闻形态是精确新闻报道。这种类型的报道起源于美国总统选举中新闻媒体进行的民意调查。作为系统的新闻报道理论，则是由美国新闻学者菲利浦·迈耶在他1971年出版的《精确新闻学》一书中首次提出的。他认为，传统的新闻采访和加工信息的做法，往往只注重报道骇人听闻的情节，或停留在对新闻事件作一般性描述和似是而非的评价上，这种新闻报道其实难以做到准确和客观。因此，他提出新闻记者应广泛运用社会学和其他人文学科的方法和手段，借以采集和分析事实材料，揭示社会事件的真相，以提高新闻报道的客观性和真实性。

从总体上看，精确新闻报道对传统的客观报道的理论修正，主要反映在报道主体对待事实的态度上。尽管客观报道也强调冷静、客观地对待事实，但由于受报道主体的立场、兴趣、观察角度所限，其叙述、判断和结论未必可靠和有代表性。精确新闻报道的倡导者则强调对事实作科学、系统、全面的调查和分析，以期更深刻地把握新闻事实的本质，分析社会动因，试图从科学的角度进一步提升新闻报道的公信度和质量。

整个20世纪70年代，精确新闻学的研究在美国风行一时，涌现了大批教科书和参考书。这些著作借鉴了其他社会学科中的许多科学方法，如运用计算机进行选择性调查、数据分析、内容分析、中间测量等。在这股新闻思潮推动下，许多西方记者都作过精确报道的尝试，如菲利浦·迈耶在担任底特律《自由报》记者时，报道该市发生严重的黑人暴动，他和另外两位社会学者采用随机抽样法，在暴乱地区选择了437位黑人进行访问，随后把得到的资料输入计算机，以统计方法分析黑人暴动的原因，并根据研究结果写了一系列报道。这组报道赢得了普利策奖，也为精确新闻报道赢得了声誉。

不难看出，精确新闻报道较之于传统客观报道，已有了理论上的开拓和层次上的提高。它对深度报道的影响，主要反映在以下几个层面：

首先，精确新闻报道更能真实地反映普遍的民意。普遍的民意，应该是指最大多数人群的意见。在传统客观报道中，记者仅仅依靠个人的努力，其所接触的民意总是有限的、局部的；而精确新闻学采用社会科学的调查方法，却有效解决了以往采访中量的不足，从而能反映绝大多数人群的意见，使新闻报道更具有客观性和决策参考价值。

其次，精确新闻报道可以纠正某些表面的民意。“由于整个社会的民意普遍易于呈现出一种‘沉默的螺旋’现象，也就是说，不同的看法容易被‘大众的’意见趋势强有力地压制，而这些所谓大众的民意有可能只是一些长期存在的集久而成的错误观念。”①显然，这种表面的民意也需要匡正，而社会学的、比较精确的报道恰恰可以起到独特的补救作用。

不可否认，精确新闻报道并非尽善尽美，也有明显的局限性：其一，由于它强调社会调查和统计，需要耗费大量的人力、物力和时间，因此报道的适用性、时效性就明显不足；其二，调查方法是否合理、科学，可能会引起争议，而缺乏科学性的调查，其形成的数字和结论则同样会遮蔽真相；其三，数学语言、统计公式的滥用，可能会使受众坠入云里雾里，反而有悖“精确报道”的初衷。显然，新闻报道毕竟不同于社会科学，有一则幽默故事对西方所谓“精确新闻”予以了讽刺：一名美国记者奉命去“精确报道”某非洲国王加冕典礼，结果却不得不在狱中写信报告主编：“我清点通往王座的台阶数，在

---

① 杜骏飞、胡翼青：《深度报道原理》，第64页，新华出版社2001年版。

数到343级台阶时被捕。"

除此以外,西方新闻思潮流变过程中还出现过发展新闻学、鼓吹新闻学、多透视新闻学等不同学派和理论。这些理论探索都在一定程度上丰富了人们对新闻传播的认识,并且从方法论上对深度报道提供了有益启示。不妨说,在20世纪后半叶,深度报道的理念已渐趋明朗。

## 第二节　西方深度报道沿革

深度报道是伴随社会思潮的激荡,在新闻实践、理论探索和传媒机制变革等多种因素的合力作用下,得以诞生、发展和兴盛的。它广泛继承客观报道所积累的丰富经验,又从摸索期的新新闻主义、精确新闻体中汲取营养,最终逐渐建构起深度报道理念,并相应形成了一套独特的报道理论和操作方式。

日本学者武市英雄在《日美新闻史话》一书中指出:"在美国,虽然重视客观报道,但是,进入20世纪,特别是从20世纪30年代起,也开始感到了客观报道的局限性和矛盾。尽管如此,人们并非采用主观报道方式,而是在感到客观报道的局限与矛盾的同时,着手摸索新的报道方式。"①这里所说的"新的报道方式",实际上就是指深度报道。

### 一、新闻实践与探索

深度报道的诞生,究竟始于何时？学界历来争议颇多。美籍华人学者赵浩生认为,美国媒体大亨亨利·卢斯于1898年创刊的《时代》杂志,对深度报道的萌生功不可没。卢斯首次将新闻分成"快新闻"与"慢新闻"两种,"快新闻"注重对某时某地发生的某种事情,用最快的速度作一个简略的报道;而"慢新闻"则要花费较多的时间,对事件作深入的调查,弄清其来龙去脉,分析其前因后果,是一种有分析、有深度的新闻。同时他还强调,新闻报道不仅要报道事实,还要发现和提出问题,并加以研究、分析和解答,这种处

① 武市英雄:《日美新闻史话》,第176页,福武书店1984年版。

理新闻的方式,也是从卢斯时代开始的。①

一般认为,被西方新闻界公认的第一个深度报道栏目,当推1931年美国纽约《太阳报》开辟的“解释性报道”专栏。该报在每周六将一周内发生的新闻大事进行集纳、分析和解释,并成为常设性栏目。由此开始,解释性报道在美国日益盛行,并被一些报纸视为必需品,在各类报道中所占的比重也越来越大。据有的文章说,在美国《基督教科学箴言报》的版面上,解释性报道竟多达90%,而且美联社、合众国际社以及广播电视等,也都开始积极采写解释性报道。当第一个报纸深度报道专栏出现两年后即1933年,美国报纸编辑协会通过决议:“鉴于各种复杂而又意义重大的国内外事件以超过历史上任何其他事件的速度变化发展;鉴于事实表明各行业人们对于公共事务的兴趣日益浓厚,协会一致决议,编辑要将大量的注意力与版面用于解释性报道,用于提供信息的背景,以便使得普通读者能够充分了解事件的进程和意义。”②这表明,当时的报纸已经意识到深度报道(主要是解释性报道)的存在与作用。

在美国,广播新闻的崛起曾对报纸新闻产生过很大威胁。当广播夺走了纸质媒体的大批读者和广告时,报纸曾联合起来向通讯社施压,不准其向广播提供新闻。1933年,美联社、合众社、国际社停止向电台供稿。电视媒体崛起后,以其强烈的现场感、真实感和传播手段的丰富性,将大批观众吸引到屏幕面前。三大媒体之间的竞争更趋“白热化”。广播,特别是电视的强劲发展,使许多报社记者对报纸的前途产生忧虑,同时又在不断寻求自身的生存空间:报纸新闻既难以用时效性与广播、电视抗衡,那么就在不受线性规律限制,便于选择、便于保存上下功夫,推出背景性、分析性、阐释性、揭露性的深度报道,或许才是制胜之道。

与此同时,“揭丑新闻”的浪潮也在推动新的报道方式的萌生。历史地看,自美国第一张报纸诞生之日起,揭丑性报道(也称“扒粪运动”“掏粪运动”)便初露端倪。进入20世纪以后,美国新闻史上更是出现了两次大的揭丑浪潮:一次是19世纪末20世纪初,另一次是20世纪六十至七十年代。第一次浪潮以杂志为先驱,此时,“揭露性杂志盛行一时,杂志在揭露贪污、

① 赵浩生:《漫话美国新闻事业》,第61~62页,北京出版社1980年版。
② 李良荣:《西方新闻事业概论》,第122页,复旦大学出版社1997年版。

腐化、犯罪以及奸商操纵市场方面走在报纸的前头”①。其中，最著名的杂志是《麦克卢尔杂志》。1903年，该杂志刊登了林肯·斯蒂芬写的《城市的耻辱》、艾达·塔贝尔写的《美孚石油公司的历史》、雷·斯塔纳德·贝克写的《工作的权利》。三篇报道分别以调查报道的形式揭露了市政腐败、石油大王洛克菲勒在竞争中的不正当行为，以及煤矿业残酷镇压工人罢工的情况。这次揭丑浪潮为什么由杂志兴起？原因是“杂志界具有言论性的传统”②。

20世纪60年代，美国揭丑性报道的第二个浪潮成为直接推动深度报道往纵深发展的巨大力量。这个时期，反对越南战争运动和黑人民权运动席卷全国；1969年美国又面临严重的经济滞胀——经济发展缓慢，同时出现通货膨胀等问题。在社会矛盾尖锐化的社会背景下，调查性报道又一次受到新闻界的重视，成了风行一时的报道方式。尤其是1972年《华盛顿邮报》关于“水门事件”的报道，真正确立了调查性报道的地位，它不仅使报纸的发行量直线上升，而且使深度报道这一形式在更大程度上得到了读者的认同。从总体上看，这个阶段从事调查性报道的主力是报纸，而且是有影响的大报，表明纸质媒体已充分认识到，在与电子媒体竞争失去速报优势之后，从事深度调查性报道或许是唯一的出路。

纸质媒体的求生之道，特别是调查性报道和解释性报道在公众中引起的良好反响，也在很大程度上引发了电视媒体对自身弱点的反思。通常的看法是，电视擅长表现可感可触的具体事实，而难以阐释背景、表现抽象的内容，也不善于分析和解释问题，是一种“一次性消费”的媒体。然而，越来越激烈的新闻竞争，迫使电视新闻在保持自身优势的同时，不断发掘潜在的能力。1951年11月18日，美国CBS公司著名的新闻节目主持人爱德华·默罗创办了“现在请看”电视新闻节目，开始探索对社会问题展开分析的深度报道。1952年12月18日，默罗率领一个电视新闻报道组深入朝鲜战场，制作了长达一小时的特别节目《圣诞节在朝鲜》。这部片子提供了不为人知的新闻背景，阐释了战争处于僵持状态的原因，被国际新闻界公认为第一部电视新闻中最有影响的深度报道。1968年，CBS公司开办了杂志型电视新闻栏目“60分钟”，该节目每周日晚上在7时至8时黄金时间播出。它

---

① 张隆栋、傅显明：《外国新闻事业史简编》，第278页，中国人民大学出版社1988年版。
② 刘明华：《西方新闻采访与写作》，第104页，中国人民大学出版社1993年版。

每期有三个以上的主题，信息量丰富，内容广泛而深刻，节目所探讨的大多是社会热点问题和敏感问题。例如通过采访报道，揭露了美国中央情报局不少鲜为人知的内幕，促进了情报局改组等。受“60分钟”影响，ABC公司推出了“20/20”（最佳视力），NBC公司推出了“夜间观察”，这些节目都以深度报道的形式成为电视新闻中的品牌响档。

20世纪六七十年代以后，受社会科学化报道的启示和影响，以调查性报道为主的深度报道在内容和形式两方面，都显示出与传统的揭丑性报道有所不同。这个阶段的调查性报道在报道的领域、科学性和手法丰富性等方面，都已达到了更高的层次。鉴于调查性报道已经成为一种独立的、经常性的报道样式，且已为美国新闻界所广泛接受，1975年，美国新闻界正式成立了“调查性报道记者与编辑协会”，至1980年6月止，该协会会员已达3 000名。1985年，美国普利策奖评委会经过多年的慎重研究，决定增设两个最新奖项：解释性报道奖和调查性报道奖。它标志着一个新的新闻时代——深度报道时代已经到来。

## 二、新闻理论的拓展

即便如此，在西方深度报道出现初期，以解释性报道和调查性报道为代表的报道并没有构成新闻报道的主流。直至20世纪50年代以前，各种媒体的主要报道方式仍然是客观报道。“本来，印刷媒介应是承担解释性工作的理想角色，但报纸执着于‘客观性’的理念而不愿投身于此。在广播兴起之前受过新闻学教育的报纸编辑，几乎就像拒斥广播这一新媒介一样地拒斥新闻报道中这一新兴的解释潮流。”①报纸编辑观念之陈旧，记者对传统报道方式的因袭，限制了新兴的深度报道进一步发展。因此，在电视、广播媒体的速报优势前，印刷媒体记者只能疲于奔命。

在探讨深度报道衍变的轨迹时，“社会责任理论”所起的特殊作用不可忽视。众所周知，长期以来西方新闻出版界奉行的是“新闻自由”理论。进入20世纪以后，随着资本垄断与兼并的加剧，西方新闻自由制度却遇到了新的挑战。其主要表现是：“第一，报业资本的垄断与集中，使新闻传媒在

① 沃尔特·福克斯：《新闻写作——报刊记者指南》，李彬译，第14页，新华出版社1999年版。

社会结构中日益成为一支独立的力量。政府调控新闻传媒的实力减弱了，反过来对传媒的依赖性加强了。第二，传媒由于自身实力的加强和外界压力的相对减少，失控的倾向加大了，最突出的表现是滥用新闻自由的现象严重了。第三，传媒作用与地位的加强，使得公众通过传媒参与社会政治生活的障碍加大了，公众与传媒在新闻自由问题上的冲突与对抗加剧了。"①在这种情况下，对以往的新闻自由制度进行调整与完善就提上了西方政治文化生活的日程。这就是20世纪40年代以后在西方兴起的"社会责任理论"产生的背景。

作为一种新闻理论，社会责任是指新闻传媒和新闻从业人员在新闻活动中对社会安定、国家安全和公众身心健康所承担的法律、道德和社会义务。联合国新闻自由小组委员会制定的《国际新闻道德信条》的序言指出："当报业及所有其他新闻媒介的工作人员，经常自动努力保持最高度的责任感，切实履行道德义务，忠于事实，以及在报道、说明和解释事实中追求真理时，这项自由将获得更好的保障。"这个信条表明，新闻传媒要履行一定的社会责任，深度报道是能够发挥特殊作用的。美国新闻自由委员会在著名报告《自由而负责的新闻界》中，明确对记者提出要求："对每日的事件给予真实的、全面的和理智的报道，并将它们置于能显示其意义的特定前后联系之中。"委员会还要求记者分析事件可能发生的原因、后果和社会影响。这正与深度报道思想不谋而合。

1956年，美国教会全国委员会撰写出版《报刊的四种理论》，对报刊的社会责任更是作了全面的规范。其重要内容是：

（1）新闻界的首要责任就是必须准确，不能对公众说谎。新闻报道应当真实地描述事件的来龙去脉，并对事件的意义作出解释。

（2）新闻界应当成为向公众提供交换意见和批评的论坛。不能也不应当要求新闻界发表所有人的看法，但却要求它能够承担起发表与传媒所有者相反的重要意见的责任。

（3）新闻界有责任从客观的、不带情感偏见的角度去描绘社会各个成员集团的典型画面。

（4）新闻界应当担负起提出和解释社会目标及价值观的责任。新闻传媒具有开启心智的功能，必须承担起教育者的责任。

---

① 童兵：《比较新闻传播学》，第129页，中国人民大学出版社2002年版。

(5) 新闻界应当承担起尽可能完整、客观地报道当前的事态的责任，因为在一个现代化的工业社会中，人们对于当天情况的了解的要求比以往任何时代都迫切。①

上述五个方面，除了强调报刊必须承担应有的社会责任以外，还从方法论角度指明了媒体应采用更客观、更全面、更完整的报道方式，即深度报道方式，才能体现报刊等大众媒体的社会职能。鉴于这种认识，后来美国哈钦斯委员会在其报告《自由而负责的新闻界》中为深度报道所下的定义是“所谓深度报道，就是围绕社会发展的现实问题，把新闻事件呈现在一种可以表现其意义的脉络中”。实际上这正是从社会责任理论出发，对深度报道作出了解释。因此，杜骏飞、胡翼青在《深度报道原理》中指出，是社会责任理论对新闻深度思想给予了强有力的理论支持，确实是不无道理的。

## 三、深度报道的确立

喻国明教授在《深度报道：一种结构化的新闻操作方式》论文中，曾以比较的眼光，指出深度报道不同于客观报道的种种特殊本质，由此不难看出两种最主要的报道方式——客观报道和深度报道，它们有不同的分工及目标定位。

首先，从报道的起因上看，客观报道要求记者关注一个个具体的、客观发生的新闻事件，并以报道“事件”为本；因此，一个为社会普遍关注的新闻事件的发生是客观报道赖以产生的前提。而深度报道则要求记者站在时代的制高点上，以解析与人们普遍相关的现实“问题”为本；因此，一个为社会普遍关注的新闻问题的发生是深度报道赖以产生的前提。

其次，从报道所关注的重心上看，客观报道所关注的是某个新闻事件“点”的本身，是一种“一人一地一事一报”的平面式、孤立式报道；而深度报道则关注的是某个新闻事件的“点”的延伸与联系，是一种讲求展示新闻事实的宏观背景与结构的报道。因此，深度报道是一种突破了“一人一地一事一报”的报道模式，它要求对新闻事实进行跨越时空、由表及里、从内到外的综合反映。

再次，从报道的时效上看，客观报道讲求的是打新闻的“第一落点”（所

① 参见韦尔伯·施拉姆：《报刊的四种理论》，第102～108页，新华出版社1980年版。

谓“快新闻”），是一种先发制人式的时效竞争；深度报道则是在不失时效的大前提下讲求打新闻的“第二落点”（所谓“慢新闻”），是一种后发制人式的质量竞争。

正是由于有了上述种种不同，深度报道之于新闻工作者，才有了不同于客观报道的特殊意义与价值。

鉴于解释性报道、调查性报道为代表的深度报道已被社会广泛接受与认同，整体意义上的“深度报道”，也终于成为一个独立的概念呼之欲出。1978 年，“深度报道”一词被美国《世界大百科》列为正式条目收录，标明它已在学界成为一个有别于传统报道的新名词。20 世纪 80 年代中期以后，深度报道更被西方学者称做“任何人都不能抗拒的、一天比一天流行的报道趋向”，成为被学界不断阐释、研究的“关键词”。深度报道开始走向大繁荣时代。

深度报道尽管至今仍处于衍变过程中，在理论和实践方面都有待丰富和发展，但它在新闻发展史上的意义已值得总结：

首先，呈现总体视角，“把新闻事件呈现在一种可以表现其意义的脉络中”。对此，日本新闻学者曾经有一个说明：在当今时代，印刷媒体一般放弃了“速报主义”的做法，开始追求一种可以呈现事件全貌的报道姿态。其主要表现是：版面安排上，让第一版综合版尽可能反映现实的今日的变化，给读者一幅全景图画；在新闻写作上，说明事件的经过、核心、背景、地位等；提供社会及媒体自身的各种主张；在报道突发事件的同时，更为重视发掘型报道。①

其次，强化主体意识，将适度的主观性融入报道。客观报道不允许加入记者的主观成分，而精确新闻报道更将客观报道推向了极端。新新闻主义尽管强调主体性，但在实践中却变成了主体的盲目扩张。深度报道汲取了它们的经验和教训，有效地将主观与客观、见解与事实融合起来，既精确地查清新闻事件的真相，也探究新闻背后的原因和潜在问题。深度报道的家族成员，如发掘型独家新闻、解释性报道、调查性报道、计划性连载以及预见性报道等，都是记者发挥主观能动性的有效报道方式。

再次，重视经常性的调查研究。深度报道确立了调查研究在报道中的重要地位。有学者指出：“西方新闻界在最近 15 年内一个重要的发展，就

① 参见刘明华：《西方新闻采访与写作》，第 54～55 页，中国人民大学出版社 1993 年版。

是在某些新闻报道的材料准备中应用社会科学的研究方法。这种调查研究的一般做法是，提出调研问题和进行实验、搜集信息、分析最终结果，然后用简明易懂的语言表达出来。”①由此可见，西方已经将传统意义上的调查研究发展到了更高的层次，并且在方法上、学理上确立了它在报道中的地位。

# 第三节　我国深度报道的现状

近30年来，我国的新闻领域发生了许多深刻的变革，新闻传媒获得长足发展，新闻观念、新闻作业形态也出现了多方面创新。在新闻改革的第一个10年，绽放于媒体的奇葩——深度报道，因其报道思想和形式的别具一格，既引起轰动效应，也招致不少争议。进入20世纪90年代，深度报道开始在我国新闻界空前勃兴，并已经在借鉴、吸取西方深度报道理论和方法的基础上，逐渐形成中国特色。有学者曾作出下述评价：“深度报道是新闻报道趋于成熟的标志，是中国新闻改革的重要成果，是中国新闻事业发展的一大趋势。”②我们以为，这个评价是准确而恰当的。

## 一、我国深度报道发展概述

在我国，深度报道是一个“类”的总称，它泛指一切以“深度”为旨趣、不同于传统报道样式（主要指消息、通讯等）的新闻报道形式。它的出现，并非孤立的新闻现象，也不仅仅意味着报道形式上的创新，而是标明了在当今日益多元化、复杂化的社会生活中，新闻媒体所作出的一种选择，它实际上反映出人们的新闻观念、新闻思维方式发生了结构性变化。

回顾我国的新闻史，深度报道享有的独特地位和发挥的作用不可忽视。梁启超“笔端常含感情”的“时务文体”，范长江的《中国的西北角》等传世之作，都在相当大的广度和深度上，触摸着社会脉搏的跳动。尽管深度报道一词源于西方，但中国的此类报道（多以“通讯”名之）却绝不逊于西方。

① 胡舒立：《美国报海见闻录》，第282页，中国广播电视出版社1991年版。
② 徐占焜：《论深度报道》，《新闻界》2000年第3期。

“深度报道作为我国新闻写作中的一个优良传统，其写作高峰的出现和代表作的问世，都有着鲜明的时代特征，这就是深度报道的忧患意识……是否可以这样说，每当中华民族开始警醒起来时，就会有一批振聋发聩的深度报道应运而生。”①这个观点是基本准确的，也是深刻的。

深度报道在1985年以前还是一种鲜为人知的报道方式，但当年获全国好新闻特等奖的《有胆略的决定——武汉三镇的大门是怎样敞开的?》，以及《中国青年报》1985年12月13日至28日连续发表的探讨人才成长规律的《大学生成才追踪记》，却使读者初识深度报道的真面目。时隔一年，中国新闻界尤其是报纸，便刮起了深度报道的旋风，如《光明日报》发表《一个工程师出走的反思》，《中国青年报》发表《第五代》《西北地区贫困探源》等。尽管当时的媒体记者对深度报道的认识仍很有限，但这种以追求深度为风格、反映深层次社会问题为宗旨的报道形式，在社会上却产生了巨大的效应，受到学界和广大受众的认同和欢迎。鉴于这种情形，1986年，“全国第七届好新闻奖”第一次设立了深度报道奖。

1987年堪称“深度报道年”。以大兴安岭火灾报道为契机，《中国青年报》发表《红色的警告》《黑色的咏叹》《绿色的悲哀》，高屋建瓴地透视了大兴安岭火灾的深层背景和深远影响，提出了发人深省的警告。《经济日报》发表《关广梅现象》，涉及对社会主义初级阶段改革性质的认识。《人民日报》发表《鲁布革冲击》《中国改革的历史定位》《改革阵痛中的觉悟》等，探讨重大的、有争议的社会问题。1987年以后，广播、电视也借鉴深度报道形式，同样获得了突破，如浙江电视台选送的节目《七号台风袭击浙江》，就以打破一般信息报道的方式，综合性地报道了台风袭击浙江以后全方位的情况，尤其突出了人与自然作斗争的精神，获得了1988年度全国电视新闻好新闻特等奖。

对于绝大多数中国受众来说，他们真正开始认识深度报道，则是从影响最大、知名度最高的央视“焦点访谈”开始的。“焦点访谈”的前身是1993年央视新闻评论部推出的板块节目“东方时空”中的“焦点时刻”，这个节目聚焦于人民群众最关心的各种社会问题，用采访调查、现场报道、演播室访谈、评论等纪实手法，反映事件的来龙去脉，深究问题的根源，通过深层次挖掘，力求揭示事件和问题的内在本质。该节目于次年4月1日更名为“焦点

---

① 时统宇:《深度报道范文评析》，第7页，新华出版社2001年版。

访谈”，问世至今，成为每晚7点38分，上自政府官员，下到普通百姓都在收看的新闻节目。它的许多节目，成为中国老百姓都在议论的话题。这在中国的新闻传播史上不能不说是一个奇迹。

90年代以后，由于改革深入、社会转型等因素，深度报道获得了更广阔的用武之地。特别是到90年代后半期，深度报道不仅在理论上获得了确认，而且在实践中已经成为一种基本的报道方式，得到媒体更为成熟的应用。1997年6月9日至12日，《经济日报》发表了一组资本运营系列报道《来自湖北搞活国有经济系列报道》(共4篇)，深入探讨了资本运营这一全新的课题，兼及理论深度与实践价值，视野开阔，大气磅礴。1998年，新华社发表《改革风云人物沉浮启示录》，通过透视改革风云人物的命运，再现20年来中国改革开放的历史轨迹，给人以深刻的启示。

网络媒体崛起之后，媒体竞争日趋激烈，深度报道也在这场传媒市场的“遭遇战”中，发挥独特优势，更加光彩四溢，其报道理念越来越深刻，手法也更加丰富和完善。如今，深度报道在不同的媒体中以各种名目出现，如“焦点访谈”“大特写”“新闻透视”“新闻调查”“今日话题”等，这种种不同的称谓，其实正反映了媒体对深度报道的多方面探索意向。

有学者认为：“深度报道在20世纪80～90年代的中国媒体的崛起，从表面上看，是步入商品—市场时代的媒体间竞争使然，但若将这一历史现象放置于社会大背景中去考察便会发现，更深层的原因恐怕还是社会变革的需要。”①这个见解无疑是深刻的。更深入地分析，我国深度报道的勃兴至少包含了以下几方面的综合因素：

首先，是我们面对的客观世界发生了深刻变化。近30年是人类历史上的大变动时期，现实世界出现了一系列显著而急剧的变化。无论是社会生产力、政治制度和经济结构，或是人们的社会关系、生活方式、思想意识、文化、道德和价值观念都变得面目一新，与前大不相同了。目前人类已进入21世纪的时候，这个变革的过程仍在继续加速进行。特别应该注意的是，一场新的科学技术革命正方兴未艾，其影响所及必将进一步极大地改变这个世界的面貌，对人类社会生活的各个方面产生难以估量的后果。② 总之，

① 参见刘海贵主编：《中国现当代新闻业务史导论》，第120页，复旦大学出版社2002年版。

② 中国社会科学院“世界文明”课题组：《国际文化思潮评论》，第2页，中国社会科学出版社1999年版。

当今带有全球性的社会生活的激烈震荡，以及由此呈现的多变性和多元性，必然要求反映客观世界的新闻传播活动与之相适应，迫使新闻传媒以更积极的姿态报道和反映日益丰富和复杂的社会、经济、文化的新潮流、新现象、新观念。

其次，是市场和受众因素。近年来，我国传媒逐步走向市场，新闻竞争变得异常激烈。在当前多家媒体纷纷推出新闻频道或"全天候"报道（晨报、日报、晚报），试图以滚动、密集型新闻构筑市场制高点的形势下，新闻资源便显得相对不足，并因此出现了新闻争抢的情形。显然，以往的传统新闻报道模式已难以在这场竞争中克敌制胜，这就迫使传媒不断寻找新闻生长点，依凭独特的策划和创意参与有限的新闻信息争夺和市场拼抢。更为重要的是，作为市场参与者一方的受众，由于他们的知识水平和现代文明程度的提高，同时又在以社会转型、知识经济为特征的现实中增大了对新闻传播的依赖和期待，他们必然要求媒体以更为深入、全面的资讯满足其需求。马克思说过："人们要求新东西——形式和内容都新。"事实上受众因素对新闻传播活动确实产生了巨大的反馈作用，同时也促使新闻传媒亮出新招绝活，从而催生出形式繁多的深度报道。

再次，是向国外新闻样式的借鉴和学习。随着世界经济一体化、全球化进程的不断深入，作为大众传播文本的新闻越来越具有超越国界的广阔的信息空间，在充分运用高科技手段的网络时代尤其如此。无法回避，我们的新闻报道走国际化的发展道路，这是历史走向的必然选择。应该看到西方的深度报道模式现在已为许多国家所广泛采用，已在总体上成为新闻报道的基本模式。作为正在走向复兴的世界大国，我国的新闻报道要更积极地参与激烈的国际新闻竞争，在世界范围内争取更多的受众，就必须与国际接轨，并借鉴和学习发达国家深度报道的经验，引用国际通用的基本模式。[①]可以说近年来在我国涌现的大量深度报道，从某种程度上讲就是向国外新闻报道借鉴、"嫁接"的结果。当然在这一"拿来"过程中，我国的新闻传媒是有自己的原则的，同时也是以尊重本民族的阅读习惯和文化传统为前提的。

另外，深度报道的勃兴还反映出新闻人思维方式的转变和主体意识的增强。我们看到，与这个处于急剧变动着的世界相适应，人们的认识也在不

① 姚里军：《论新闻模式的国际趋同化》，第36页，《新闻与信息传播》2000年冬季号。

断地变化和深化。“这不仅表现在人对自然界的认识上,而且也表现在人对社会以及人自身的认识上,表现在思维方式的改变上。人在这个变动的世界里怎样生存,人类文明将怎样继续发展,人怎样通过文化创造来掌管自己的命运和实现自身的价值,成为各种文化思潮热烈探讨的问题。”①这种由外而内的思维转向,无疑对于新闻传媒的本位观念和主体意识的拓展具有重大而深刻的意义:它不仅激发了新闻人的创造个性,而且随着思想解放和改革开放大环境的形成,新闻人的话语权也比过去大多了。正是在这样的背景下,深度报道便在历史性的机遇中破土而出,呈现出多姿多彩的风景。

在这里,我们还必须说明,在国内媒体频频出现的各类深度报道与西方的深度报道是无法画上等号的。特别需要指出的是,随着中国新闻传媒自信心的增强并积极参与世界性的新闻竞争,一些具有鲜明民族特色、“中国气派”的深度报道应运而生,它们已经成为我们时代的亮点,也大大延伸了新闻已有的领域。

## 二、我国深度报道的探索意向

深度报道是当代新闻人不懈努力、积极探索的产物,同时与整个社会的新闻观念逐步解放是分不开的。面对新的历史机遇,新闻人不断突破僵化的思维定势,开始从新闻理论、采写制作、报道文体诸方面作出一系列革新,逐渐建构起比较完整的深度报道理念。一些媒体记者将自己的探索命名为“新闻实验”:有的突出报道形式,有的讲究采编手段,有的强调新闻特质,也有的追求内在韵味等,从而构成了多姿多彩的深度报道形态。如《南方周末》《北京青年报》特别打出“实验特刊”“新闻实验”旗号,开出了视点新闻、大特写、精确新闻、体验新闻、背景新闻、焦点新闻、解密新闻等栏目和版名,孕育出大量的深度报道作品。虽然深度报道在全国各地媒体上分散出现,其中有不少报道形式往往也是偶然诞生的,有的甚至露一下脸就消失了,但它们都曾经以新颖独创性刺激过受众的“兴奋点”,并对新闻文体变革提供了宝贵经验。

---

① 中国社会科学院“世界文明”课题组:《国际文化思潮评论》,第1页,中国社会科学出版社1999年版。

许多以“新”命名的深度报道，虽然不乏泡沫成分，但从总体上看，它们并非媒体制造的文字游戏，而是包含许多可供理论总结的大胆实践。从正面意义看，它实质上反映出现代新闻从内容到形式的维度开拓，延伸了已有的新闻领域，挑战新闻现有定义。那么，深度报道究竟对传统的新闻观念又有哪些突破，它的意义又是什么呢？

（一）凸显焦点、热点，扩大新闻的视野空间

数十年来，我国的新闻已经形成了一些固定、僵化的报道模式，如有的按行业划分，有所谓的“农业新闻”“工业新闻”“文化新闻”等，有的按地域划分，有“国际新闻”“国内新闻”“本埠新闻”。在这种模式指导下，媒体尽管有不少内容新、形式活的高质量的新闻作品出现，但从总体上看则仍是大量零碎、呆板、平庸、老套的作品充塞版面或栏目。深度报道从自身的特点出发，试图打破条块分割的壁垒，着力于新闻的深层次内涵，挖掘社会生活中的热点、焦点和难点，打开全方位的新闻视野。它还有鉴于“行业”“地域”报道模式的缺憾，力求体现社会各领域时空交叉的特色，把综合性、复合性的信息传播给受众，具有浓郁的现代新闻色彩。

深度报道凸显社会生活的焦点和热点，实质上显示了新闻人的思维方式发生了转向：它一方面跟踪社会生活各方面的尖锐问题，及时予以关注、披露和评说；另一方面又高屋建瓴地俯瞰和透视日新月异的事物、千变万化的客观世界，具有强烈的前瞻性。这一转化，要求新闻人观察问题的方式和思维方式必须由点转向面、由条线转向综合，从而在整体上把握错综复杂的新事物、新现象、新问题。深度报道还特别关注当代时尚潮流，如新人类、新生代和新的生活方式。这种视野空间的拓展反映出现代新闻的许多特点，即从平面到立体、从单一到多重、从常规到变奏，把现代社会的深度意涵全面、充分地挖掘出来。

（二）增强受众意识，实现新闻的多向沟通

中国特色的新闻具有明确的宣传意向，深度报道当然不能漠视思想性、政策性和指导性，这是我们新闻工作的一个基本原则。但是我们又必须看到，新闻传播中“受众”是一个十分重要的参与因素，忽视受众的需要，必然会影响新闻作用的发挥，从而影响宣传的效果。许多优秀的深度报道是认识到指导性和可读性之间的内在联系的，将新闻的“引导”与“贴近”“适应”与“提高”有机地融合起来，强调记者与采访对象、受众的多向沟通，形成全新的受众本位意识。

深度报道所体现的受众意识,除了表现为报道话语多元化、体现新闻的思想性和前瞻性之外,还在表现形式上有了许多创新。它从受众本位出发,努力寻找最接近真实事实的路径,予以最直接、最感性、最准确的触摸,从而使报道最可信、最有感染力、最能征服读者。典型的例子是,1995 年 3 月 1 日《北京青年报》提出:"全身心去感觉、去采访,而不是单靠眼睛和嘴。"他们通过报道"现在时""自述体""亲历模拟""角色转换"等,企图"追求一种全新的、经典式写作样式"。应该说,站在受众立场、强化受众本位,这是当代许多新闻人的共同追求,也是深度报道受到广大读者特别是年轻读者青睐之原因所在。深度报道打开了新闻表现形式的广阔视野,同时又为未来新闻的发展敞开了民意渠道。

(三)增大新闻冲击力,丰富新闻的表现形态

现实生活是丰富多彩的。新闻从来不是被动地反映生活,而总是以积极的姿态从客观事实中遴选和突出某些事实,从而引起受众警觉并成为社会广泛关注的中心议题。鉴于新闻这种特性,现代新闻越来越重视策划的效用,试图通过智力因素对新闻资源予以更好的运用和配置,以强化新闻的心理冲击力,最终在多媒体竞争中立于不败之地。

这一变化在新闻领域内带来了一系列连锁反应。大量的深度报道正是经过精心谋划、组织、调度,而获得了"独家新闻"的表现形态。例如,有的深度报道着重在版面、栏目上做文章,出现了所谓的"策划新闻""话题新闻""比较新闻"等;也有的则在报道方式上翻新,出现了新闻向视觉化、特写化、镜头化发展的动向;还有人提出新闻要从文学中汲取营养,甚至提出"新闻文学"的新概念等。这些形式多样的实践无疑丰富了新闻的表现形态,有利于改进程式化、套路化的新闻报道模式,当然也有可能带来新的弊病。

我们通常说:新闻姓"新",那么对于深度报道展开的深度探索,我们应该持宽容、允许的态度。深度报道仍处于探行或实验阶段,是一种不定态文本,它也存在着许多缺陷。例如,有的深度报道作品打着实验之名,完全无视新闻规律,呈现出诸多主观随意性和另一种片面性,也有的借"新闻文学"的幌子,实际上是在炮制或虚构"新闻",堕入了假新闻的泥淖等。深度报道在继续跋涉,我们应该依据新闻规律从理论上加以研讨和深究,从操作

上加以规范。这也是目前我们对待深度报道的基本态度。①

## 三、我国深度报道的主要类型

这里,我们扼要地介绍几种我国传媒中涌现的深度报道新样式(主要是独立文体的深度报道),并将其写作特点加以提示。

### (一) 焦点新闻

焦点新闻是以受众广泛关注的事件、现象、话题等热点问题为内容的主流新闻。它通过对新闻资源的重组,凸显新闻的“重要”“显著”,同时又显示新闻与社会、受众的贴近。焦点新闻由于它对现实问题的聚焦和干预,在社会公众中形成较强的冲击力和震撼力,正日益受到人们广泛的关注。

焦点新闻着力于深度报道事实,把综合性、交叉性的信息提供给受众。它不仅反映新闻事实的发生与发展,还关注和挖掘事实发生的原因和对社会产生的影响,因此焦点新闻具有引导公众正确认识、正确对待的建设性作用。焦点新闻虽然经常对社会存在的各种问题予以针砭和批评,但它并不囿于曝光、揭露,事实上,焦点新闻在许多情况下还起到化解矛盾、引导社会情绪的作用。

焦点新闻要求用事实说话,并且重视对社会生活的观察与体验、分析与思考。它往往通过特定的视听语言或文字叙述,表达新闻人对错综复杂的现实问题所作的社会思考和文化思考。中央电视台“焦点访谈”节目堪称焦点新闻的样板,它将“焦点”集中在“群众关心,领导重视,普遍存在”的焦点问题上,播出的很多节目引起从中央到地方各级党委、政府的关注,有效地发挥了新闻的舆论监督功能。

### (二) 话题新闻

话题新闻是围绕一个专门性问题进行的较有深度的、多侧面的报道。这种报道可以是一篇文章或系列文章,也可以是围绕某一专题把有关参考资料汇辑成册,其目的是向受众提供某一专门话题比较系统的新闻信息,便于人们对这个问题进行深入了解和研究。它是目前许多新闻媒体采用的增强传播效果的一种形式。

话题新闻多用于受众广为关注的重要事件、人物或问题。它运用前后

① 参见徐国源:《新新闻导读》,南方出版社2001年版。

对照、纵横联系、新旧相融、叙议结合等多种表现形式，借以“制造”公众关注的强度。它还突出强调受众因素，从受众的关注点切入，甚至让受众直接参与新闻节目，以充分展开人们普遍关心的某个话题。

近年来，许多新闻媒体竞相开辟“连续剧”性质的系列新闻报道，尝试将内涵丰富、情节曲折的重大新闻事件在数天之内“滚动”，这些新的举措无疑加大了新闻信息量，可以满足现代受众不断扩张的新闻欲。例如，获奖新闻《由邯钢经验引出的话题》，是《河北日报》发表的系列报道，它由 1 篇通讯、1 封来信、11 篇讨论报道和 1 篇总结文字组成。其所报道的是重大题材，对全局具有指导意义，也容易引起社会各方面的关注，这正是话题新闻在议题设置时必须考虑的因素。

（三）谈话新闻

谈话新闻包括访谈录、对话式专访、问答式访问等形式。它是新闻媒体就某一思想主题、新闻事件或社会现象，由记者与被采访者，乃至被采访者与被采访者（如专家与专家）之间展开问答、讨论，叙述见闻，发表见解的一种深度新闻文体。

谈话新闻虽然并不是最新的报道文体，但近年来却常见诸报端，并且出现了新的“分流”动向：一部分谈话新闻，记者的角色越来越淡出或根本就不再出场，参与谈话的往往是一些专家，记者只负责策划、组织和记录、整理的工作；另一部分谈话新闻，记者则以积极、主动的采访者身份出现，他们在与被采访者的对谈中互问互答、互诘互辩，通过对思想或问题的平等探讨，显示谈话本身所特有的机趣和魅力。

如今谈话新闻已成为新闻文体的主角之一，其独特的优势在于它比采用转述形式更能显示真实性，而其思想性、生动性和口语化的特点也容易使读者投入其中，仿佛读者已作为现场观众参与了谈话。例如，发表于 2000 年 8 月 24 日《科学时报》上的《“韩寒现象”：泡沫上的舞蹈》，就是一则典型的谈话新闻。它由两位专家之间展开的谈话构成，因其焦点性话题构成了强烈的新闻关注。这里，记者没有出场，只是作为策划者、记录者和整理者隐身于新闻之后，但记者与媒体的态度仍然是鲜明的，它集中地体现在对话前面的“编者的话”中：“从韩寒自述可见，他受王朔影响甚深。但是，王朔少年时期正值‘文革’，能否接受学校系统的教育训练，王朔无从选择。时代背景的巨大变化不能视而不见。”

（四）调查类新闻

我国的调查类新闻既汲取了西方调查性报道的有益经验，也是新闻媒体强化新闻本位，凸显新闻报道的真实性、说服力和感染力的结果。它通过对新闻事实最直接、最感性和最准确的触摸，使读者从文字中看到新闻事实的详尽披露，包括现场的形象、动态、色彩、音响、氛围和人物神态等；或者从新闻中能了解到铁定的数据，准确把握最接近真实的事实。应该看到，在当今信息泛滥、视听混杂的情形下，调查类新闻以其真实可信的特色贴近了读者，从而避免了公众对一般性消息传闻常持有的怀疑。

调查类新闻，有的也以"社会调查""公众调查""社会观察"等命名。它大致可以分为两种类型：一类是记者亲临新闻发生现场进行深入调查、采访，用自己的眼睛观察多侧面的事实，其表现形态经常为"见闻""目击记"之类的新闻报道；另一类是记者运用社会科学的调查研究、统计分析等方式，去采集、制作报道。这两种类型新闻的共同特点是，讲求新闻的真实性和有效性，特别是信息来源的准确性和权威性。它要求通过记者细微、深刻的观察或提供确凿无误的数据，使新闻报道具有更高的可信度。

例如，获得1997年中国新闻奖的报道《一次艰难的采访》①，围绕记者的亲历见闻，真实、准确地展现了"耕地撂荒事件"的全过程。它的"精确性"有三个特点：一是记者亲临新闻事实发生的现场采访，用自己的眼睛观察现场发生的一切，逼真地再现了现场情景。例如，"记者站在一望无边的撂荒地里，看到有的地方草已长得很高，而有的地方则连草也长不出来"，还有"农民三五成群聚集，并打出保护耕地内容的标语"等，这些全镜头描写都很真实可信。二是新闻的形象感非常强，有传神的细节、对话，也有生动的色彩、音响和气氛，使人身临其境，如"记者按事先约定好的时间来到李信办公室，面对着记者的摄像机，李书记一面用手挡摄像机镜头，一面不断地说：'关掉机子，关掉机子！'并动手把记者手中的话筒推向一边。这时，办公桌上几部电话和李书记的手机开始响个不停，李书记来来回回接电话。同时，李书记的秘书也在一旁帮忙，一次次地把记者拉开的窗帘又拉上，使得室内一片黑暗"。三是有精确的数字，使读者对撂荒背后隐藏的幕后新闻有了多一层了解，作品写道："有一块地是24 000平方米，跟群众讲是每平方米80元，实际上每平方米卖到100元，从中又捞了48万元，总共

① 王保华：《一次艰难的采访》，《中国土地报》1997年11月22日。

有100多万元。现在法院连零头都算不到,不知道怎么算的。"正是由于记者在采访过程中付出了艰辛的劳动,尤其是对吴川市4 000亩耕地撂荒作了精确、真实的调查、报道,才对全社会产生了警示作用。

(五) 体验新闻

体验新闻,国外通常称之为"个人经历报道"。在这类新闻中,记者一般直接参与某一事件,以"隐身采访"或"卧底"的方式亲身经历事件发生、发展、结局的全过程,并且将自身参与某事的体验写进报道中。正如《北京青年报》记者在"体验售货员"时喊出的口号:"全身心去感觉、去采访,而不是单靠眼睛和嘴",体验新闻确实打破了"冷冰冰"的客观报道的模式,试图在尊重事实客观性的同时融入个人的感受、体验,使新闻成为"人性化写作"。

体验新闻的特点主要反映在"现在时""自述体""角色转换""亲历模拟"等崭新的表现形式。从采访技术上讲,它可以克服某些人为障碍,获取常规手段难以摸清的事实,从写作方式而言,则可以站在被报道的角度体验、理解乃至再现生活事实,增加记者和读者之间的心灵沟通。另外,体验新闻还以其亲身经历的实践性,能更深入、细致地描述新闻现场的生动情景,包括人物活动的环境、气氛、举止、言行、心态等,当然还有记者的现场感受。

体验新闻因为有"我"的介入,还有可能增强新闻的文学色彩。但也必须注意:新闻毕竟不是文学,切忌坠入虚构的陷阱中去。体验新闻如任何其他新闻一样,注重反映、报道事实,而绝不是赤裸裸地抒写自我。

(六) 策划新闻

现代新闻媒体越来越重视策划、谋略的效用,试图通过智力因素对新闻资源更好地运用和配置,以强化新闻的心理冲击力。策划新闻实际上是一种经预先筹划,从而更有效地反映新闻事实的报道方式。

策划新闻汲取了传播理论中"议题设置"的合理因素,认为传媒的功能之一,是从客观事实中遴选、凸显某些事实,从而引起受众注意并成为中心议题。它一般形成系列或联动,说到底主要还是如何实施报道的问题。例如,在千年更新、世纪交替之际,全国各家媒体都在运筹如何报道这一历史性的时刻。在令人难忘的20世纪还剩下最后一天时,《新民晚报》作为我国最早创刊的报纸,推出了酝酿已久的大型策划新闻《难忘本世纪——上海新老"移民"的百年见证》。该报道图文并茂,气势宏大,从一个独特视角反映了上海百年沧桑和历史巨变,"辞旧迎新"的意味十分浓郁。整篇新闻围绕同一主题，集纳了不同类型"移民"的采访报道；在策划、谋篇时，由于每一篇单独报道都注意到以点带面，人、事交融，叙议结合，着力写"变"，再经编辑提炼、组合，这篇规模性新闻就形成了多层次、多侧面、多体裁的统一，犹如多水并流，均衡匀称，最终构成了背景深远、内涵丰富的"五色长廊"。

应该指出，策划新闻不同于"制造新闻"或"虚构新闻"，而只是在报道什么、如何报道上努力经营，它最终仍然必须忠实于新闻真实、客观的原则。

（七）预测新闻

预测新闻是对将会发生而尚未发生的事实所作的前瞻性报道，它着重对新闻事实的发展变化趋势或前景进行科学预测，其价值取向表现为准确性、科学性和权威性。

预测性新闻和预告性报道有联系也有区别，两者的共同点是"预先报道"，区别在于：前者是"测"，即通过对新闻"生长点"的分析、推理，以前瞻性思维预测事物发展的动向和前景；后者是"告"，即预先报道即将发生的讯息。预测性新闻和预告性新闻还有许多交叉的领域，如有些报道往往是预告中有预测，预测后即预告，很难将两者截然分开。

预测新闻以理性、前瞻的眼光，向读者或受众提示、分析"明日生活"，不仅强化了新闻的时效性，而且对社会舆论和社会心态起到导向作用。如1996年7月初，东南亚国家出现金融动荡，当地货币纷纷贬值，引起国际社会的广泛关注。作为国内媒体中较早报道中国对东南亚金融危机反应的文章之一、获得1997年中国新闻奖的作品《中国拒绝金融风暴登陆》①，内容翔实，背景资料丰富，从外资、外债、宏观经济、外汇储备、汇率等全方位进行论述，具有较强的说服力。更为可贵的是，文章立足于世界经济大环境，高屋建瓴地分析了中国的经济形势，得出了预见性结论："中国凭借其稳定的经济形势，充实的外汇储备，良好的外资结构和有效的外汇管理，完全有能力避开目前席卷东南亚的金融动荡。"事实上，这一观点经受住了时间的考验。尽管随后金融风暴愈演愈烈，但正如文章所说，中国成功地抵住了冲击，人民币依然保持坚挺，中国经济依然稳步发展，为稳定亚洲经济乃至世界经济发挥了自己独特的作用。

当然，我国深度报道的样式远不止这些。据我们的不完全梳理和统计，近10年来呈现出来的深度报道就多达20多种类型。我们相信，随着新闻

---

① 发表于《中国日报》1997年7月27日。

改革的逐渐深入，以及新闻实践的大胆探索，深度报道的新形式还会不断涌现。

## 第四节　深度报道的衍变趋势

从世界范围看，深度报道发展至今已经历了70多年历史。随着深度思想的不断开拓，报道形式的日趋丰富，以及各种新媒体的出现，深度报道一直处于动态演进之中。在我看来，当我们试图描述深度报道的未来发展趋势时，必须将它置于一种历史脉络中，也就是说从历史流变中把握其发展规律。

总体地看，深度报道发展至今，大致可以分为以下几个阶段：

第一阶段，单一文体的深度报道。以传统纸质媒体中的解释性报道、调查性报道和预测性报道为代表，强调以现实问题的调查、解释和分析，为呈“点”状分布的有关新闻事实编织出一个正确确定其社会位置的坐标系来。它突破了“一时一地一事一报”的报道模式，要求对事实进行跨越时空、由表及里、从内到外的综合反映，注重对过去、现实和未来的联结。但单一文体的深度报道在时效性上明显不足，所以曾被称为“慢新闻”。

第二阶段，组合文体的深度报道。随着媒体对深度报道认识的加深，特别是广播、电视媒体的兴起，一种以集纳、组合形式的深度报道逐渐形成。广播、电视因其“一次过”的特点，虽然在有效解说、分析抽象问题上略显艰难，但通过报道集合，或将多种事实组合在一起，也可以使新闻报道获得一种新的力度和深度。而且，由于新闻媒体对整合报道、连续报道、系列报道等组合形式的纯熟配套使用，组合形式的深度报道已经在各种媒体中构成了一种基本的报道模式。它有效地弥补了单一文体深度报道的时效性弱的缺憾，而且在深度、广度上也有了新的提高。

第三阶段，全视域化的深度报道。进入20世纪90年代，互联网技术取得了突飞猛进的发展，世界各国在信息基础设施方面的建设进一步增大，网上人口飞速递增，于是许多报纸和其他媒体纷纷上网。从媒体特征来看，活跃在互联网上的新闻信息具有：(1) 丰富性(通过网络阅读新闻，不仅可以看到文字、图片，而且可以看到影像、听到声音)；(2) 多媒介性；(3) 及时性和全时性；(4) 超空间性；(5) 自由；(6) 交互等众多技术特征。与其他传统新闻媒体相比较，无论是广播、电视、杂志还是报纸，还没有哪一种媒体具有如此众多的优势，并把它们完美地组合在一起。① 网络媒体这种全景、全息的特点，最适合于深度报道，并且也使许多本来的新闻报道因多方面资讯的广泛链接，在客观上构成了深度报道。

第四阶段，跨媒介的深度报道。受网络新闻的启示，近年来世界各国媒体出现了优势整合、实行跨媒介报道现象。纸质媒介之可保留性和深刻性，电子媒介之视听性和快速性，网络媒介之丰富性、交互性和超空间性等，以及各种媒介的技术、人力、传播手段的特点和优势，越来越趋于相互融合和跨媒介协作，从而进入以别家之长补自家之短的新媒介时代。以2003年伊拉克战争报道为例，北京时间3月20日上午10时33分，伊拉克战争爆发，中央电视台有三个频道从第一时间就开始直播战事报道。在第四频道连续10多天24小时报道的过程中，央视以新闻演播室为新闻传播中心，调集网络媒体、世界各国报纸、通讯社、电台、电视台提供的各种画面、信息，打破以往以自家为主的播报模式，给人以空前全面、深刻的资讯，真正体现了立体性、全方位报道的新传媒观念。一些专家从更深远的意义上指出，这个变革可能是中国新闻改革的先兆。它本身也像其所报道的伊拉克战事一样，第一轮只是小试锋芒，接下来的变革必定会冲破新闻陋习，而代之以专业、理性的新闻精神。

以上四个阶段，大致概括了深度报道的演进方向。在这个发展过程中，深度报道的理念日趋深化，报道方式也不断丰富和完善。值得肯定的是，新闻媒体在竞争中所表现出的那种永不停顿的进取精神和创新意识，是深度报道得以发展的不竭源泉。这，对于新闻来说才是至关重要的。

今天的深度报道，可以作为它未来可能的提示。从以上的分析中，我们或许已可以找到深度报道的发展路向。我们以为，未来的深度报道大致会在以下几方面得到新的开拓。

## 一、深度报道的全视域化

"全视域化"包括两个层次的含义：一是指深度报道在背景上呈现出全

① 参见杜骏飞：《网络新闻学》，第94页，中国广播电视出版社2001年版。

景性;二是指深度报道在信息层面上反映出立体性。全视域特征主要是从深度报道信息的容量上提出的,它要求在多个层面上充分发掘新闻的事实信息、意见信息和情感信息,敞亮人们的新闻视域。

深度报道必须提供背景,这是一个常识问题。从叙事学角度看,不同类型的背景在报道中可以发挥不同的效应,激活读者不同层面的思维和联想。如相似背景,可以使读者产生逻辑化的联想,从而对理解更深的新闻意义起到引领作用;相反背景,则有利于全面而不是偏面、多向而不是单向地反映事物,从而生发出新的意义;还有一些历史性事实、环境性事实、简历性事实、数据性事实和搜集的反映性事实(如议论、意见、态度和评价等)构成的背景,则可以使读者获得较为全面、客观和深入的视角,从而形成对新闻的深度认识。全背景观念立足于这种意趣,力图以多种方式盘活信息资源,以期从各个层次启发受众思维。

深度报道具有立体报道的特点,它要求传媒和记者站在时代的制高点,以解析与人们普遍相关的现实问题。这种以全面、深刻为诉求的新闻思想,必然要求全视域地报道重大活动和事件。它一般通过"立体透视"的方法,从不同的视角、不同的立场以及不同的信息源关注新闻事件,进行全方位的立体扫描,最终使受众获得较为健全的资讯和认识。同样以 2003 年伊拉克战争报道为例,其全方位、立体性报道的特点就非常明显:有世界各媒体提供的多种战争动态信息,有世界各地的反战游行报道,有军事和国际问题专家的访谈,还有世界局势分析等,这种强力的新闻出击把受众带到了前所未有的深度领域,其引发的社会思考和震撼会在相当长的时间内得到延续。

## 二、深度报道的全时态化

新闻姓"新"。时间上的"新"使新闻充满活力。但是,以解释性报道和调查性报道为代表的第一代深度报道,却因采写周期过长,尽失"时间性"上的优势,在某种程度上也损耗了新闻的活力。电子媒介特别是网络媒介出现后,虽然解决了第一时间报道事件的问题,却随之也带来了"日常生活的真实世界便被分解为含义不定随波逐流的碎片"的缺陷。[①] 近年来,深度

① 沃尔特·福克思:《新闻写作——记者报道指南》,李彬译,第 139 页,新华出版社 1999 年版。

报道已注意到“时间”要素与新闻“深度”之间客观上构成的矛盾，并从意识层面上确立了“全时态化”观念，其主要含义为：从微观层面上看，传媒倾注力量对重要新闻事件作全时态报道；从宏观层面上讲，则将新闻事件的昨天、今天和未来勾联起来，把新闻事件呈现在意义脉络中。

全时态报道，也称全程报道。20 世纪 90 年代以来，由于高科技与新闻联袂，现代传媒对于世界上发生的重大事件或突发事件，往往都不惜投入巨大的人力、物力，予以强力关注。许多传媒对事态进行全天候实况转播，并且摸索出一套快速反映的运作机制。专家认为，伊拉克战争报道堪称是世界新闻史上第一次“实况转播的战争”。从美国第一颗精确制导导弹发射起，全球媒体就投入到一场激烈的信息大战之中，小小的卡塔尔聚集了大约 600 多名世界各地的记者。各家媒体纷纷加大投资，能量大的用数字化的电子系统布下“天罗地网”，能量小的也尽力派出特派记者，或随军潜行，或单兵作战，深入战场。对于公众来说，坐在家里，就可以看到即时的战争实况。在中东各国，许多观众“目不转睛”地盯着半岛电视台的实况报道，当美国一架阿帕奇直升机坠落后，他们甚至比美国军方更早看到当时的场面。在如此快速转变的战争环境中，每时每刻传来的资讯，令人兴奋和扼腕，也令人真假难辨。这场战争对媒体带来的冲击，无疑将在现代新闻史上留下极其壮观的一页。

从宏观上看，深度报道的全时态化将在三个层面上继续开拓：其一，以进行式快速反映当前事态；其二，以追溯式回放昨日起因；其三，以预测式揭示未来。这种全时态报道方式使现代新闻在新的层次上体现了深度报道“以今天的事态，核对昨天的背景，从而说出明日的意义来”的本义。从伊拉克战争报道中，我们已明显感受到这种多维形态。受众发现，与战场上同步进行的是同样激烈的道义战、外交战、宣传战、心理战。人们可以从这种战争的“软层面”分析战况，并且可以从中获得更丰富的对“战争与和平”的认识。

## 三、深度报道的全诉知化

所谓“全诉知化”，是指深度报道在感性知觉和理性知觉两个方面的全面诉知。杜骏飞、胡翼青在《深度报道原理》一书中指出：未来的深度报道将在原有的基础上进一步向感性和理性的整合方向发展。深度报道的全诉知化，要求新闻活动中感性知觉和理性知觉的全面发展。这个观点比较准确地预示了深度报道未来发展的一个方向。

在分析深度报道的特点时，我们已经阐明它具有“启思性”。但在我们以往的理解中，启思性只能依靠理性思维来完成，其实这是一个极大的误解。从心理学角度看，人们对于事物的思考，其出发点往往是通过感性的、具体的意象，在此基础上引起情感激荡，进而思索其内涵。新闻与其他论述性文体的本质区别之一，首先在于它由事及理，也就是说总有一个事件作依托，然后才升华出意义和思想。深度报道也不例外，它也首先要诉诸人一个现场、一个事件或一个可感知的问题，使受众可以触摸，感到身临其境，进而引发情感涟漪，尔后形成反思和感悟，最终生发出更深刻的思想。在我看来，随着传媒对受众心理的贴近，未来深度报道会越来越注重新闻的可触摸感，突出视觉因素，更加重视现场感、故事性、细节和记者的体验、情感等要素，在感性知觉的“深度”方面进行更深入的开掘。

20 世纪以来，“理性”一直是新闻报道不可或缺的核心要素。深度报道更是将理性分析奉为圭臬，竭力以理性的力量对纷繁复杂的社会现象予以审视，找出问题的答案。面对越来越错综复杂、众说纷纭的现象和问题，受众也越来越期待能借传媒这双“慧眼”，以帮助其判别真假善恶，明辨历史、未来，这样，在深度报道中理性分析的功能将更加突出。

有的学者指出，深度报道的理性知觉应努力在三方面有所弘扬：以理性的精神报道新知，以理性的精神分析已知，以理性的方法探求真知。这种新闻的理性精神，必然对记者把握问题的能力提出更高要求。以伊拉克战争报道为例，有的记者就能撇开巴格达上空的战争乌云，从深邃的历史理性出发指出：“从目前的战争态势看，美英在‘硬层面’（指战争）不顺，在‘软层面’（指舆论战）失利，这是否会激起美英的复仇情绪，以致不顾国际上任何道义要求和人道考虑，使战争朝更为野蛮化的方向发展，这是许多人目前最大的忧虑之一。真若如此，战争的悲剧色彩将更为浓重，无辜者的鲜血将更多地流淌于伊拉克土地。”①战争的进程，似乎证明了这个看法。

① 黄晴：《美伊“软”交锋战况》，《环球时报》2003 年 3 月 28 日。

# 第三章 深度报道理论经纬（上）

在第二章中，我们主要探讨了深度思想的生成和演变，以及深度报道的流变脉络。这个视角着眼于深度报道的由来，并把它置于历史坐标系统中确定其观念移位。但我们知道，深度报道的诞生与发展，同样不能忽视它与诸多外部因素的深刻联系。它与受众、传播和媒介因素的难舍难分关系，在很大程度上决定着它的发展可能。在本章中，将主要讨论与深度报道有着密切联系的几个因素，如受众诉求、传媒变局和传播理论等，在一个更为广阔的理论空间进一步分析深度报道的外延和内质，从而梳理其理论经纬。

## 第一节　深度报道与受众诉求

从大众化报纸时代开始，“读者是上帝”的口号就在西方新闻界被鲜明地提出来了。最初的满足“读者需要”的理论声称：只有独立于政党和政府的报纸（他们的理论是“耳目喉舌论”），为广大读者和公众服务的报纸，才称得上是真正的大众化报纸。① 大众化报纸的“读者需要”论，其目的显然是为开拓市场，以期调动读者的阅读兴趣，但其中也隐含着新闻传媒开始重视读者的存在，已具有某种朴素的“读者意识”。正是从大众化报纸时代开始，满足读者需要，视读者为上帝，逐渐成为西方报人、新闻学者的主要传媒理念，同时它也深刻影响着新闻报道的理论和实践。

“受众”从来就是一个不确定的概念。从 19 世纪的“读者”到 21 世纪

① 参见张隆栋、傅显明：《外国新闻事业史简编》，第 70 页，中国人民大学出版社 1988 年版。

的“受众”，其演变脉络不仅显示了由于新闻传媒发展、传播观念递嬗，日渐出现了多方面的“分众”倾向，更重要的变化在于，因今天“受众”的素质提高和参与意识增强，日益表达出对传媒的多元化诉求。20 世纪以来，受众群体发生了明显的变化，其直接影响新闻传播的因素，主要体现为以下几个方面：

首先，受众的文化程度全面提高。20 世纪以来，西方各国由于第二次工业革命的成功和第三次科技浪潮的影响，社会现代化程度进程迅速，受众的文化素质和民主意识明显提高。包括家庭主妇在内，受过高等教育的人数占很大比例，不少成年人继续以各种方式进行再学习，开始接受终身教育。个人素质的提高，使他们对新闻传播的态度发生了很大的变化。许多受众不再是新闻的被动“接受者”，而开始以一种“质疑”的心态观看新闻，这在客观上要求传媒提供更为全面公正、内容深刻的报道。

其次，受众对传媒的文化反思和批判能力增强。由于 20 世纪 30 ~ 50 年代文化批判思潮深入人心，以及人们传媒阅历的增多，受众的“权力意识”“本位意识”和“批判意识”日渐凸显，他们经常以严厉、挑剔的“第三只眼”，对传媒与权力、传媒与企业界之间的暧昧关系不断提出批评。他们对传媒抱有很深的不信任感，传媒批评理论在某种程度上正是这种态度的体现。公众对传媒的信任危机促使变革，报道中每一次新的表达方式的尝试，都不妨看成是传媒对公众诉求的“随动”——拆除传媒与受众之间的界限和戒备，使新闻的传播与接受之间，能有更广泛的认同和情感互动的愉悦。

再次，受众本身在社会公共生活中所面临的矛盾，要求传媒提供全方位的资讯和指导意见，并作出宏观上的思想廓清。新的大众是一个充满摩擦、矛盾丛生的群体，“经济增长、城市扩大带来的住房、交通、公害等现代问题，使生活中不安定的、令人烦恼的因素增多，各种利益集团对立加剧，人们要求新闻界揭露社会弊端，要求新闻报道就自己的问题作出有说服力的解释。”①显然在这种愿望下，以往的客观报道是无法满足人们的深层需求的，而“一面理”的新闻报道也只会使受众产生被传媒愚弄的感受。

“文变染乎世情。”深度理念的生成和演进，某种程度上恰恰是满足不断变化的受众需要的结果。有鉴于此，本节主要从受众诉求的角度，分析它对深度报道构成影响的内在肌理，并揭示各种相关因素。

---

① 刘明华：《西方新闻采访与写作》，第 54 页，中国人民大学出版社 1993 年版。

## 一、“知情权”享有

所谓“知情权”，即公众的“知的权利”。早在1945年前后，美国著名记者肯特·库柏就首先提出了“知情权”（又称“知晓权”“了解权”“获知权”）这一概念，但那时主要是针对法西斯主义剥夺新闻业和广大受众知悉政治情况的权利而言的；20世纪60年代以后，由于特殊的时代背景，西方新闻学便在新的层面上对这一体现民主思想的概念进行了新的阐释和补充。

许多学者认为，知情权作为保护和扩大新闻自由的重要原则，应被理解为一种广泛的社会权利和个人权利，其主要思想集中体现为：

（1）知情权是公民行使一切民主自由权利的基本前提；

（2）它是现代国家民主宪政的基础要素；

（3）作为公众的一项社会权利和政治权利，知情权是信息化社会所导致的一种必然性；

（4）知情权还是防止出现恶劣政府的必要条件等。①

随着有关知情权理论研讨的深入，知情权不仅作为一个重要的思想和实践原则成为受众诉求之一，而且还被引入了新闻立法和司法领域。

进入现代社会之后，受众的知情权主要依赖传媒来实现。传媒是社会的公器。传媒的重要性首先在于它是公共信息的交流平台。美国著名报人普利策曾经说过：倘若一个国家是一条航行在大海上的船，新闻记者就是船头的瞭望者。他要在一望无际的海面上观察一切，审视海上的不测风云和浅滩暗礁，及时发出警告。著名传播学者施拉姆则把传媒的这种环境监测功能形象地比喻为“社会雷达”。公众期盼知晓准确、客观、全面和深入的社会资讯，这是对新闻传媒的最起码的要求，也是社会赋予传媒的一项非常严肃、生存攸关的职责。

公众知情权在新闻报道视域看，主要表现为三种“知晓”权利：一是及时、准确了解事态，而不是了解事后的或不准确的资讯；二是客观、全面地掌握事情的全貌，而不是获得按某种意图过滤、加工过的信息，或局部地知道事情的片段；三是深入了解社会多方面的意见和态度，而不只是主导性的意识形态宣传或传媒的“一家之言”。由此落实到报道方式看，对第一种“知”

---

① 徐耀魁主编：《西方新闻理论评析》，第188页，新华出版社1998年版。

的权利，常见的客观报道就能很好地体现；而第二、第三种“知”的权利，则必须由深度报道才能得以实现。因此，从满足公众知情权的角度讲，深度报道无疑是体现受众深层需要的一种重要报道方式。

不可否认，我国受众享有的知情权一向特别匮乏。在封建时代，掌权的是封建统治者，民众是“治于人者”，防民甚于防川，因此在信息传播问题上，历代统治者奉行的是“民可使由之，不可使知之”的策略和做法。历史上，许多真实的情况往往被官方掩盖，大众获得的社会信息非常有限，许多历史事件经常以口耳相传的方式在民间流播，由此便出现了许多半真半假、真假难辨的信息留存于小道消息、野史笔记以及民间文学等载体中，以致许多历史事件至今都是“悬案”或“公案”。这种非常态的民间“知晓”方式，严重影响了信息传播的质量。这种情形在我国延续了数千年，其本质反映了统治者（传播者）对民众权利的漠视。

中国共产党成立以后，历来重视大众传媒的宣传、教育、鼓动和组织作用，这与革命战争时期形成的党报传统、向前苏联学习的经验都有关系。然而，共产党成为执政党以后，对于在社会主义建设时期如何充分发挥大众传媒的信息传递和舆论监督作用，或者说守望社会环境的作用，则缺乏足够的认识和重视。建国以后的许多失误，在某种程度上都与新闻媒体舆论监督的严重缺位，以致信息不灵、言路不畅和监督不力有关。20 世纪 80 年代以后，随着中国现代政治的成长，媒体的自由空间有所扩大，公众获得真实信息和各种意见的机会有所增多，公众的“知情权”也受到一定程度的尊重。以 80 年代以后深度报道的崛起为例，从表面看，它是报道方式或节目形态的变化，其实质却是中国改革开放深化的产物，是改革开放在新闻领域的现实成果。所以一些专家看到，“无论怎样看待和评价深度报道，都不能离开改革开放这个大气候。耐人寻味的更在于，在深度报道的兴起和发展中，其佳作的涉猎范围，几乎都在改革开放的疆域之内，离开了改革开放这一时代主题和大背景，深度报道是成不了气候的”①。这个见解是相当深刻的。

公众的知情权、表达意见权应得到切实的尊重和保障，这本来是一个常识问题。但在特定的社会现实中，知情权仍然是有限的，而难以成为被保障的公民现实“权利”。在现实中，最容易引起争议的，即是知情权与社会稳定的关系问题——担心公开传播的副作用。其实，知情权与社会稳定并没

① 时统宇：《深度报道范文评析》，第 9 页，新华出版社 2001 年版。

有解不开的疙瘩，更不构成对立关系；相反，在许多情况下，两者是相得益彰、相互促进的关系。譬如，有关2003年“非典”的报道，以4月20日为分界线，前、后期为什么在社会舆论上形成如此大的反差呢？原因恐怕是：前期因过分担心公众恐慌，采取了“捂盖子”和隐瞒的办法，反而使小道消息满天飞，公众既因不知真情而加剧了“非典”的蔓延，也使公共舆论更加失衡；而后期由于“真情实报”，却使受众减低了对“非典”报道的疑虑度，加之政府的强有力控制和舆论引导，社会恐慌心态转变为积极有效的防范和斗争，前后对比非常明显。可以展望，如果新闻传媒和社会公众长期良性互动，受众因“知情”而理性，那么无论对政府的决策还是对舆论的引导都有好处。在知情权获得尊重的社会中，公众不会因为媒体介入而心态失衡，反而会由于公众获得的信息是比较对称和平衡的，从而作出合理、有效的应对，这应该成为现代文明社会的一个基本认识。

在实现知情权问题上，还有一种常见的担忧是：媒体对社会问题的批评和揭露，会不会因报道的部分“失实”而对社会整体健康不利？我们认为，媒体在局部报道上可能会存在不真实报道，但是马克思曾经强调过报刊的“有机运动”原理：个别报道可能会失实，但是各种媒体的报道作为一个整体，其全面、完整地披露信息，最终形成的仍然是比较接近于真实的报道，或者是以越来越准确的事实纠正差错，最终达到舆论的平衡。马克思还论证说，一个事实发生的时候，记者一开始的报道往往是从一个角度、某一个侧面报道的，报道中可能会存在误差，但是后续的报道应该不断地纠正以前报道的偏差，最终使事实完整地、真实地展现在受众面前。因此，现代新闻传播应树立的观念是：真实是一个过程，但要保证这个过程有一个完美的最终结果。但是，当下的很多报道往往有头无尾，报道了事情开头，却没有了结局和下文，这就很难保证充分展现事实，或纠正片面性。①

在以上这些方面，深度报道的旨趣恰恰可以体现社会舆论的生态功能：它既告知人们发生了什么，更重要的是告诉人们为什么会这样；它既维持了报道的客观性，将各种信息源提供的意见摆到报道中，又显示了事件的复杂性与矛盾的尖锐性，并通过社会各界的参与，让政府官员、专家学者、普通百姓等发表各自的意见，记者再有效地选择、组织成文，最终达成舆论的对称

① 参见陈力丹：《关于电视新闻频道和舆论监督的网上对话》，《新闻与信息传播研究》2003年夏季号。

与平衡。因此，深度报道对受众知情权的满足是全面的，而不是局部的；是深入的，而不是肤浅的；是“一个世界，多种声音”的民主意识的真诚体现，又能在更高层次上保证舆论生态的和谐发展。

## 二、“文化地图”重构

近几十年，无疑是人类历史上急遽变动的时期。世界发生了深刻的变化，无论是社会生产力和经济结构、政治制度，人们的社会关系、生活方式，还是思想意识、文化、道德和价值观念，都变得面目一新，与前大不相同了。特别值得注意的是，一场新的科学技术革命正方兴未艾，其影响所及必将进一步改变整个世界的面貌，对人类社会生活的各个方面产生难以估量的后果。

外部世界的变化对人类认识世界带来了许多深刻的影响。认知心理学研究表明，人们在接受外来信息时，并非使各种信息杂乱无章、互不相关地进入大脑，而是将获知的信息组织起来，把个别事物置于事物整体的认识结构和认识框架之下进行定位、“释义”和理解的。按照这种结构主义分析逻辑，喻国明教授提出了“文化地图”理论，他认为：

> 所谓“文化地图”是一种形象性的比喻，指的正是人们头脑中为每一条外来信息进行价值“释义”的意义定位系统。它的客观有效性取决于外来信息的性质与人们已有经验（主要包括以人生阅历为代表的直接经验和以书本知识为代表的间接经验）的范围及其质量的耦合程度：当外来信息的性质在相当大的程度上落入人们的经验范围之内、且人们理解此类信息的经验结构的质量水平比较高时，人们化解这类信息客观意蕴的“释义”质量就比较高；反之，当外来信息在相当大的程度上超出了人们的经验范围，或者人们理解这类信息的经验结构的质量水平比较低时，人们对这类信息的“释义”质量就比较低，化解其客观意蕴的水平就差。打个比方，如果在一个我们十分熟悉的地域内，无论我们置身何处，我们都能清楚地知道自己的方位，并找到回家的路；然而，如果将我们抛到一个完全陌生之所，我们常常甚至连东西南北都会分

辨不清——这时，我们就说，我们头脑中的“地图”失效了。①

以“文化地图”理论反观人类的新闻传播活动，喻国明提供了一种演绎性思路：当人类生活的社会化程度相对较低时，人们所面对的绝大多数外来信息都是在其已有的经验范围之内的。因此，尽管传媒中广泛运用的客观报道如同李普曼在《舆论学》一书中所描述的那样“像探照灯的光束一样不停地照来照去”，把新闻事件以片段的、支离破碎和互不联系的方式带进人们的视野中，人们仍可以借助于个人头脑中的“文化地图”较好地对这些外来信息进行有效解读。但是，“随着人类生活的社会化程度极大提高，急剧变动的社会现实将呈‘爆炸’态势的巨额信息一股脑儿地呈现在人们面前，越来越多的外来信息就其性质而言已大大地超出了人们头脑中‘文化地图’的有效定义范围，因此一个个片段的、支离破碎和互不联系的客观报道再也无法在人们头脑中构成关于周围世界真实图景的有效认识，于是我们说，急遽变化的世界使人们业已构建的‘文化地图’失效了，也使传统的客观报道在反映世界的真实全景时捉襟见肘”②。

新闻是人们了解世界的窗口，窗口展示的视野规定了人们观察世界的视野；而新闻这个“窗口”（例如，客观报道模式）本身也会有自己的问题。20 世纪 30 年代，当世界性的经济大恐慌以一种在客观报道的视野中全无征兆、突如其来的方式降临的时候，人们便不再相信客观报道所宣称的那样，事实会自动“表白”了。特别是到了 20 世纪 80 年代以后，社会生活的变化越来越迅疾，许多现实问题更是超出了人们的经验性想象，那种传统的新闻报道——客观报道的“经典”模式，已伴随那张陈旧的“文化地图”渐渐失效了。面对社会剧变带来的各种矛盾，人类走出困境的唯一办法就是：改变思维方式——从以往简单的点性、线性思维，转变为立体的复合思维。更准确地讲，就是要修改我们头脑中的“GPS 系统”。

传播是现实得以生产、维系、修正和转变的符号过程，它同时为受众编订更新版的文化地图。既然客观报道不是万能的，那么谁或哪一种报道能够承担这种使命？从 19 世纪 80 年代到 20 世纪 80 年代，新闻业界和理论家对新闻传播规律进行了漫长的探索，最终形成了一种全面、深入、讲求整

---

① 喻国明：《深度报道：一种结构化的新闻操作方式》，见《媒介的市场定位》，第 332 ~ 337 页，北京广播学院出版社 2000 年版。

② 喻国明：《深度报道：一种结构化的新闻操作方式》，《青年记者》1997 年第 3 期。

体联系的报道形式——深度报道。概言之,深度报道产生和崛起的真正社会本质,是由于人类生活的社会化程度迅速提高以及人们头脑中“文化地图”大面积失效所造成的。换句话说,深度报道的真正使命,恰恰就在于满足公众诉求,为人们更好地认识和把握客观世界重构出一张升级版的“文化地图”,进而对日益复杂化的社会生活作出新的解释和定位。

## 三、“意义模式”探寻

深度报道自诞生以来,它所建构起来的新闻特质,就显示出与一般客观报道不同的旨趣。深度报道的独特魅力,不仅在于对受众全方位的告知性,更重要的是,它以及时的、深入的、针对性极强的新闻关注和人文关怀,对国计民生和人生痛痒予以深度触及,并记录着一个时代的真实状况,呈示社会变迁中风际云会的历史图景。

自近代以来,我国老一辈报人那种忧国忧民、愤世嫉俗的品格,以及那种“笔端常含感情”的风格,曾经为早期的深度报道(多以“通讯”名之)赢得了荣誉,也为之镌铭上鲜明的个性,积淀为一种具有知识分子品格的关注民生社会、参政议政的传统。但不可否认的是,在很长一段时间里,由于传媒放弃自己的职志,奉行“报喜不报忧”的报道策略,不经意间,给人印象深刻的深度报道几近绝迹,所谓“上穷碧落下黄泉,两处茫茫皆不见”。20世纪80年代以后,随着改革开放的不断深入,一些媒体逐渐确立主体意识(尽管是局部的),并与“实现现代化”的时代主题合流,开始在某些栏目或节目中渗透自己的观察视角、批判立场和理性品格。从某种程度上可以说,以《南方周末》《中国青年报》等为代表的一些栏目中的深度报道,或以“焦点访谈”、“新闻调查”为代表的电视深度报道,其显示出的社会和人文关怀路向,既是“文以载道”的传统文化精神的回归,也是我国近代以来报纸品格的重新焕发。

深度报道反映社会“热点”和“焦点”,它实际上是社会生活流向的晴雨表,从中足以看出公众心态和目光的冷暖交替,透视出社会变化的诸多信息。30年来,深度报道在我国的兴衰已经历了一个轮回,这里,不妨从深度报道的演化轨迹,分析媒体与社会、受众的互动中建构的意义模式,或许从此可以找到一些启示。

（一）植入新时期“启蒙意识”

康德在《什么是启蒙?》一书中，将“启蒙”定义为：人类运用自己的理性而不臣服于任何权威。他给启蒙拟定的座右铭就是：“敢于认识！坚信自己的理性。”可见，人文意义的启蒙是以理性精神为条件的。恩格斯在《反杜林论》中也说：“在法国行将到来的革命启发过人们头脑的那些伟大人物，本身都是非常革命的。他们不承认任何外界的权威，不管这种权威是什么样的。宗教、自然观、社会、国家制度，一切都受到了最无情的批判；一切都必须在理性的法庭面前为自己的存在作辩护或者放弃自己的权利。思维着的悟性成了衡量一切的唯一尺度。”①恩格斯的话表明，启蒙本质还是思维方式的一场历史性革命。

总体来看，20世纪80年代以后掀起的所谓“新启蒙”运动，有别于“五四”思想启蒙，其鲜明的时代特征使它获得了“新时期意识”的命名。70年代末到80年代初广泛存在于社会各阶层的“新时期意识”，其核心是以“科学、民主”为内容的对于“现代化”的热切渴望。这种意识表现为两个主要层面：一是在与过去年代(“文革”)的决裂和对比中，来确定未来的道路，另一则主要是通过反思“历史”作出发问与思考，或者说，新启蒙的初端是以破除迷信、走出蒙昧主义为基本前提的。在新闻传播领域内，这个时代性主题由于政治性改扮和显性操作之需，主要是以权威中心的话语形式、新闻评论的文体表达(如《光明日报》发表的《实践是检验真理的唯一标准》)来实现的。

20世纪80年代中叶以后，社会对新体制的呼唤、对新观念的钟情，滋生出越来越强烈的忧患意识，也使本来具有批判意义的启蒙转变为实用理性的建设性启蒙。尽管问题仍然存在，社会反思也显得不够彻底，但一种时代性的忧患意识已赋予了启蒙新的含义。启蒙的年代，必然出现启蒙的文体，新闻从来都是在公众需要中产生的。读者需要启蒙，而主流媒体的评论又不能有效地提供，或者很难提供这样的启蒙性信息，因此一些善于理性思考的记者，就在本来已经很沉重的新闻报道中，附加了更为沉重的启蒙性主题。可以说，回顾30年来的深度报道发展，无论是分析研究性的深度报道，还是调查性的深度报道，由于它们贴近时代，都或多或少带有启蒙的特征。这种特征或许偏离了文本意义，但一个世纪前的“开民智”的新闻传统却得

① 转引自姜义华：《理性缺位的启蒙》，第3页，上海三联书店出版社2000年版。

到了弘扬。

我国将长期处于社会主义初级阶段，我们对市场经济的认识和摸索刚刚开始，当今社会又面临着社会转型、矛盾迭出、各种文化思潮交织的特殊时期。因此新闻的启蒙，不会具有最终的性质。当然我们也应该认识到，启蒙的任务不是新闻媒体和深度报道所能独立完成的，启蒙也不仅是新闻界的事情。与哲学、文学等其他社会学科相比较，新闻的启蒙已无法重现"五四"启蒙年代如《新青年》那种荣耀，它已显得边缘、表层甚至无法直面，但正如一些学者所指出的那样："新闻的启蒙就是责无旁贷和不能或缺，在中国社会的转型时期，如果逃避了新闻启蒙这个课题，必定要在历史的关隘遭到深刻的追究。"①

（二）传播现代文明意识

现代文明是指现代的物质文明和精神文明，以及现代的政治文明。新闻传播几乎在各个层面上都有责任倡导现代文明意识，并在社会意识的两个层面上充分展开：其一是思想、意识层面，表现为破除某些沿袭已久的陈规陋习，对现代化寄予一种理想主义式的憧憬；其二是建立以现代科学民主意识为核心，争取个性发展与民族发展为基本内容的现代性主题。

深度报道的实践表明，当代记者不仅应确立现代新闻意识，而且应在观念形态上建构起现代文明意识。从某种程度上讲，后者是前者的基础，因而更为重要。在 1988 年全国好新闻深度报道奖的评选中，一篇最终未获奖的新闻《昆沪 80 次特快 1 · 24 颠覆事故纪实》令人扼腕，也使人深思：该作品中记述了旅客陈海生的一段话，当时某些评委认为是不足取的："陈秘书长到现场转达某领导的慰问时我在场，说实在的，当时许多人同我一样痛苦地都麻木了，哪还顾得上激动，后来一看报上说我们激动得热泪盈眶，我从心里就反感，好像在你们记者看来，一听到领导的声音我们就应该高兴似的。领导的关怀我感谢，可现在我最关心的是找出事故原因，追究责任，总结教训，避免再出现类似的事故。"深度报道记录的是当事人的"大实话"，隐含了一种平民化视角，实质上表明了社会进步和民主意识的增强，而记者以此切入，也反映了记者的胆识和现代意识——从某种程度上讲，它是任何物质技术手段的现代化所无法代替的。我们无意对此作进一步评论，从中引发人们思考的是，深度报道在我国新闻媒体中的崛起和发展，从根本上说，还

① 时统宇：《深度报道范文评析》，第 24 页，新华出版社 2001 年版。

有赖于记者、编辑乃至全社会的现代文明意识的提高。

“政治文明”是近年来政界和学界的时代话语。《中国大百科全书·政治学卷》中，将“政治文明”词条界定为：人们改造社会所获得的政治成果的总和，它一般表现为人们在一定的社会形态中关于民主、自由、平等、解放的实现程度。一般认为，政治文明可分为政治意识文明、政治制度文明、政治行为文明三个层次。2002年江泽民在“5·31”讲话中，正式将发展社会主义民主政治与建设中国特色社会主义政治文明一起提了出来，并且将建设社会主义政治文明作为社会主义现代化建设的重要目标之一。学界普遍认为，政治文明建设是新世纪中国政治发展的优选之路，强调政治文明建设对于新世纪中国政治发展有重大意义。新闻传媒作为敏感回馈社会舆论的“感应器”，除了应及时反映公众议题之外，还应在传播新闻中体现这种现代文明。以《南方周末》为例，该报在新一届国家领导人上任之初采写的《同学眼里的胡锦涛》这篇深度报道，即以平民化的视角、平实的话语描绘了新任中共中央总书记成长中的一些片段。该篇深度报道获得传媒观察“年度报道突破奖”，理由是“关于胡锦涛的报道《同学眼里的胡锦涛》，使国内传媒对领导人的报道有了新的尺度和视角”。这或许可以被看做是深度报道中必须具备的现代文明意识的良好开端。

（三）重建人文精神

什么是人文精神？学术界的意见也不尽一致。文艺批评家钱中文先生认为：“所谓人文精神，就是在人与社会、人与自然、人与人之间、人与科技之间的相互关系中，一种对人的生存、命运的叩问与关怀，就是使人何以成为人，要成为什么样的人，确立哪种生存方式更符合人的需求的那种理想、关系和准则的探求，就是对民族、对人的生存意义、价值、精神的追求与确认，人文精神是人的生存家园的支撑，最终追求人的全面自由与人的解放。”这个观点着眼于大视野的历史唯物主义、人道主义的观照，强调人文关怀，其真正指向是“以新的人文精神充实人的精神，以批判的精神对待对抗人的生存的平庸与精神的堕落”①。

人文精神的倡导，对文化传播包括新闻传播是一种重要提醒。在当今文化生态环境中，既存在非人性、反人性、漠视人的精神伤残的现象，同时物的挤压、人的异化和大大小小的钱、性、权式暴力又屡见不鲜。在社会转型、

① 钱中文：《新理性精神与文学理论》，《东南学术》2002年第2期。

价值转换的时代，一些人在嘲弄旧的价值观念的同时，也嘲弄了人的应有的价值与精神，在批判伪崇高的同时，也亵渎着人的崇高的情操。一些年来，在社会生活中一定范围内出现的诸如理想迷失、责任淡漠、价值失落，以及拜金主义、享乐主义抬头的问题，在很大程度上可以认为是人文精神的失落。在“惊呼失落”的热门话题平息之后，学者们开始进一步探讨如何“重建”、“弘扬”人文精神的问题。

新闻传媒，尤其是深度报道能不能赋予自身一种深切的人文精神？能不能为重建和弘扬人文精神承担自己的责任？回答应该是肯定的。美国名记者、普利策新闻奖得主杰克·富勒就他的经验之谈写道：“仅把报纸看作是数据的传递者是错误的。至关重要的是，一家报纸必须有一种个性、一种精神、一种情感和一种声音，正像与它搭档的人一样。但是如果它以这些方式说的是读者的语言，它就能与他们建立一种真正的、显示人的特点的联系。如果不是这样，它就会变得与他们的生活毫不相干……一家不能深刻反映其广大读者心声的报纸是不会成功的。”他还指出：“如果我们在报纸应该服务的人民中找到对报纸的支持，这样的新闻价值观将是非常耐久的。”①这里十分清楚地表明：在传媒与受众的关系中，“一种个性、一种精神、一种情感和一种声音”既是对受众的感召，更重要的是传媒所赋予的这种品格足以体现“人文精神”，并且由此形成的“新闻价值观将是非常耐久的”。

弘扬人文精神并非是一种口号，而主要是一种社会实践。在深度报道领域内，它的表现是多方面的：它可以是一种深切的人文关怀，也可以是一种理性的人文思考，还可以是一种对破坏人类精神家园的人文批判。其新闻视域也是多侧面的，如社会问题评析、生存状态报道、弱势群体关注、女性文化视角、生态环境揭示等。如在《人民日报》2001 年 4 月的一篇深度报道中，当记者这样写道：“在北京南海子麋鹿苑，建有世界灭绝动物墓地。多米诺骨牌一样倒在地上的石块，刻着近几百年从地球上消失的一些动物名称。清明时节，人们来到这里扫墓，凭吊曾经与我们共存的伙伴。墓志铭上的警句令人震撼：当物种灭绝的多米诺骨牌纷纷倒下时，作为其中一张的人类，就能幸免于难吗？”这样视角独特的报道，这样深情的流露，这种直面现实的关怀，只会促使人类警醒：一意污染环境和剥夺其他物种生存权的最终结

① 杰克·富勒：《信息时代的新闻价值观》，第 105 页，新华出版社 1999 年版。

果，必将是剥夺人类自己的生存权。这种在报道中隐含的人文精神，是一种鲜明的态度，也是一种深沉的呼唤。

## 第二节　深度报道与传媒变局

当今大众传媒面临着进入市场、重新"洗牌"的新形势，不言而喻，新闻媒体的竞争、生存与发展问题就成了攸关性命的战略问题，悬在各家媒体的决策与思考之中。我们知道，战略问题会决定战术问题的选择和制定，面对如此剧烈变更的传媒变局，传媒如果只是因循传统思维，如在新闻主题的提炼、文体的创新、表达的新颖等方面作局部的零敲碎打，已不足以有效地抓住现实格局的变化所带来的重大发展机遇。传媒变局带来的思维转型是深刻的，并且反映在多个层面：它既有对新闻传媒生存法则的重新认识，也有对传媒功能的新的诠释，当然还涉及新闻传媒如何反映变动的社会生活等操作性问题。后者尽管在传媒视野中属于战术性问题，但"动一发而牵全身"，如果传媒赖以立足的新闻报道本身缺乏影响力，那么，完全有可能在这场"洗牌"、竞争中全盘皆输。

喻国明教授在谈及"未来我国传播领域受众需求的三大趋势"时，提出传媒经济在本质上是一种"影响力经济"，并进而指出："媒体，尤其是试图成为最具社会影响力或特定领域影响力的主流媒体，保持其主流地位的秘诀就在于'随动'——伴随这一主流社会人群的转移而转移自己的目标受众的定位，力争成为服务于现阶段社会或某一特定领域内主流人群的传播媒介，成为他们所倚重的基本资讯来源、思想来源和观念来源。"①就我国改革开放 30 多年的发展看，这个判断基本上是能够成立的。以报纸为例，报业市场上受人青睐的主流报纸就走出从"机关报（官报）——晚报（作为官报补充的市民报）——都市报（完整意义上的通俗报纸）——主流报纸（关注社会发展的主流问题，成为社会主流人群所倚重的资讯来源和思想来源的高级报纸）"的发展轨迹。由此不难发现，主流媒体的制胜"法宝"，即在

① 喻国明：《解析传媒变局：来自中国传媒业第一现场的报告》，第 20 页，南方日报出版社 2002 年版。

于媒体对目标受众的"随动",关注社会发展,提供适合于主流人群的资讯和观念,从而巩固自身的主流地位。所有这一切,从报道模式看,传统的客观报道因其孤立、片面地提供资讯,是不足以满足主流人群的深度资讯诉求的,而以深度报道为代表的新一代报道模式,恰恰与现代思维方式之变化构成一种深度契合和互动,满足了目标受众之需,从而成为新闻报道中的"主流新闻"。

## 一、传媒观念的嬗变

有学者对改革开放以来我国大众传播业的发展轨迹,以四个"标志性事件"作为观测点,进而作出这样一番透辟的扫描:

第一个具有标志性意义的事件,是1981年前后新闻界关于新闻语言多样化问题的提出。新闻语言问题从表面上看是一个业务技巧问题,实质上却标志着我国大众传媒开始从过去较为单一的"政治教科书"的功能和角色扮演中走出来,遵循社会发展的要求,向履行多种功能、扮演多种角色的方向转型。新闻语言可以看做是新闻传媒面对社会的"表情",因此,新闻语言多样化的诉求实质上就隐含着社会对新闻传媒功能多样化的寻求意向。

第二个具有标志性意义的事件,是1991年前后兴起的报刊界开辟"周末版"大潮。对于由报刊界掀起的"周末版"大潮以及引发的版面"扩容"现象,有人至今还颇有微辞,认为它不过是给报业带来了更多的"星、腥、性"式的报道内容。如果撇开这种新闻生态"危机论"的狭窄眼光,人们却看到这场大潮不仅启动了中国的报刊业市场,使社会当时的"解闷"需求得到了较为充分的满足,而且更具有标志性意义的深刻内涵在于:我们的报纸和刊物一改过去在传播内容上强调"我想让你知道什么"和"你应该知道什么"的传播者本位的做法,开始突出和强调"读者喜欢什么""读者想知道什么",从而在结构与选择传播内容的标准上第一次向着"受众本位"的方向发生了根本性的转移。这次变革意义深远,因而一些传播学者称之为我国传播业的第一次"平民化革命"。

第三个具有标志性意义的事件,是1993年中央电视台"东方时空"栏目的开播。无疑,其中最引人注目的是"焦点时刻",以及紧随其来的"焦点访谈""新闻调查"节目。这些以"深度报道"闻名的新闻类节目的走红,其标志性意义是我国新闻传媒第一次以“新闻”作为自己的“第一卖点”，找回了新闻传媒的立足之本。另一个意义是，这些节目首次把新闻的“社会守望”功能实际地上升为大众传播媒介的首要功能，其结果是我国大众新闻传媒的功能和角色体系由此得到了系统性的恢复和重建。

第四个具有标志性意义的事件，是1997年1月国家新闻出版署正式批准“广州日报报业集团”成立。报业集团的诞生启动了我国大众传媒产业化的进程，而其深层意义却是官方承认了新闻传媒不仅有上层建筑的性质，同时也有经济基础的性质，而这是马克思早就有论在先的。“市场”概念的引入，使新闻传媒开始用市场经济的眼光为自己定位，并使传播资源的合理配置和有效运作有了实现的可能。

我国大众传播业30年发展的历程，用一句话概括就是：“从功能的单一到功能的多样；从传播者本位到受众本位；从宣传本位到新闻本位；从仅仅把新闻事业视为上层建筑意识形态到承认新闻事业的产业化性质并将市场机制引入传播领域。”①这大致可以看做是对30年来我国新闻传媒变局作出的路向提示。

对于上述传媒变局，当然可以有多种解读方式。从发生学角度分析，推动我国新闻传媒发展的关键力量主要来自三方面：

一是社会经济发展以及由此引发的意识形态变迁。恩格斯指出：“唯物史观是以一定历史时期的物质经济生活条件来说明一切历史事变和观念、一切政治、哲学和宗教的。”②新闻传媒作为反映社会经济和特定意识形态的工具，它的性质、功能和发展必然受到经济基础和意识形态这双“无形之手”的影响。

二是以“受众”为代表的社会力量的影响。新闻传媒作为传播者和受传者之间的“桥梁”，它受到来自两方面的双向制约，但同时也可能构成两者之间的“纽带”。在相当长的一段时期内，传播者与受传者之间是分离的，新闻传媒也出现了传播“偏向”，因此受众因素实际上是被忽略了。其结果是导致本来的新闻受众无法从新闻传媒获知想知道的信息，而只能转而从其他渠道寻找资讯和思想来源。这种传、受之间的断裂，必然使新闻传

---

① 喻国明：《解析传媒变局：来自中国传媒业第一现场的报告》，第6～7页，南方日报出版社2002年版。

② 《马克思恩格斯选集》，第2卷第537页，人民出版社1972年版。

媒的生存空间被挤压，难以担当起舆论“公器”的职责。表层上看，从20世纪90年代初开始，新闻传媒逐渐找回“受众”意识，并在结构与选择内容的标准上首次向着“受众本位”的方向发生根本性转移，而究其实质则是新闻传媒直接感受到了来自以“受众”为代表的社会力量的巨大压力，并逐步调整了传播关系中的位置，找到了契合两端的平衡点。尽管在实现过程中“失衡”现象经常存在，也难免出现两面不讨好的尴尬。

三是新闻实践不断探索的结果。我国有着异常复杂的国情和特点，许多现象往往不是经典理论所能涵盖和解释的。新闻传媒的嬗变也能印证这个判断。自然，人们不能否认理论对实践具有指导乃至引领作用，但就我国新闻的实际情况看，往往是在理论上的是非曲直尚待澄清时，某种现象却已经有了，或者说新闻实践走在了前面，从而引起新闻观念和理论的探索和更新，最终驶入官方认可的“快车道”。这是一个基本事实，令人深思和回味，但不可否认新闻实践所蕴涵的巨大推动力量。

以上是我国传媒变局的整体轨迹，而所有与此相关的问题，在某种程度上都与深度报道观念有着密切的关联。这里仅着眼于“观念”形态，分析深度报道在我国传媒业嬗变过程中所带来的变革。

首先，扩展了对传媒功能的认识。一种主流报道形式的出现，事实上总是与这个时代的人们认识世界、改造世界的社会主流诉求联系在一起。深度报道作为继党派新闻、客观报道之后的第三代主流报道形式，不仅赋予新闻报道以信息功能、服务功能，而且还以启迪性的透视功能、监督功能、培育功能以及审美功能给人以多方面的满足。譬如，有些记者就认为：扎实地读懂中国社会这本大书，用学者的眼光观察和审视生活。这种认识，表明深度报道带来的是记者撇开了多年形成的线性思维，而渐渐趋向对新闻的多种功能的整合认识。深度报道中“让事实经过理性的过滤”，在作品中带有“全息摄影的特征”，都表明了新闻从单纯齐一向多样统一的认识超越，更表明了驾驭深度报道的新一代记者专业意识的长足进步。所有这一切，自然会扩展为对传媒功能的重新认识。

其次，回归新闻的本质。新闻具有宣传的社会属性，但宣传毕竟不是新闻的本质属性，更不是唯一属性。以往的新闻只强调单向度的宣传，忽视新闻之所以成其为新闻的本质属性。深度报道能发挥“重要情况让人民知道，重大问题经人民讨论”的舆论功能，这就从本真意义上重新阐释了新闻的含义，纠正了庸俗化宣传隐含的单一属性认知。深度报道最基本的社会品格，即“深度报道是否反映了广大人民群众关心的重大问题，是否具有新闻要说真话的基本品格，是否具有历史真实记录的新闻使命感”①，由此不难看出，深度报道对于新闻传媒确立以新闻为本位，摒弃宣传本位起到了“示范”作用。

再次，新闻事业的产业性质引入传播领域。新闻与市场结缘，其前提是新闻的品牌节目获得广大受众的认可，并由此体现新闻的经济属性，进而把市场范畴引入传播领域。这里有一个隐形的逻辑延伸过程。在这个过程中，深度报道节目和作品作为传媒的“卖点”，吸引受众的眼球，也赢得了“市场效应”。众所周知，传播市场是建立在社会注意力资源基础上的，而深度报道在各种新闻中最大程度吸纳了这种社会注意力资源，最终实现了对社会注意力的占有。在某种程度上讲，传媒的产业性质的最终确立，也不能忽略深度报道在其中所起的推波助澜作用。

## 二、期待视野中的传媒功能变革

传媒业态的嬗变，归根结底是缘于传媒业对自身功能有了新的认识。无可否认，在相当长的时间内，人们惯常把报纸、广播、电视等媒介仅仅看做是宣传教化的工具，而且在这个精神空间，社会精英们是睿智者、教育者、灌输者的代名词，而“凡夫俗子”的个人则是受教育者、被灌输者、服从者、行动者的另一种命名。它还只承认思想与认知的一种方式，而不能容忍思想与认知的多元性、多样性、多层次性的思维模式。

20 世纪 80 年代以后，随着整个社会的思想解放，新闻传媒的文化传承功能和娱乐消遣功能逐渐被接受，传媒功能有所扩大，但在表达思想言论方面仍多有“禁区”——它与同时代哲学中的“人道主义”大讨论、文学领域中的报告文学揭露、批判现实阴暗面的“社会共振”和引起的时代激荡相比较，新闻传媒在直面时代主题、反映现实问题、触及时弊痼疾等方面明显滞后于其他社会科学。80 年代中期以后，由于传媒思想的进一步解放，由此引发了深度报道的崛起，特别是 1993 年中央电视台“焦点访谈”“新闻调查”等节目的开播以及以《南方周末》等为代表的报刊的创办，标志着新闻开始直面现实问题，揭露、批判社会生活中的阴暗面，并担当起舆论监督的

---

① 时统宇：《深度报道范文评析》，第 16 页，新华出版社 2001 年版。

职能。这些新闻类节目或栏目提示人们，新闻的“社会守望”功能已被实际地上升为大众传媒的首要功能。

重新认识媒体功能在我国曾经历了一个艰难的进程，但在新闻传播史上却是一个“老话题”。1948 年，传播学奠基人之一、美国学者拉斯韦尔在《传播在社会中的结构与功能》一文中，就运用社会学的结构功能理论，把整个社会比拟成生物有机体，提出传播活动对于社会的发展具有三大功能。它们是：

（一）监视环境功能

无论什么时代，人类都必须不断地监测、了解自己生活的环境，设法确定自己所处时代的政治、经济、生活等条件，所面临或可能面临的问题、危机及其处理方法，社会发展目标及实现该目标的机会和方式等。人类由于多种因素的限制，在认识和改造世界中往往存在许多未知领域，影响人类生存、发展的事件和情况层出不穷，所以迫切需要一些专门机构发挥类似动物界“哨兵”的监视环境的作用。在现代社会中，新闻媒体就充当着这样一种社会角色。

著名传播学者施拉姆则把传媒的这种监视功能形象地比喻为“社会雷达”。他认为，监视环境讲究准确、客观和及时，这是媒体报道的最起码要求，否则人类社会就会因为媒体的“漏报”和“误导”陷于危险的境地。在人类历史上，失实报道给社会带来的后果是沉痛的，以我国为例，“大跃进”时期整个社会的“浮夸风”，使媒体这部“社会雷达”几乎失灵，给社会生产和人民生活造成了极大的负面影响。不难看出，监视环境是社会赋予传媒的一项重要职责。

（二）协调关系功能

主要是指传媒有可能将社会的各个部分、各种环节、各类因素整合为一个相互协调的有机整体，以应付环境的变化和挑战。如果说，监视环境主要由报道来承担，那么协调关系则主要由言论和新闻解释来实现。德弗勒说过：“新闻是监视，评论或解释性报道就是联系。”这里所谓的“联系”，可以认为是传媒借助言论和深度报道的评析，协调社会各部分之间的关系。

深度报道在监视环境和协调关系方面，有其得天独厚的优势。就监视环境而言，深度报道以其全面的生态环境扫描、社会环境报道和舆论环境反映，使人们对社会问题形成整体印象和思考；就协调关系而言，深度报道通过提供详实的资讯和社会各方面的意见，使各种观点能在最大范围内得到沟通，以实现最大程度上的理解和共识。这里，不妨再次透析“非典型肺炎事件”中的传媒表现，或许有助于认识问题。2003 年 1 月，一场沸沸扬扬的“非典”事件使广州的城市生活陷入罕见的社会性恐慌之中。在此事件中，当地有颇多传媒在既有的宣传管理体制下，在广大读者最需要确凿事实和舆论导向的关口，始则装聋作哑，再则隐约其词，而与此同时，网络信息空前畅通，不实的流言也盛行一时，促发了广泛的社会舆论混乱。直至 2 月 11 日、12 日两天，广州各大报纸纷纷开始大篇幅详细报道该事件，一时间，有关新闻报道和深度分析铺天盖地而来。新闻媒体的大规模介入，迅速遏止了在市民中滋生、蔓延多日的恐慌，对板蓝根、白醋、口罩的抢购也于 11 日、12 日基本平息。与此同时，民间和网上的有关“非典”的流言也逐渐趋于平息。从前后对照中不难看出，新闻媒体“装聋作哑”，实际上也就放弃了监视和协调的基本职能，其结果只能使视听混淆，莫辨一是；反之，媒体通过对社会事件、新闻事实的分析、评论，是能够起到解疑释惑、引导舆论的作用的，由此也就实现了媒体联系社会、使社会各个部分协调一致的目的。

（三）传承文化功能

法国新闻学者贝尔纳·瓦耶纳曾说：“真正的教育也离不开新闻媒介。因为大众传播工具是一种扩大器，可以使教育者的作用超越一般传播的对象。”这表明，大众传媒具有传承社会文化之功能，可以使整个社会的精神遗产，如科学知识、文学艺术、价值观念得到继承和弘扬。大众传播的教育功能，一方面是指广义的媒体内容具有某种教育意义，如提供历史背景可以扩展知识面，报道科技前沿动态可以积累科学知识等；另一方面则在狭义上指媒体还直接传授专门知识，如报刊图书中的知识性内容、广播电视中的教育台、教育频道中的教育节目等。①

对传媒功能的重新诠释其实并非新鲜之见，也基本上为我国新闻媒体管理者所认识，但在现实的履行中，许多问题仍然存在。以近年来新闻媒体中的突发性事件报道和舆论监督类报道为例，为什么媒体经常会显得如此尴尬？个中原因值得总结：首先，突发性事件的起因短时间难以查清，部分地方政府往往要求新闻媒体“待原因查明后再作报道”，这样就必然扼杀报道时机，甚至可能造成不良后果。如 1994 年 3 月，浙江千岛湖发生的 32 名台湾游客被抢劫杀害特大案件，报道明显滞后、反应迟钝，造成台湾地区民

---

① 参见张国良：《新闻媒介与社会》，第 63 ~ 66 页，上海人民出版社 2001 年版。

众的不满,损害了政府形象。其次,大多数突发性事件"后果消极",与我们以正面宣传为主的方针似乎有所抵牾,因此,有些主管部门动辄以"容易引起恐慌"为由,进行新闻限制和封锁,以为可以回避政府工作中的失误。震惊全国的广西南丹矿难就是一个典型例子。如果不是媒体记者的调查报道,真相很可能被掩盖。再次,有些实际工作部门的官员为了逃避监督,在遇到突发性事件时往往采取文过饰非、大事化小、小事化了的态度,甚至用行政手段阻止新闻记者进行调查采访。这是媒体现状中,特别是深度报道令人担忧的一面。

在"全面建设小康社会"的目标面前,在充满机遇与挑战的历史进程中,一些学者着眼于我国民主建设的大方向,不断思索着中国媒体发展的未来空间。有些学者对媒体应该有什么样的健康环境作出了自己的思考:"首先,媒体应该有它的活动空间,能够按照自身的逻辑做事,几百年来,新闻界已经有了自己行业的一些公认准则,超越了这些准则,就是不道德的。而当他们受到不正当干预的时候,这一行业的行为准则就会被破坏,规则被破坏的结果就是行业的堕落。其次,新闻界应该有好的制度和机制,一个好的制度会使越来越多优秀者出现,而坏制度只能使人越来越堕落。第三,要处理好媒体与官员的关系,因为官员绝不会允许媒体报道对他不利的消息,这样的结果就是新闻不能提供真实信息,同时也加大了新闻成本。最后,不要出现太多的媒体败诉。"①他还举例说,耶鲁大学的陈志武先生曾作过研究,他发现,中美两国类似诉讼的胜诉比例正好相反,而在我国因为名誉权而状告媒体的案件中,媒体的败诉率高到难以置信的程度。如果这种状况不加以改变,长此以往,新闻就会无法生存。

## 三、深度报道在传媒变局中的角色扮演

传媒变局带来新闻业态的诸多变化,也引发了一系列业界的连锁反应。因此,有人用"革命"一词来形容20世纪80年代以来传媒界的变革,似乎并不是什么夸张。

当然人们注意到,发生在传媒界的这次"革命",诱发的因素可以从多个视角来探讨,但不可否认,深度报道在媒体中的崛起也起了十分重要的推

① 《中国媒体:责任与方向》,《南方周末》2003年2月27日。

动作用。大众传媒以新闻立足，新闻观念的转变，必然引起媒体的价值取向、思维方式、传播手段、资源配置等各要素的变化。那么在这场传媒变局中，深度报道究竟扮演了什么角色？

首先，从传媒业态的嬗变看，深度报道凸显了社会"注意力"因素，由此构成了媒体力量的重新配备和整合。深度报道是报道大事的，这些大事可以是某一构成社会强力关注的突发事件或重大时事，如伊拉克战争报道、"非典"事件报道；也可能是反映具有社会普遍意义的某种观念形态，如对改革中某些问题或重要政策的报道；还可能是某一重大问题的综合剖析，如西部地区贫困探源等。它凸显焦点、热点，以社会注意力为中心（"受众中心论"），着力于"时事追踪报道、新闻背景分析、社会热点透视、大众话题评说"，使新闻更令人关注。

社会注意力是一个很复杂的概念。它变动不居，弥漫于日常生活流中。新闻传媒依据传播学中的"议题设置"理论，有效地捕捉特定时代的社会公共性事件、问题或话题，通过必要的策划和智力投入，使本来弥漫的社会注意力集中到一个时期、时段的"问题"上，构成新闻的"看点"。一般来说，客观报道由于孤立、就事论事地对待事件和问题，所以受众的注意力是分散的、短期的，而深度报道因其深入性、关联性和贴近性，足以凝聚受众探索的目光，使之关注某个特定的"焦点"。也正因为它的这个特点，媒体就不能像对待客观报道那样处理事实，而需要足够的力量（包括人力、财力和精力）投入，真正深入地报道、分析、评说事件或问题。以伊拉克战争报道为例，世界各国为深度报道战争进程，媒体投注的人员、设备和资金，是传统业态的媒体所无法想象的。

其次，从传媒的功能变革看，深度报道强化了新闻的"社会守望"职能，并日益延伸出新的社会职能，逐渐构建起一种媒体品格和精神。深度报道是否反映了广大群众关心的"热点""难点""敏感点"，是否具有新闻要说真话的基本品格，是否具有真实记录历史的新闻使命感，这是深度报道最基本的追求。这个追求，如果演化为媒体自身的职责，决定着"社会守望"的职责能否实现。以"新闻调查"为例，它的"调查"对象就是正在或一直被遮蔽的"真相"：有的被权力遮蔽，有的被利益遮蔽，有的被道德观念和偏见遮蔽，还有的被我们狭窄的生活空间和集体无意识遮蔽。如果进一步分析，它一般有两种状态：一种是属于通常所说的内幕或黑幕，那就是被权力或利益遮掩的真相；另一种是复杂事物的混沌状态，一般是被道德观念、认识水平和不完整信息所遮掩的真相。深度报道就要通过自己特定的方式,揭穿真相,去除遮蔽,使扭曲的事实回归本位。

深度报道应关注国计民生,张扬人文情怀,为净化社会空气尽力,为文明程度提高实施舆论监督等,这是转型期中国的根本期待。这种期待能否实现和在多大程度上实现,已日益上升为人们对媒体品格的一种认定。以《南方周末》为例,它的彰显爱心,关注民生,维护正义,平民视点,以及体现出来的启蒙思想、弘扬理性等特征,已构成了它的基本品格。正如一位读者在给《南方周末》的来信中写的:一个禁锢思维的民族不会有希望,《南方周末》心中永存的国脉与民瘼,为人们开启了一个全新的思维空间。

再次,从传媒经济发展看,深度报道作为一种重要的注意力资源,已直接成为传媒注意力经济的内容。加拿大著名传播学者麦克鲁汉在20世纪60年代就曾指出:传媒所获得的最大经济回报来自于"第二次售卖"——将凝聚在自己的版面或时段上的受众"出售"给广告商。那么,这种所谓"出售"受众的行为到底"出售"的是什么呢?对此,麦克鲁汉的回答是:受众的注意力资源。从一定意义上说,作为文化产业的传媒业,是以社会注意力资源为主要经营对象的经济产业。媒体的注意力经济品质是一种固有属性,其构成社会影响力的,主要取决于媒体的内容。从实际情况看,由于现实中人们认知、社会判断和社会行为的需求,几乎所有媒体的深度报道都已成为看点和关注点,这些节目或栏目一般都已具备"品牌效应",直接影响收视率、点击率和阅读指数,这无疑有助于传媒经济链的不断延伸,并且其影响将是十分宽广、持久的。

# 第四章 深度报道理论经纬（下）

## 第一节 深度报道与新闻观念

什么是新闻？什么是新闻的核心价值？怎样进行新闻传播？任何一个时代的新闻人都会不断追问这几个带有根本性的问题。在实践总结和理论探索过程中，人们对这些问题的认识有了答案，随之也就形成一个时代的新闻观念和理论表述。不妨说，所谓新闻观念，就是新闻工作者在新闻活动中确定什么是新闻、如何选择和鉴别新闻乃至如何报道新闻的基本理念和准则。

历史地看，新闻观念从来都是变动不居的。从最初人们耳熟能详的一句名言“狗咬人不是新闻，人咬狗才是新闻”，到今天互联网时代的新闻观念，社会对新闻本体的认识发生了多么剧烈的变化！在新闻观念的递嬗过程中，深度报道的实践和经验产生了不可低估的作用，它的许多报道理论已超越了传统新闻学的范畴，具有拓展性的意义和价值。

### 一、“新闻”含义的丰富

新闻观念归根结底要追问什么是新闻，新闻的本质是什么，以及如何界定新闻。在这个问题上，有关“新闻”的定义如此不一，众说纷纭，在社会科学各学科中实属罕见。据童兵教授在《新闻传播学原理》一书中所言：“国人有好事者，曾经收集到三百多个‘新闻定义’。国外更有人扬言，‘新闻定义'在千种之上。"①

我国的新闻学研究虽起步较晚,但形成了自己的理论特色,对新闻定义也提出了自己的看法。概括起来,大约有七种:一是认为新闻是一种现实现象,称之为"现象论"(徐宝璜:《新闻学》);二是认为新闻是一种记事或记录,称之为"记录论"(程之行:《新闻写作》);三是强调新闻是一种事实,称之为"事实论"(胡乔木:《人人要学会写新闻》);四是既强调事实,又强调报道,称之为"报道论"(陆定一:《我们对于新闻学的基本观点》);五是强调新闻是一种特殊手段,称之为"手段论"(甘惜分:《新闻理论基础》);六是强调新闻是一种传播,称之为"传播论"(王中:《论新闻》);七是强调新闻是一种信息,称之为"信息论"(刘卫东:《信息论与新闻》)。以上诸种说法,各有千秋。目前,普遍接受的是陆定一的观点,即"新闻是新近发生的事实的报道"②。

上述七种定义形成于不同的研究视角。如果仔细分析,它们或多或少带有时代观念的痕迹,因而也难免带有认识的局限性和片面性:这些定义,或停留在传统新闻理论的认识框架内,因而缺乏对当代新闻的解释力;或片面强调了新闻的舆论宣传功能,忽视了新闻在现代社会中所承担的资讯服务功能和认知功能;而"传播论"、"信息论",虽然引入了新的概念,但主要是从新闻的存在形态上界定的。从总体上看,前述有关新闻本体的认识,尽管在当今新闻界和理论界并未被完全抛弃,甚至仍起着主导作用,但它们无疑属于特定的新闻理论体系,是历史的产物。

20 世纪 30 ~ 70 年代,西方新闻界陆续推出解释性报道、调查性报道等深度报道的形式,使新闻报道能够由表及里、由浅入深地触及时代和社会发展的深层问题。在对新闻认识逐步深入的基础上,为了弥补传统新闻理论与实践的不足,80 年代初,艾弗雷特·丹尼斯和梅尔文·德弗勒在研读了大量有关新闻的著作和论文后,对新闻提出了比较全面的定义:

> 新闻是就某个具体问题、事件或进程提出现实看法的报道。它通常监测对于个人或社会来说都很重要的变化,并将这一变化置于共同的或独特的背景中。它成形于将使受众感兴趣的共识,并受制于机构内外的压力。它是新闻机构内部每天进行权衡斟酌

---

① 童兵、展江、郭青春:《新闻传播学原理》,第 50 页,中国广播电视出版社 1999 年版。
② 参见徐国源、江涌:《新闻采访与写作》,第 6 页,苏州大学出版社 2002 年版。

的结果，这类机构要在一个特定的时间内挑选出令人瞩目的社会事件并制造出极易变质的产品。新闻是在压力下作出仓促决定的不完美成果。①

这个定义虽嫌冗长，但概括了新闻的基本属性、社会功能、形成机制等要素，特别是将深度报道纳入考察范围，说明西方新闻界已经对新闻有了更深入、更全面的认识。

这里，我们分析一下深度报道在观念层面上，对"新闻"含义予以扩充的几个方面：

（一）全时态意识

传统新闻价值理论中，新闻被看做是"新近发生的事实的报道"，一般只有一种时态，而深度报道却是全时态的：不仅有发生时态，还有过去时态和未来时态。它突破了以往"一时一报""一事一报"的时间概念，而呈现出将多种时态集于一体，既有事件发生的因果关系，又有事件发展的变化走向。一般来说，独立文体的深度报道的时态，通过追溯、叙事和预测表现出来，而组合文体的深度报道的时态则由连续追踪反映出来。

（二）宏观意识

以往的新闻注重报道"现象"，忽视从宏观上把握深层问题。"记者一味追求眼前发生的、昙花一现而有轰动效应的新闻，无暇顾及社会深层存在的弊端和痼疾。只有等到这些弊端和痼疾经年累月孕育成爆炸性问题后才得到报道。人们从这种新闻报道中似乎只能看到一个无望而又无奈的世界。"②深度报道则有鉴于此，不仅报道现象，而且追问本质，从各种联系中揭示问题的实质。

（三）主体意识

在传统的新闻观念中，所谓"新闻报道"其重心在"报道"，而且竭力标明是客观报道，一般不重视记者的主体功能。深度报道则充分认识到，真正的"纯客观"其实是不存在的，因此主动在新闻中融入主体意识，将自己的倾向、情感、分析、解释、意见等融于其中，激活了新闻报道的活力。

（四）未来意识

深度报道对以往新闻观念的重要"修正"，还在于着眼未来，审视和分

① 德弗勒、丹尼斯：《认识大众传播》，第 422 页，休顿·米弗林公司 1981 年版。

② 徐耀魁：《西方新闻理论评析》，第 134 页，新华出版社 1998 年版。

析事态发展对于个人或社会都很重要的变化,并将这种变化置于共同的或独特的背景之中。这种意识的强化,与当今人们的个体意识觉醒、求知欲增强,以及世态的剧烈变化使不确定因素增多有关,它业已构成现代新闻的重要品质,拓展了新闻的本体内涵。

鉴于以上认识,我们认为深度报道已经在实践和观念形态上,对新闻的原有定义有了新的丰富。因此,如果我们要对“新闻”进行新的命名的话,不妨可以这样定义:所谓新闻,就是对已经发生、正在发生的事实(包括事件、现象、问题等)诉诸感性与理性的全面报道。

## 二、新闻价值理论的崭新诠释

在新闻传播事业发展初期,新闻价值被视为一种只可意会而不可言传的职业本能。1922 年,沃尔特·李普曼在其名著《舆论学》中首次提出了现代意义上的“新闻价值”这一概念,但接踵而来的是,这个概念却成为新闻传播学领域内争议最多的基本理论问题之一。

据一些学者所作的分析,国内外学界有关“新闻价值”的表述不下于数十种之多。其中具有代表性、有较大影响的解释大体可分为:“受众中心说”“要素标准说”“传者中心说”“经济说”“事实素质说”“事实功效说”等几类。① 在众多的“新闻价值”的定义中,我们较倾向于密苏里新闻学院写作组的观点:新闻价值是“指历代新闻工作者用以判断什么样的事实能构成新闻以及衡量什么样的新闻报道胜过另一些新闻报道的尺度”②。理由是:(1) 这个定义比较符合新闻价值的实践本质;(2) 它表明新闻价值实际上构成了报道主体判断新闻的尺度和受众评判新闻的标准,恰恰是在这个问题上,许多新闻价值定义未能抓住这一本质。

关于传统的新闻价值标准,中外新闻学者少则有“五因素”说,如童兵就认为构成新闻价值的要素是:时新性、重要性、显著性、接近性、趣味性③;多则有 20 因素说,如英国汤姆森基金会专为第三世界新闻工作者编写的教

① 参见韩丛耀、周振华:《新闻价值论——价值哲学中的新闻传播》,丁伯铨主编《新闻传播论坛》第 7 辑,第 84 页,南京大学出版社 1998 年版。

② 密苏里新闻学院写作组:《新闻写作教程》(中译本),第 2 页,新华出版社 1986 年版。

③ 童兵:《理论新闻传播学导论》,第 51～52 页,中国人民大学出版社 2000 年版。

科书等。尽管学界对新闻价值标准在具体表述上有多有少、有轻有重、有先有后，但在主要标准上还是相当一致的，这些要素有：影响力、接近性、异常性、显要性、及时性、冲突性和趣味性等。

传统新闻价值标准反映了新闻报道的某些客观规律，但它的不足与缺陷也是明显的。正如一些西方学者指出的那样，如果仅以某些要素作为判断新闻价值的标准，那么新闻报道很可能变成“双头人和长胡子的妇女的狂欢节”。特别是在现代大众传播时代，由于社会的发展和进步，受众对新闻的期待和兴趣都已发生变化，深度报道已经成为时代性诉求，这在客观上促动了新闻价值观念的调整和更新。

现代新闻价值观念的嬗变，当然由多种因素合力促成，但在这个过程中深度报道的实践无疑扮演了重要角色。这里仅从深度报道对传统新闻价值要素的“解构”出发，折射它对传统新闻价值理论的修正和移位。

（一）“时新性”移位

在传统新闻观念中，“时新性”（新闻“第一落点”）被视为最重要的要素之一，是新闻的活力所在，是需要媒体“抢”的要素；但当今许多深度报道尽管仍重视时效，却以后发制人的质量取胜（新闻的“第二落点”），它们以调查研究、提出问题和分析问题见长，并不十分强调时新性，而是突出了重要性和概括力。例如，中央电视台播出的《邯钢启示录》，它的侧重点在于指明国有企业改革的新思路，通过对邯钢如何搞活现代钢铁企业的深入报道，提出问题，解剖实例，对我国国有大中型企业改革具有指导意义。

（二）“显要性”移位

调查性报道不仅揭露丑闻、追踪疑点，而且注重系统地反映政府机构、公司企业以及整个社会体制中存在的缺陷和痼疾，并且试图从中找到克服、解决问题的方法。这类报道经过细致而详实的调查，能够由此及彼、由表及里，将社会生活中人们司空见惯、深有感触却不知症结所在的问题显露出来，引起社会关注，促使协作解决。这种调查性报道未必有显要性，而是致力于推动问题的解决，却深受社会的注目和欢迎。

（三）“重大性”移位

深度报道中有一种生活方式报道，它主要告诉人们别人如何生活、自己该怎样生活，是告诉人们“怎么办”的报道。这类报道与一般资讯服务性报道的区别是，它不仅提供有关信息，而且还以提供专家意见等方式，介绍健康、科学、合理的生活资讯，引领时尚潮流，如指导人们如何购物、如何保健、如何选择餐馆、如何进行环境保护等。这类报道一般不具有"重大性",而是贴近生活、贴近普通民众,突出了对受众的心理感受和生活体验上的"接近性"。

概而言之,深度报道对传统新闻价值要素的"修正",其本质"是要把新闻报道的注意力从片面追求新闻事件的表面冲突性、奇异性、爆炸性转移到注重新闻事件的内在社会影响和接近性上来,更全面、更深入、更真实地反映客观世界和社会"①。一句话,新闻价值观念的迁移,反映出新闻报道向"深度"不断拓展的价值取向。

鉴于新闻价值体系代际蜕变的客观态势,一些西方学者和发展中国家的学者又提出了"发展性新闻"和"发展新闻价值观"的新概念。他们认为,所谓发展性新闻,就是"有关经济落后的国家为了给人民提供最低生活水准而开展各种工程和项目的新闻"②。而所谓发展性新闻报道,指的是对所有通过人类计划和努力而出现的社会、经济增长或改善所作的报道。其主要涉及:(1)政府体制改革;(2)农业发展和食品生产;(3)经济活动;(4)教育;(5)就业和劳工福利;(6)计划生育;(7)医药、卫生、保健;(8)住房;(9)工业、科学、技术发展;(10)大众传播;(11)国家统一;(12)农村和城市发展;(13)社会改革;(14)电信、旅游、交通发展等。③ 发展性新闻的报道理念对于我国新闻报道不无启发。作为世界上最大的发展中国家,我们的新闻价值观理应重视社会的"发展"主题,从而找到适合自身的价值体系,并且在此基础上形成自己的报道重点、报道方式和报道语言。可以说,上述14个方面几乎都应成为我国新闻报道在相当长时间内的中心领域,深度报道的主要落脚点也应该在这里。

## 三、新闻传播理念的突破

深度报道不仅在新闻本体问题上有了新的诠释,而且对新闻传播的理念也有全新理解。抑或说,深度报道以"深"见长的报道旨趣,使业已形成

① 徐耀魁:《西方新闻理论评析》,第149页,新华出版社1998年版。

② 伦特·维兰尼拉姆:《发展性新闻的应用》,新加坡,1979年。转引自昆齐克:《新闻概念:北方与南方》,第221页,德国诺曼基金会1988年版。

③ 转引自徐耀魁:《西方新闻理论评析》,第149~150页,新华出版社1998年版。

的新闻传播观念从传统模式中解放出来，创造出一种全景性的“智力空间”，实现了自身新闻观念和报道方式的转型。

深度报道对于新闻传播理论的突破，大致可以从以下几方面加以认识：

（一）新时空观念

在传统新闻报道理论中，“新闻五要素”（“五 W”）原则，即何时（When）、何地（Where）、何人（Who）、何事（What）、何故（Why），在 20 世纪 30 年代以前几乎构成了西方新闻报道写作的金科玉律。诞生于 20 世纪 30 年代的深度报道则改变了这种状况，它不仅要求说明“五 W”是什么，而且要求重点解释事件发生的来龙去脉。1932 年，美国新闻学者麦克道格尔根据正在兴起的深度报道实践，首次将“新闻五要素”改成了“新闻六要素”，即在“新闻五要素”之外，又加上了一个新要素如何（How）。这样就变成了所谓五个 W 加一个 H 原则。

把 How 列为新闻写作的一个要素，从表面上看是将报道技巧臻于完善，但实质上却表明了一种新的时空观在新闻报道中已经形成。“深度报道改变了新闻‘五要素’原有的时空观念，把现在发生的事追溯到过去，延伸到未来；把现场发生的事扩大到一切相关的地点；把当事人和事件本身扩展到一切相关的人和相关的事；把表面的原因推进到深层的原因。总之，深度报道把新闻‘五要素’所构筑的平面新闻世界变成了立体的新闻世界。这一切，标志着客观事件报道让受众‘知其然而不知其所以然’的状况得到彻底改观。”①这个判断是准确的，深度报道实现了新闻观念转型的深远意义也在这里。

电视、广播、网络的深度报道，除了像传统纸质媒体一样要揭示 Why 与 How 要素之外，还有一种非常直接的时空呈现方式。以中央电视台新版“东方时空”中创办的“时空连线”为例，它是一个由主持人和异地的嘉宾用网络连线方式分析新闻事件的节目。它以现代技术为背景，实现了节目资讯的最大化：让一个最会说话的人站在说话的岗位上，体现他本身的智能，也就是说，当用连线的方式去访问各路嘉宾的时候，这个节目就实现了让有专业背景的人、能表述的人、能交谈的人站在交谈的位置上，体现了真正意义上的交谈和对话。这种形式反映了电视传媒的优势，也展示了深度报道本身打破了以往的时空观念，新闻传播的方式出现了多种新的创意和表述

① 杜骏飞、胡翼青：《深度报道原理》，第 23 页，新华出版社 2001 年版。

形态。

（二）新传媒观念

新闻是大众传媒资讯的一部分，其主要功能是通过传播实现的。自传媒诞生之初，新闻学者就对新闻传媒的功能作出阐释。从较早的卡斯柏·约斯特的“新闻第一”说、伯格森的报纸“七大功能”说，到韦尔伯·施拉姆提出的报纸的“五大功能”说，都反映出不同时代人们对新闻传媒功能的认识日趋深化。1980年，由联合国教科文组织领导的国际交流问题研究委员会完成的报告《多种声音，一个世界》，更为详尽地阐述了当今新闻传媒应承担的主要功能：

（1）获得消息情报：收集、储存、整理和传播必要的新闻、数据、图片、事实、消息、意见和评论，以便对个人的、周围环境的、国家的和国际的情况获得了解和作出有见识的反映，并能作出适当的决定。

（2）社会化：提供知识的公共积累，使人们能在其生活的社会中作为积极成员从事活动，并增强人们的社会联系和社会意识，从而使他们积极参与公共生活。

（3）动力：促进各个社会实现当前目标和最终目标，激励人们的个人志愿和理想；鼓励为实现共同商定的目标而进行个别活动或社会活动。

（4）辩论和讨论：为有利于达成一致意见或澄清对社会问题的不同观点而提供必要的事实，为促进人们对共同关心的当地的、本国的和国际的问题产生更大的兴趣和普遍参与而提供所必须的有关事实根据。

（5）教育：传播知识以促进智力的发展，培养人的品格，并使人在人生各个阶段获得各种技能和能力。

（6）发展文化：传播文化艺术作品，以保存历史遗产；通过开阔人们的视野、唤起人们的想象力和激起人们对美学的需要与创造力来发展文化。

（7）娱乐：通过标记、符号、声音和形象来传播戏剧、舞剧、艺术、文学、音乐、喜剧、体育、游戏等，使个人和集体得到娱乐和享受。

（8）一体化：使所有的个人、集团和国家得到所需要的各种不同的信息，以便相互了解和认识并鉴赏别人的生活条件、观点和愿望。①

上述八项功能是从“促进社会交流”着眼进行的观察与研究，反映出当

---

① 参见国际交流问题研究委员会：《多种声音，一个世界》，第19～20页，中国对外翻译出版公司1981年版。

代世界范围内人们对传媒功能的崭新认识。而从新闻传播的角度看，注重“交流”的媒体功能理论基本上已超越了“客观报道”只传递资讯的范畴，而在很大程度上与深度报道承担的职能有关。由此不难看出，新传媒观念不仅与高科技时代的社会特征有关，而且更与媒体功能的重新定位有关。

（三）“交互性”新闻传播观念

互联网作为传媒家族的新成员，已经表现出许多令人关注的社会功能。当它用于新闻传播之后，这种新媒体使深度报道在网络平台上获得新的生机，也使传统的报纸、杂志、广播、电视等有关“受众参与”的新闻传播观念，提升到一个更卓越的境界。受到网络媒介特征的启示，深度报道越来越注意将受众反馈、受众意见表现出来。据此，有人认为，“交互性”即将成为新闻报道的第七要素。深度报道正在为我们链接一个交互式传播的时代，在这个时代，受众的意见将会成为报道中不可或缺的新闻要素。互联网时代的深度报道似乎也越来越昭示着这种整体走向。

## 第二节　深度报道与传播理论

20世纪初，报纸处于黄金时代，随之，杂志、电影、广播、电视也在其后四五十年间蓬勃兴旺。西方社会在工业化推动下，逐渐进入所谓的“大众社会”，呈现出“一种当工业化、都市化、现代化等逐渐改变社会秩序而使社会体制变迁的过程”①。伴随这个社会转型过程，西方学者注意到，传统新闻学已不足以解释现实中的许多问题，而必须向视野更为开阔的大众传播学寻找思想资源。

1957年，传播学者施拉姆根据20年间美国《新闻学》季刊发表的论文，首次指出新闻学向大众传播学学科转型的四个表征：(1) 从定性分析到定量分析；(2) 从人文科学方法（主要是哲学和文学）到行为科学方法；(3) 从伟人研究（对传媒经营者的传记性描述）到过程与结构研究；(4) 从区域性角度到国际性角度。这个观察饶有意义，它不仅表明了学科研究的动态趋向，更深刻的意义在于它揭示了一种实质——现代新闻由于新兴学科的

① 梅尔文·狄佛洛等：《传播研究里程碑》，第29页，台湾远流出版公司1993年版。

兴起和繁盛，已不再可能割裂与其他学科（特别是传播学）的联系，有必要扩展视界，在新的话语体系中寻求新的阐释。

从现实情况看，现代新闻学与各专业学科的联系也日趋紧密。新闻学的知识背景几乎已扩展到社会科学、自然科学的各个方面，从中获得启示，得到新的阐发。在所有学科中，因新闻学与传播学有着天然的血缘关系，并且随着传播学地位的日益隆显，传播学研究的每一进展都给予新闻理论以丰富和修正的机缘，譬如深度报道，就不能否认传播理论对它的深刻影响。这里，主要从三个侧面描述传播学对深度报道留下的鲜明印记。

## 一、“受众分层”理论

“受众塑造新闻”——从某种程度上讲，此言并不夸张。现代新闻传播学研究表明，“受众”是新闻信息流程中的终端，是新闻传媒及其承载信息的消费者，又是对于新闻传媒、新闻信息和新闻传播者的检验人。他们兼具新闻信息的受传者和反馈信息的发布者的双重角色。新闻受众，可以说是新闻传播活动中积极能动的行为主体。

现代大众传播学研究一再提示人们：传播主体应具有“受众”的群体观念。这种观念认为，某些新闻资讯能够促进具有忠诚态度的人们较为频繁地集合，由此而使接受此类新闻资讯的人们合群。在日常生活中，“群体”是人们在共同进行社会生产、生活娱乐中形成的；新闻受众的“群体”，则是在接受所传播的新闻信息过程中逐渐形成的相对固定的人群。

新闻受众的“群体”不是凝固不变的，而是容易“被分”和融合的。所谓“被分”，就是受众被所传播的新闻资讯拆散或分开，如作为一种传媒策略，有的新闻版面或栏目就注意正、反两方面的手段调动：一方面注意以优质内容吸引受众，凝聚“人气”；另一方面则重新“洗牌”，分化新闻受众，把本来为别家新闻版面或栏目的受众逐步吸引过来。这样既组织、“拉拢”了自己所办的新闻栏目的受众群，同时也瓦解了其他新闻版面、时段或栏目的原先受众群。所谓“融合”，是指媒体传播的信息是一种奇特的“粘合剂”，可以根据不同的目标粘合不同的人群。正因为如此，新闻媒体往往因“做大”、“做强”之需而细分不同的专业、档次，并在频道、版面、节目的内容和形式安排上度身量衣，采用“拼盘法”“专列法”“串珠法”“定位法”等，不断融合其他人群，最终将其融化到自己媒体的新闻受众的大“群体”之内。

新闻受众的“群体”观念，牵引出与之相关的两个认知概念：一是受众的程度，即考量新闻受众素质、媒介素养和文化水准的基本依据；二是受众分层，即不同“程度”的新闻受众，要求能够适应他们接受的新闻媒体、节目内容和形式——一般来说，新闻受众的分层主要取决于具体的新闻受众个人喜欢哪种新闻媒体或哪类新闻载体（新闻信息的内容和表现形式）的基本程度或对它们的认知程度。① 以报纸为例，城市里的一般市民、来城市打工的青年农民，通常关注这个城市的晚报、都市报、信息报、时报等，而机关干部、高校大学生、文化工作者、教育科技工作者，则比较青睐党报、专业类报纸和新闻周刊等。即便如广播、电视节目，或互联网的网址、网站、网页等，其受众也一般因“程度”不同而聚集。可以说，新闻传播媒体实际上就是一个最广大、最宽泛的社会学校，它每日每时实施教育，并培养形成自己媒体受众的基本“程度”和忠诚度。

受众分层的一个主要指标是社会分层。依据社会学原理，现代社会有一个明显的发展趋向，就是不断地分化，继而导致社会分层的出现并不断地变化。社会分层理论揭示了同一社会中的人之所以不同的原因，以及不同的标准和表现。“社会分层的变化明显地在媒介的发展过程中留下印记。中国大陆的媒介发展，特别是改革开放以来的变化充分说明了社会分层在其中的作用……针对这些社会阶层，媒介开始划定自己的受众范围，特别是那些新兴阶层吸引了大量的媒介，由社会分层产生的受众需求的变化作为一种因素引导着媒介分层的不断细化。”②

受众分层现象，相应地带来了媒体分层和报道分层。江泽民对我国社会发展趋势有一个基本判断：“随着改革的深入和市场经济的发展，物质利益的多样化是不可避免的，群众产生不同的利益要求也是不可避免的。”③受众不同利益的诉求，必然要求传媒作为自身利益的代言人，行使表达的权利。“在现代社会，传媒业拥有的传播力是不可替代的重要社会资源，各个社会阶层必然要借助传媒寻求自身利益的实现。因此，利益要求的多元化是继信息需求多样化之后媒介受众分层的一大趋势。”④以近年来我国传媒

---

① 参见苏红、刘惠文：《简析受众的层次和程度》，《新闻与信息传播研究》2002 年春季号。
② 孙玮：《多重视角中的媒介分层现象》，《新闻大学》2002 年秋季号。
③ 江泽民：《论“三个代表”》，第 10 页，人民出版社 2001 年版。
④ 孙玮：《多重视角中的媒介分层现象》，《新闻大学》2002 年秋季号。

发生的变革为例，受众对传媒和报道需求的多样化，经由“市场”传达给传媒机构，传媒操作者采取频道专业化和集团化运作，逐渐改变了过去以综合性“大而全”媒体为主的体制结构，媒体类型和报道方式等依据不同的标准分成了各个层次。

深度报道作为一种有着自身特殊旨趣的报道方式，也在寻找相应的受众目标和定位归属。西方的“三层报道”理论曾经从纯技术或实务角度，揭示了深度报道内在的肌理，但没有从目标定位的视角，考察其市场学、社会学、文化学的潜在动因。这里，将结合我国社会变革引发的受众分化，分析深度报道的目标受众。

深度报道的基本受众之一，是社会主流性的“中心群体”。所谓中心群体，是指具有较高文化层次并且具有“社会行动能力”的群体，也就是所谓“有权、有钱、有点闲”的社会中层以上人群。中心群体构成社会主流，而且随着社会经济的发展，这部分人群会越来越多。他们对社会一般具有明确的理想性，并且在一个需要“解惑”的社会转型期，他们对深度报道的期待非常强烈，如中央电视台的“新闻调查”及《南方周末》《21 世纪经济报道》等，这些媒体中的解释分析性报道和时事评论就能给予他们对当代社会以结构性的把握，提供社会标准意见——这种标准意见至少可以为人们提供一种参照。对于中心人群来说，一般的客观报道由于资讯的片段性、零碎性，不足以提供全方位的信息服务，尤其不能给予他们思想话语，因此他们必然会倚重深度报道，从而获得基本的资讯来源、思想来源和观念来源。

深度报道的基本受众之二，是那些具有较高专业知识背景、能够发表社会见解的“知识群体”。所谓知识群体，在很大程度上是学院知识分子和大学生群体，而且主要是人文学科的“学院派”人群。他们的主要特点是对社会问题、事件和未来都有自己的看法，不盲从于中心权威的表达，敢于发出自己的声音，并且能够从自身学科的专业知识、理论，对现象或问题作出解释和判断。“知识群体”较少依附性，往往在收视、阅读新闻时投入自己的智力，这就在客观上要求报道应具备深度、广度，提供来龙去脉和背景资料。他们的新闻趣味也与一般读者明显不同，贯穿着“智性”判断特征和理性分析特征，而深度报道的特点恰恰能满足其需求。从我国政治改革的目标来说，我国不断发展的民主政治将会越来越尊重这一群体的“话语权”，一个真正的现代文明社会能成为深度报道的新的增长点。

深度报道的基本受众之三，还包括临时汇聚的“集合群体”，即因某个问题引起了社会注意力的高度集中，而构成了各种受众群体的重新聚集、组合，逐渐形成的一个“集合群体”。我们知道，受众分层并非固定不变，而是“随动”的——伴随着社会中心事件和问题，不断“分化”和“融合”。媒体所传播的新闻信息是一种奇特的“黏合剂”，时而黏合这一群受众，时而又黏合另一群受众。深度报道由于其报道题材的重大性和显著性，往往容易吸引社会注意力，也就自然会黏合本来漂浮于各频道、版面、节目中的人群。一般来说，社会的重大事件、问题具有较强的吸引“眼球”的力量，而深度报道是最容易集合人群的“亮点”之一；而后现代社会中，由于社会形态的变化，一些消费方式、生活方式和特殊人群的生活状态，也会引发和延伸公众关注的议题，成为关注“热点”，也成为了深度报道积聚“人气”的重要内容。如“百姓”、“生活”等栏目，实际议论的话题都是些家长里短、时尚另类等，却由于深度报道而成为现代心声的话语表达。

按照社会学理论，越是细分的社会，整合就越重要。深度报道从某种意义上看，就承担着整合社会的功能。在社会分层、媒介分层加剧的情形下，深度报道要充分重视自身的整合作用。因此，受众分层给我们提供的另一启示是：深度报道要重点阐发、宣扬全社会共同的价值理念，关切各个社会阶层的共同利益所在，并更好地协调各个阶层之间存在的矛盾和冲突。

## 二、“议程设置”理论

自20世纪70年代初以来，“议程设置”始终是传播理论的主导概念之一。这一概念之所以重要，是因为它展现了大众媒介影响社会的一种方式，而且许多迹象表明，它对社会的影响确实是显著的。

有关议程设置理论的直接表述，最早见于1958年诺顿·朗的一篇文章中：“在某种意义上说，报纸是设置地方性议题的原动力。在决定人们将谈论些什么，多数人想到的事实会是什么，以及多数人认为解决问题的方法将是什么这些问题上，它起着很大的作用。”库尔特·兰和格拉迪斯·恩格尔·兰在1959年也提出过自己的见解：“大众媒介促使公众将注意力转向某些特定的话题。媒介帮助政界人士树立公共形象，媒介还不断披露某些人与事，暗示公众应当去想它，了解它，感受它。”另一个对议程设置的重要表述，是伯纳德·科恩关于报业威力的一段名言：“在多数时间，报界在告诉人们该怎样想时可能并不成功；但它在告诉它的读者该想些什么时，却是惊人地成功。”①

概而言之，议程设置是一项媒介功能，它决定公众谈什么、想什么，为人们安排议事日程。更为专业的表达是：“受到某种议程影响的受众成员会按照该媒介对这些问题的重视程度调整自己对问题重要性的看法。”②套用“你拍一，我拍二”的童谣句式，议程安排实际上就是“媒介拍一，公众拍一；媒介拍二，公众拍二”，以此类推。认知心理学进一步表明，媒介议程对公众议程能够产生深刻的影响，“新闻不仅告诉我们该想些什么，而且告诉我们该怎样想”。传媒足以形成人们对目前社会重大问题的看法，而传媒着重强调的可能性议题，甚至并非现实生活中的主导问题。

美国传播学者库尔特·兰和格拉迪斯·恩格尔·兰曾就水门事件期间报纸与民意之间的关系，做了更深入的专题研究。他们发现，为了解释美国这一错综复杂时期的历史，有必要拓展议程设置的假设，即将议程设置改为议程建构，而议程建构又可细分为6个步骤：

（1）报纸突出报道某些事件或活动，并使其引人注目。

（2）不同种类的议题需要不同种类、不同分量的新闻报道，才能吸引人们的注意。（水门事件是个高起点问题，因此它需要广泛的报道以吸引公众对事件的注意。）

（3）处在关注焦点的事件或活动必须加以“构造”或给予一定范围的意义，从而使人们便于理解。（水门事件从大选活动一开始就被定性为党派之争，这就使人难以从另一不同性质的构造角度，比如政治腐败的表征来理解。）

（4）媒体使用的语言也能影响人们对一个议题重要程度的感受。（水门事件进入人们的视野最初被定位为“恶作剧”，这个词沿用了数月之久，试图将其淡化，后来改用“丑闻”一词，这一事件的重要程度才因此提高。）

（5）媒体把已成为人们关注焦点的事件或活动与政治图景中易于辨认的次级象征联系起来。人们对某一议题采取何种立场，需要一定的认识基础。（比如，在水门事件中，当该事件与诸如“找出事实真相的必要”“对政府的信心”等次级象征联系在一起时，媒体的报道就可以帮助人们确定自

① 参见沃纳·赛佛林、小詹姆斯·坦卡德：《传播理论：起源、方法与应用》，第248页，华夏出版社2000年版。

② 德弗勒等：《大众传播通论》，第344页，华夏出版社1989年版。

己的立场了。）

（6）当知名且可信的人开始谈论一个议题时，议题建构的速度就会加快。（例如，当西里卡法官宣布，人们并未获知水门事件的真相时，这在公众及其他显要人物中引起了轩然大波，特别是一些共和党人，于是他们更愿意表达意见了。）①

议题建构概念比最初的议程设置假设要复杂得多。这一概念已认识到“议题”转化的复杂性，即一个问题从新闻报道到成为公众议程需要一段时间，并要经历数个步骤。他们还总结了一个媒体构建议题的方式，这对于认识媒体与公众的互动关系无疑有启示作用。

议程设置是一个过程，它既能影响人们思考什么，也能影响人们怎样思考。此时，议程设置的思想就与媒体建构的观念连在一起了。显然，议程设置的第二个层面——新闻媒体在表达一个事件或议题时体现出来的一系列属性——与媒体建构的观念非常接近。议程建构理论在很大程度上启示了深度报道，同时也触发新闻传播者深入思考的灵感。

深度报道当然可以从多个方面进行表述，但归根结底，主要涉及三个方面的资讯层次：事实层次、背景层次、意义层次。意义层次，可以说是它的最终目的，所以陈力丹先生就指出：“深度报道的要义就是要说出事实的意义。”这是相当透辟的。他还举例说，歌星高枫去世了，这是一个资讯，有人追究他得了什么病，为什么得了这个病，然后进一步追究他的个人隐私，这就触及了深度报道的前两个层次，但格调不高。但也有的报纸从高枫去世抓出了一个新鲜问题，即明星的去世对广告业的冲击——因为相当一部分中国的明星是某些企业的代言人，他们一旦去世会给某个企业或行业造成巨大的经济损失，这是市场经济条件下的一个经济学现象。抓住这个现象进一步追述高枫去世的“意义”，这就成为一个典型而成功的深度报道。显然，这里的“意义”来自于媒体或记者的“议题建构”，深度报道的意义追问与议题建构并无二致。

现代新闻媒体越来越重视策划、谋略的效用，试图通过智力因素更好地运用和配置新闻资源，以强化新闻的心理冲击力。策划新闻实际上是一种经预先筹划，从而更有效地反映新闻事实的报道方式。它实际上就汲取了

① 参见沃纳·赛佛林、小詹姆斯·坦卡德：《传播理论：起源、方法与应用》，第248页，华夏出版社2000年版。

传播理论中“议题设置”的合理因素，即从客观事实中遴选、凸显某些事实，从而引起受众注意并成为中心议题。它一般形成系列多篇报道的联动，说到底主要就是将议题转化为深度报道的问题。如《银行尴尬面对贫困生》①，原作由《全国12个省市国家助学贷款发放情况概述》《一些银行为何不愿发放助学贷款?》《“亏本生意”为什么，怎么做?》《上海助学贷款为何红火?》《专家谈国家助学贷款》《农行的“金钥匙”贷款》等6篇系列报道组成。它以联动配合、相得益彰的“立体报道”形式，把综合性、全方位的信息提供给受众，是深度报道的一种新类型。这一系列报道的触发点，是我国四大银行推出助学贷款这一新闻事件。对于这样的事实，可以运用多种报道形式，如动态消息或专业人士访谈，但《南方周末》却注意到这一举措对于莘莘学子不同寻常的意义，以及对于社会各方面可能引发的连锁反应，所以特意精心策划了一期全方位的整合新闻，从多角度聚焦于“助学贷款”。这组整合报道显示了“议题建构”新闻的规模效应，多种报道形式、报道角度又反映出媒体多面、周全的思考和服务精神。应该看到在“天涯共此时”的信息时代，传媒再也不可能有“独家的新闻”，而只能通过巧妙的议题建构努力追求“独家报道”。

传播学者对议题设置有一句名言：议程设置是一个过程，它既能影响人们思考些什么，又能影响人们怎样思考。这对深度报道也有启示。一般来说，深度报道的选题，要考虑遴选议题的“共名性”（是一个时期的中心主题，能引起社会的共同注目）、话题的广泛性（最大的规模效应）、受众的互动性（能吸引公众参与讨论）等要素，并且必须清楚媒体的“把关”和“守望”位置，确定内容上的“影响人们思考些什么”，以及方式上的“影响人们怎样思考”。例如，村民行使罢免权，是法律赋予村民的民主自治权利，也是我国实行农村基层民主建设出现的新鲜事，然而这种权利在现实中并没有得到应有的落实——《谁在阻挠村民行使罢免权》②这篇报道，把新闻焦点设置在当前我国基层民主建设带有普遍性的问题，就聚焦在具有时代“共名性”的话题上了。该新闻的“由头”是记者收到浙江温州水心村村民来信，反映他们在罢免不被信任的“村官”过程中，受到当地有关部门无理阻挠这一事实。在深入调查、采访的过程中，记者却发现，温州鹿城区民政

---

① 《南方周末》2000年12月7日。

② 《中国青年报》2000年10月13日。

局、城郊乡政府对自己的做法有种种“合理”的解释，如他们认为在罢免书上签名的村民中，有一部分村民“不是村民本人愿意”，“在282位签名的村民中，还有非本村村民的情况”。当地领导的解释似乎言之有据，这样，村民的罢免理由就颇值得怀疑。那么事实到底是怎样呢？记者以答疑解惑的深度采访法，通过“校对核实”、“随机抽样”等调查过程，向读者展示了真实、客观的情况。新闻到此并没有结束，记者又进一步采访了法学专家，认定鹿城区民政局未经调查签署意见“一方面是一种主观武断，是一种越权行为”，而乡政府不帮助召集，从法律上讲“也是一种‘不作为’的违法”。这篇新闻很有叙事的节奏感，记者用层层深入的深度挖掘，充分显示了“用事实说话”的力量。越是真理在手，记者越是不愠不火，竭力通过对事实的详尽展开显示“理在村民”的真实意图。调查过程一波三折，构成了报道的“迟延”带来的戏剧效果，很好地体现了议题设置所要求的“过程性”，同时也增添了我们阅读的张力。

## 三、“对立话语模式”理论

“多种声音，一个世界”，这足以描述当今世界已进入了一个需要“对话”、沟通和相互理解的时代。

每一个时代都有特定的话语中心。回顾20世纪80年代，传播学科通过反省自身、发现自我局限，以及包容新理论、新方法等手段来发展自身，但从总体来看，当时的主导话语模式靠的是攻击差异而不是理解和运用差异以推动学科的建构。这种话语模式限制了我们包容差异的能力，使人们只能在斗争、共存或孤立之间作出选择，人们很难进行合作。人们期待另一种话语——一种允许多样和变换的声音、接受多样化而不是试图消除、忽略或吞并对立观点的话语。传播学的景况可以被视做整个世界的人际传播、文化传播的一个缩影。

为推动社会群体和个人之间的对话，西方学者提出了“声音”这一概念，借以指明不同话语之间的关系及等级差序。所谓“声音”，它源于文化批判理论和女权主义文献，指的是一种立场或一个说话的位置，包括谁能说、何时说和怎样说。作为一个时代性的隐喻，这一概念引起了人们对于一些经常被忽略、被抑制或被误解的独特观点的注意。它强调了声音被植根于意识形态和政治统治的权力关系所扭曲的过程之中。声音概念对我们学科的一个重要贡献在于它揭示了社会关系中一些看不见的方面,或者说它为我们指出了一些声音是如何变成主流的,而其他声音又是怎样被边缘化的。

基于"声音"在社会、文化的权力关系中的存在状况,美国学者普特男指出,为了避免"声音"失语和边缘化,有必要提倡声音的多样化。所谓"多样的声音"应从两方面深入理解:一是多样的声音不仅仅是各种声音的简单集合,也不仅仅是将"各路人马"聚在一起,而是主张参与、互相理解和欣赏差异;二是多样的声音不是"唯我论",也不是崇尚相对主义所导致的"百花齐放",它恰恰向"所有主张都有效"这种信念提出了挑战。因为对多样声音的接受需要评价和选择,但这些行为要以观点作为支撑并辅之以言之成理的解释。

在多样的声音中,有一些以"对立话语"范式存在的声音。所谓对立话语,指的是重视和接受差异的实践,而不是把差异划分为严格的两极,如理论对实践、认同对反对、真实对虚假。以对话为基础,这一实践力图揭示出相反的立场,并尊重不同主张的完整性。① 从传播视野看,社会的发展也需要一种不同类型的话语——这种话语能够吸纳多样变换的声音,保留对立的张力,并能建立至关重要的联系。

对立话语模式理论能不能给深度报道提供启示呢?答案是肯定的。众所周知,深度报道鉴于其特殊的社会功能和话语方式,一方面通过发出自己的"声音"来实现社会职能,如舆论监督、社会批评、人文关怀等,另一方面又往往引入各种"声音"(包括对立话语),建构起时代性的话语平台或论坛,从而使受众充分知悉各种意见和主张,而不是被一种权威中心舆论"遮蔽"边缘性意见。在这个过程中,媒体或记者当然不是无所作为,但其主导"声音"主要是通过消化和融通社会各界意见(包括边缘性意见),来体现社会民意的总体舆论。以对立话语模式理论观照深度报道,一种新的、清澈的视野之窗便被悄然打开。

首先,深度报道要引入多样的声音,允许各种声音存在。多样的声音有两个关键性特征:(1) 通过联系各种主张来达成相互参与;(2) 跨越不同领域、阶层等来理解声音的变换。媒体是社会的公器,除了报道信息外,很重

---

① 参见琳达·L.普特男:《变换的声音,对立的话语和传播研究的新局面》,《新闻与信息传播研究》2002年秋季号。

要的一点是它能够提供一个论坛，联络不同观点的人参与讨论，从而真切地反映来自社会各方面的态度和意见。深度报道之“深”，如果只是单向度的意义之深，很有可能是偏颇的或者是想象性的先验理论，唯有“广开言路”，经过各种意见的征讨，在此基础上形成的“理解的声音”才是真正深刻的。例如在经济报道中关于经济形势的预测，如果只是引述某位政府官员的意见，即使头头是道，也只能作为一种信息仅供参考；反之，如果是综合了政府官员、经济学家、企业界乃至普通百姓的多种见解和分析，由此形成了总体性意见，这种话语方式才符合深度报道的运作思路。从某种程度上讲，有多种声音存在，是构成深度报道的一个基本前提。

其次，深度报道要接受和理解差异，保留和包容对立话语。在现代社会中，社会言论因不同价值观和各种利益所在，话语形式往往是分裂的和多样的。新闻传播应认识社会公共舆论的基本景况，解构以往“你死我活”的“二元论”思维模式，重新建立比较具有适度宽容性的现代思维方式。以深度报道为例，它需要保留一种不同类型的话语，纳入不同的理论观点、伦理价值、文化立场的不同声音，并且保留那种对立的张力。著名学者孙旭培先生在谈到媒体应如何认识群众“骂娘”时有一个观点：人的嘴巴有两个主要功能，其中第一功能是吃饭，第二功能是说话。发挥这两个功能，是生存权、民主自由权中的基本内容。人们在嘴巴的第一功能获得满足以后，满足第二功能的要求就强烈了。前些年曾有干部抱怨说：现在的群众是“拿起筷子吃肉，放下筷子骂娘”。这固然有其不正常的一面，但理性地分析显然也有其正常的一面。以前搞“大、公、平、穷”的社会主义的时候，人们都只为温饱问题奔忙，加上当时紧张的政治空气，嘴巴的第二功能就削弱了。现在，搞社会主义市场经济，生活好多了，政治空气宽松多了，人们得到的信息多了，发生腐败和不公平的事情也好像比过去多了，嘴巴的第二功能就必然会加强，这是人民物质生活和政治生活质量大提高的必然结果，也是社会发展的一种必然趋势。认识和顺应这一趋势，传播媒体就应该广开言路，为人们嘴巴的第二功能的发挥服务。值得高兴的是，我国人民的言论自由度、新闻出版的自由度都在提高，尤其是近两三年有显著提高，舆论监督的力度空前加强就是证明。

再次，深度报道要融合众家观点，但也要给予新的“赋义”。如前所述，深度报道面对各种话语并非毫无作为，而是要在各种话语之间建立内在联系，有一个“赋义”的过程。那么，我们如何才能通过认同多样变换的声音和接受对立的张力，来建立行之有效的联系呢？

（1）梳理和提炼观点。深度报道提供了一个思想碰撞的“论坛”，在这里需要反映不同观点之间的矛盾，加深对新生概念的理解，并归纳不同立场的话语。

（2）探索共同的问题。传播学者契尼认为，这一过程如同使用手电筒，它照亮了黑暗房屋的某一部分，从而把其他部分都转变为光束的边缘；当光束移动时，它照亮的部分和没照亮的部分也转变了。基于这一原理，深度报道可以撷取一个特定时期共同关心的问题，以探讨的方式“照亮”它，随着问题的进展而转变方向，逐渐认识“房屋”的全貌。组合型深度报道的原理大致如此。

（3）用不同的话语来承载广泛的政策议题或社会问题。一个问题提出后，不同专业、不同知识背景、不同观察角度都可能作出不同的解释，这就会对一些社会复杂问题提供广泛的认识视角，从而更深刻地理解问题。例如某政策出台的报道，持不同声音的人们会提出拥护或反对的意见，如果能接纳对立的观点，并通过相互的争辩提出新的见解，那么深度报道的社会功能无疑就最大化了。

（4）参与并欣赏对立话语。对话需要尊重和欣赏与己不同的立场。在学术讨论中，“对立式的调查研究不是劝说、整合或依附。它强调的是联合的行动和协调，以保护和颂扬差异。它的目的在于保存而不是消灭或忽视围绕着诸如表述、严谨、精确、关联等问题的压力”①。同样如此，深度报道对待各种声音的态度，也不是简单的“吸纳”（按照自己的口味）或排斥（如边缘性的声音），而是有主见的欣赏和理解。

我们认为，倘能融合众家观点乃至对立见解，并逐渐建构起比较稳妥、公正的认识视角，那么这种深度报道的“主旨”才是可靠而深入的，这种“赋义”也才是理想的切入状态。

---

① 参见琳达·L.普特男：《变换的声音，对立的话语和传播研究的新局面》，《新闻与信息传播研究》2002年秋季号。

# 采访篇

# 第五章 深度报道的采访（上）

我们已经确认，深度报道是有别于一般资讯传递的特殊报道方式。所谓"特殊"，是指它处于不同的新闻参照系，有其特定的价值目标。正因为如此，围绕自身的本体建构，它也相应形成了一整套特殊的选题策划理念、方式和语言，并呈现在采访、写作、编辑乃至媒体运作机制的各个层面。

本篇分两章，主要从采访角度探讨深度报道特殊的操作模式，分析深度报道内容和价值的定位带来的技术问题。我们认为，深度报道的采访思路和技术细节，还是由它的本质决定的，用一句通俗的话说就是：有什么样的"葫芦"，就有什么样的画"葫芦"的技法。

## 第一节 策划选题

新闻能不能进行策划？对此，新闻业界和学界都存有广泛的争议。传统新闻理论并无"新闻策划"这个术语，在经历了 1997 年前后的激烈论争之后，"新闻策划"逐渐成为一个专业术语，也引出了许多不同的见解。归纳起来，主要有以下四种观点：

其一，新闻策划是对新闻事件的策划。这种观点认为，新闻策划"是在新闻事实发生之前由记者参与设计促成事件发生并予以报道的一种行为"（卢荫御）；"是新闻媒介不满足于守株待兔式地捕捉新闻，而是主动地利用自身的影响，围绕某一主题进行一系列活动，从而'制造'新闻，取得轰动效应"（贾亦凡）。

其二，新闻策划是对新闻报道的策划。这种观点强调，"新闻策划只能限定在新闻报道的策划，不要将媒体的经营管理活动拉进来，更不能搞策划事实”（孙旭培）；“新闻策划应该包括自觉创造‘信源’的新闻事实策划和体现媒介主体性的新闻报道策划”（舒永平）。

其三，新闻策划是对新闻业务的策划。新闻策划是“编采人员对新闻业务活动进行有创意的谋划与设计，目的是更好地配置与运用新闻资源，办出特色，取得最佳社会效益”（艾风）；“新闻策划作为一种设计、一种决策和组织手段，贯穿于整个新闻活动的过程之中，大到整个报、台的风格定位、宗旨确立、栏目设置，小到单个专题的报道思想、采访思路、人员安排、采访手段的使用，版面或节目的设置等，都属于新闻策划的范畴”（张红星）。

其四，新闻策划是对传媒运作的策划。“新闻策划包含两部分内容——即对媒体本身的策划和对媒体内容的策划，前者包括市场定位、受众对象、经销策略等；后者包括专版时段的策划、栏目的策划、具体报道的策划”（周建明）；“应把新闻策划的研究对象确定为‘新闻媒介策划’”（蔡雯）。①

不难看出，上述几种观点存在很大的分歧。笔者认为，“新闻策划”一词，它在语言学上的“能指”可以从不同层面理解，因而其“所指”（即语词表达的内容）也就不尽相同了。对于“新闻策划”的认识，比较科学的理解应当采取综合交叉的方法，形成如下分类体系，庶几可使新闻策划的内涵清晰地呈现出来：

- 新闻媒介策划
  - 新闻业务策划
    - 宏观策划：传媒定位策划
    - 中观策划：版面/栏目策划
    - 微观策划：新闻报道策划
  - 经营管理策划
    - 宏观策划：经营方针策划、管理方式策划
    - 中观策划：发行策划、广告经营策划
    - 微观策划：新闻事件策划、促销活动策划

这就意味着，“新闻策划”的研究对象可概括为三个层面四项内容，即宏观层面的媒介定位策划，中观层面的版面/栏目策划，微观层面的新闻报道策划和新闻事件策划。

微观层面的新闻策划，也称“狭义的新闻策划”。它一般是指对某一项

① 参见董天策：《“新闻策划”研究的学理审视》，《新闻传播论坛》第7辑。

特定的报道活动所进行的策划，即围绕一定的主题或目标对报道全过程进行决策和谋划，从而制订报道计划作为新闻报道活动有效开展的依据。它与新闻调查、新闻实施和新闻反馈一起构成现代新闻传播的动态过程，其目的在于取得新闻报道的最佳效果。在这一过程中，选题策划是第一步，是捕捉目标和发掘新闻的关键一环，也是一种创造性的智力投入。

## 一、选题策划的价值定位

从策划学角度看，所谓策划，是指以既定目标为起点，根据有关信息的分析，制定策略以及具体实施细节，以求目标之实现；它还包括对实施结果之评估，以备今后策划之参考等意义。策划一般包括策划者、策划依据、策划手段、策划对象、策划效果评估等因素。

深度报道的特性，决定了它首先是一种深层次的新闻挖掘。也就是说，它不仅仅是对某一事件或现象的记录或叙述，还必须探究这一事件或现象的原因、结果甚至未来的趋向。这是深度报道选题策划的基本前提。除此以外，选题策划还以最佳效果为出发点，寻求符合自身价值定位的特质。在我们看来，深度报道除了通常所说的新闻五要素之外，其“价值”特质还包括：

（1）事实的独特性。新闻对于受众来说，存在一种“新奇律”，即越是个性独特、超出人们的经验范围，其吸引“眼球”的兴趣就越是浓厚。深度报道的策划应重视这种“新奇律”，认识到事实的突变必有其量的积累之显著性，特别是超越常规的突进性。在现实生活中，这些事件或问题可能改变某些地域、人群的处境，留下事物发展的新记录。

（2）关注者范围广。深度报道所关注的对象，通常对社会具有广泛的影响力，或者容易提醒人们关注人类的共同利益，或者容易唤醒人们的良知，或者容易激起人们的共同兴趣。它的受众不以地区衡量，而以国家乃至全球的尺度来衡量。

（3）对未来的影响力。深度报道中的事件除对政治、经济、社会的发展进程具有影响，还对现存制度、体制、秩序构成冲击，引起社会对思想、价值、道德、伦理等方面的反思。

（4）重复性宣示。所谓重复性宣示，“是指最新报道中的重要内容或部分内容是对过去报道的重复。这种重复不是疏忽所致，而是故意所为，意在明确宣示一种意图，其新闻眼不在事实的最初发生，而在已经发生的事实被延续这一时间点上，因为这个时间点的社会背景是新的”①。

深度报道本质上是一种“视点新闻”，而从选题策划角度看，它的实现又依赖于“视点”的发现和“视点”的锁定。前者主要表现为题材的甄别和发掘问题，后者主要是对题材的处理和思维方式问题。这里分别对之阐述。

（一）“视点”的发现

即新闻源（信源）的发现和寻找。一般来说，深度报道的新闻源可以从以下途径捕捉：

第一类是影响全局的突发事件。突发事件的每一个变化都牵动人心，是记者们的遭遇战。例如，伊拉克战争报道、自然和社会灾难、政变等。

第二类是历史性事件的开始或终结。重大历史事件具有里程碑意义，具有划时代的标志性。例如，香港回归、修改宪法等。

第三类是例行的重大会议或活动。这类会议或活动，通常依据多数原则或国际准则决定政治、经济、社会大事，程序性强。例如，国内的“两会”、国际的“西方八国首脑会议”、重大庆典等。

第四类是被舆论炒热的社会“焦点”。这类事件的原因和结果往往扑朔迷离，足以引起受众的广泛注目。例如，政治明星的丑闻、各种非人道事件。

第五类是具有潜在价值的“冷点”。“冷”与“热”是相对的。一些普通人喜怒哀乐的命运故事、一些“司空见惯”的家长里短等，尽管不太受人关注，但如果记者潜得下去，进行观察和思考，就能从“冷点”中发现新闻“亮点”，通过报道成为百姓关注的“热点”。

第六类是综合反映一系列相关事实，形成综述、系列报道、述评性报道。例如，以巴冲突，环境保护议题等。

“视点”的发现，要求记者具备高度的敏感和洞察力，特别是对具有重大发掘价值的题材的鉴别力。从总体上看，“视点”的最终形成，是由题材的质量、受众的关注程度、记者思想的穿透力三者合力凝聚而成。

（二）“视点”的锁定

根据记者的经验，“视点”的策划和定位主要有以下一些思维方式。

（1）消息延伸展开视点。深度报道的选题多数是媒体报道过的，确切

① 周庆：《从“实战”看重大报道的策划》，《中国记者》2000年第9期。

地说是从消息中延伸而来。在日常报道中,由于时间、体裁所限,一般消息报道做得不深、不透,甚至只是一语带过,这就为深度报道留下二度开掘、拓展的空间。

(2) 新闻捆绑凝聚视点。深度报道的本意在于延伸人们对某一问题、事件的多重认知,因此围绕某个问题、事实作多点、多侧面报道,便能拓展人们的思维和认识。近年来的实践证明,新一代深度报道要摆脱"深"而不"新"的尴尬,以记者分头"抢"新闻,然后在某一主题下构成版块式的新闻组合,是一种有效的运作方式。其模式是:主要版块是受众喜爱的最新消息的集纳,构成对一个个新闻事件或现象的叙述和记录,体现新闻的本意,至于言论、访谈、相关事件链接、背景资料等都围绕这个核心展开,把这个核心做深做透,成为主要版块的必不可少的补充。

(3) 重大题材预设视点。策划本身就有主题预设的含义。对于一些预先可知的重大事件,如奥运会、三峡发电等,这些事件是有大致日程安排的。记者就可以在"视点"到来之前,提早收集材料、进行采访,形成一整套报道预案。以《北京晚报》"每日视点"为例,针对国庆60周年报道,"每日视点"提前9个月就动手了,一组老照片、一个"寻找开国大典历史瞬间的人"的倡议,引起北京人的热烈响应,热线电话铃声不断,热心读者亲自送来照片……一个新颖别致的创意把60周年国庆的喜悦与激动早就播撒进读者的心。读者的热情被调动起来了,也使整个报道不断被新的事件和活动引向深入。①

(4) 再度发掘创新视点。现代传媒竞争激烈,要寻求"独家新闻"已是奢望。而新闻理论又表明,二度开掘新闻源,从而形成独家视点和思考则同样可以体现"独家"。一个成熟的媒体应该建构自己独特的反映世界的视角,以敏锐的洞察力发现新闻中的新闻。《杭州日报》推出的专事深度报道的视点新闻版曾再度挖掘嘉兴本地新闻,发表《怎么,猪也要吃兴奋剂?》,反映的是当地有一个地方40余人发生食物中毒,经公安部门侦察,是因为吃了米粉后中毒的。当地媒体也作了报道,但仅此而已,原因没有深究,似有难言之隐。"视点"记者了解到,原来这种米粉掺了一种叫"瘦肉精"的兴奋剂,这是不法分子平时添加在猪饲料里的。记者觉得这是关系到百姓菜篮子的大事,马上前往嘉兴采访,公安部门证实了这个事情,同时得知,这种

① 苏文洋等:《"每日视点"如何策划选题》,《中国记者》2009年第3期。

饲料是萧山某厂生产的。于是，记者又到萧山暗访，弄清基本事实后，又走访了有关专家，清楚了“瘦肉精”是怎么一回事，对人体有怎样的伤害。这篇围绕“瘦肉精”为中心的报道见报后，引起了老百姓的广泛关注，也引发了浙江媒体的新一轮热炒。

(5) 逆向思维生成视点。媒体跟紧热点，满足人的正常心理，但“跟紧”不是盲目爆炒，仍必须抱着审视、冷静、客观的心态去分析沉潜其中的意义。所以，新闻界提倡“热新闻”之中“冷思考”，才可能避免因短期行为而失去新闻的本真。以伊拉克战争报道为例，媒体对事件“随动”是可以理解的，但因过分热情而迷失判断的方向，以致受众在大量的信息噪音和媒体的失真报道前无所适从，这就在客观上会造成媒体公信力的下降。深度报道的本质也告诉人们，唯有从正、逆两方面告知实况，并有足够的理性和智力判断事态走向，这样的“视点”才可能是深刻的，并且会引起受众的共鸣。

## 二、选题策划的操作模式

选题策划有没有规律可遵循？显然是有的。我们承认，新闻活动是一种创造性劳动，选题策划也是不断投入智力的创造性过程；但我们也认为，由于新闻运作有一定的程序性，事物本身也有一定的规律，因此在某种新闻理念的支配下，倘能形成一种对策性的操作模式，必然对提高新闻报道的效率大有裨益。正是基于这样一种认识，总结选题策划的“公式”就无可厚非了。

深度报道的内容和价值定位，决定了它有一整套有别于常规报道的操作套路：从内容上看，一篇深度报道不仅要求新闻题材、新闻角度和新闻主题能够推陈出新，而且对新闻角度和新闻主题有细化和深化的要求；从形式上看，深度报道通常是一种模块式的新闻组合（独立文体深度报道和组合文体深度报道只是在组合的方式上有差异），它一般都围绕一个事件、一个问题的核心展开，关键是把这个核心做深做透，相关资料链接则是必不可少的补充。根据这两个方面，一篇深度报道的完成，关键是对这个“核心”的把握，而在前期阶段，主要就是“视点”的发现和定位问题。

不妨打个比方，媒体上的深度报道就如同许许多多埋藏在地下的黄金，记者如同掘金人，必须考虑怎样才能把这些黄金挖掘出来。高效率的思维方式是：(1) 确定开采黄金的最佳路径（重要时段）；(2) 圈定埋藏黄金的最佳地域(题材范围);(3) 通过最佳角度开采出含量最大的黄金(角度选择)。显然,这种思维方法具有科学性和方法论意义。

随着深度报道经验的积累,一些善于思考的记者已经在理论上对选题策划作出总结。他们意识到,选题策划不仅要看到或找到别人没有发现的事物,而且要通过对一系列方法的分级深入,完成对具有最高传播价值的新闻的挖掘,其中包含了采访、写作、编辑等一系列环节。在这一过程中,新闻策划贯穿始终,其执行人既是记者、编辑,也是新闻业务部门的管理者。从这个高度认识选题策划,就从单纯的题材发现提高到体制性新闻运作的高度进行认识,进而把握住贯穿其中的结构性思维。

《重庆晚报》记者陈兵对深度报道的选题策划提出了自己的见解,他总结的"公式"是:发现新闻 = 重要时段 + 题材范围 + 角度选择。对于这样一个公式,与其说它是一个"发现",不如说是记者在试图寻找一种更适于媒体运作的方法,目的是更深入地探索深度报道的"视点"的发现和定位。这里的"发现",实际上就是题材策划,现对这个"公式"作如下分析:

(一) 重要时段

可分为大时段(即促成深度报道事件发生的各种因素)和小时段(事件发生的各个阶段)。根据不同性质的分类,大时段可以分为:季节性时段(因特定季节衍生新闻的时段,如节日黄金周、高考、学校寒暑假等)、政策性时段(国家或本地新出台政策引发新闻的时段,如政府官员引咎辞职规定、高考取消对考生年龄和婚姻状况限制等)、事件性时段(重大事件引发相关报道的时段,如彩虹桥垮塌引出系列热点报道)、灾难性时段(天灾人祸引出的新闻时段,如"9·11"恐怖袭击事件、汶川地震等)、链接时段(外地、国外新闻与本地具有联动性质的新闻时段,如国外"红牛"导致瑞典人死亡事件,引出功能性饮料是否安全以及市场对此的反映等报道)、活动性时段(与公众生活密切相关的活动式新闻时段,如申奥成功、房屋交易会等)、热线时段(新闻热线等引出的新闻时段,如热线中反映学校暑期违规补课现象突出等)、显著性人物时段(知名人物动态或平常人物反常举动引发的新闻时段,如刘晓庆偷税案件、幼儿园里的男阿姨等)。小时段是指新闻发生的具体阶段,相当于一个大系列报道中的一个个部分或系列报道中的一个个小高潮,如张君案件发生的各个时期——发生时期、审讯时期、审理时期、审判时期、执行死刑时期等。须注意的是,对于公式中的"重要时段",应很好地结合大、小时段所表现的内容进行宏观统筹,如果分离开来,所谓“发现”就不具有策划功能，深度报道也就不会像“滚雪球”那样越滚越大。

“重要时段”的概念提示记者：(1) 在时间上对新闻发现(“视点”)作出提醒；(2) 对报道的切入时间予以认定；(3) 缩小搜索最高价值新闻的范围。

（二）题材范围

题材范围即构成深度报道的众多材料，包括具体的事件、人物、问题或现象等。这里的“题材范围”，还特指记者分跑的“口岸”范围或采访某一专题所涉及的领域。

记者在日常工作中，通常会形成较为固定的分跑“口岸”，如农村、商贸、教育、文体等。记者首先应该对自己所分工的范围有一个全面了解，根据这种了解的深度与广度逐步建立并完善“题材范围档案”。在具体实施题材策划时，一般采取“点线法”逐层分列出具体的领域，如报道交通问题，就包括：大范围的汽车、火车、飞机、轮船、索道、地铁等→小范围的长途客车、公交汽车、出租汽车、高速公路等→点上的各客车站、长途汽车客运公司、运管局客运处等。对于某一专题报道，因往往是突发性的切入，则通常需要在采访前做预案或迅速做题材范围的分解和分工。例如，张君案件之抓获时段的题材范围就包括：警方——警方新闻发布会、执行抓捕任务的民警、看守所动态、警方知情者；目击——现场目击者(直接目击、间接目击)；相关对象——检察院介入动态等。记者脑子里越是储备较多的采访“线”“点”，越可能挖掘出多方面的资讯内容。

（三）角度选择

角度选择，这里主要是指大的角度的选择，也就是宏观上的报道思想。它依赖于记者的时事观察、知识结构，以及记者对某一领域的独到的研究或见解。简言之，角度选择直接表现为深度报道从哪一个“点”去做的问题。

从总体上说，这里的角度选择大体可以分三类：实用性角度、社会性角度和预见性角度。例如交通采访，可以从与百姓生活密切相关的价格、品种、质量、服务等角度报道(实用性角度)，也可以从企业与生活相关的经营模式的社会性、经济性思考角度报道(社会性角度)，还可以西方发达国家的交通为参照，着眼于未来城市交通发展的角度进行分析(预瞻性角度)等。角度选择是个深层次问题，它受到栏目定位、记者认识、读者关注等多方面因素的制约。

对这个公式，还需要综合起来理解。应该说，重要时段、题材范围、角度选择是紧密联系在一起，并相互作用的。“有什么样的题材，就会有什么样的角度，这是事实决定方向的问题，同时也说明对时段、题材的选择是否正确、深入，都会直接影响角度切入的准确乃至传播价值。反之，对方向（角度）、大小的切入是否恰到好处，也会反过来影响对时段、题材的选择与开拓。总之，越是准确切入，就越会缩短发现新闻的路径，从而更深入地挖掘到新的题材甚至是被湮没的题材。”①

## 三、选题策划与传媒机制

西方传播学者休梅克和瑞斯曾提出5种影响传媒内容的因素：(1) 来自传媒工作者个人的影响；(2) 来自传媒日常工作惯例的影响；(3) 传媒组织方式对内容的影响；(4) 来自传媒机构之外的组织对传媒内容的影响；(5) 意识形态的影响。他们认为，在这5种影响因素中，传媒从业人员是最微观层次的影响因素，意识形态是宏观层次的影响因素，而由传媒组织方式和日常工作惯例等构成的传媒机制则是“中观层次”的影响因素。他们组成了休梅克和瑞斯所谓的“影响因素的等级结构”。②

深度报道作为构成传媒内容的一个重要部分，不仅直接受制于这些因素，而且其运作规则还隐含了这种“影响因素的等级结构”。以选题策划为例，属于中观层次的传媒机制就对深度报道这种结构化新闻操作方式影响深远，这主要反映在，选题策划不仅有意识形态的观念因素、记者的认识因素在起作用，而且还有传媒机制（如工作惯例、组织方式和资源配置等）体现其中。因此，选题策划从来不是个体性的主观臆想和人为设计，而是一种包括采访、写作、编辑、出版、播出等一系列过程，是一种需要协调、整合的系统工程。

我们知道，在传媒的实际运作中，选题策划是一个“谋篇布局”的大文章。特别是重大报道和突发事件的报道，离不开灵活而高效的传媒运作机制，这就成了“组织策划”问题。一般来说，由于对重大事件或突发事件的

① 陈兵：《新闻发现：一种可以用公式掌握的方法》，《新闻导刊》2001年第4期。

② 参见沃纳·赛佛林、小詹姆斯·坦卡德：《传播理论：起源、方法与应用》，第264页，华夏出版社2000年版。

报道，往往可以衡量一家媒体的实力和水准，所以任何传媒对之都十分重视，通常会投入大量的人力、物力，并且建立起快速反应和创意策划机制。以新华社为例，其国际报道的组织策划由三个层次完成：第一层次，一般日常报道的组织策划由编辑室承担；第二层次，重大报道和突发事件报道由部领导和发稿中心负责；第三层次，特别重大的或者政策把关难度较大的报道由新华社总编辑室直接确定报道方针，有的还要请示中央。对于重大、突发性事件的报道，宏观上可分为两类：一类是可预见的，另一类是纯粹突发不可预见的。第一类是多数，他们一般都提前研究，制订报道计划，调集记者组成前方报道组，后方由一位部领导牵头，部发稿中心具体组织有关编辑室落实，有些重要报道计划要经过总编辑室审批。总体来看，经过研究、策划、组织到落实，可预见性重大事件的战役性报道都取得了良好的效果。对第二类不可预见的突发事件，新华社坚持 24 小时跟踪国际动态，一旦有重大消息，一方面根据其他新闻来源组织报道，另一方面立即通知分社跟踪采访。① 这三个层次的组织策划机制，都会相应地影响选题的形成和质量。

最后需要说明的是，我们讲选题策划，主要适用于题材比较重大、具有二度开掘潜力、可连续跟踪报道且规模大而持续时间长的战役性、组合性报道，以及新闻事件处于潜性状态可促使其向显性状态转化的题材等。并不是所有的报道活动都需要耗时耗力地策划，更不能把策划滥用于所有的报道。从本质上讲，“新闻炒作”就是盗用策划之名，将那些琐碎、细小、空泛，新闻价值不大的题材以煽情、爆炒、渲染等方式作泛化处理，其结果是破坏新闻舆论的生态，也必然影响新闻的公信度。

## 第二节　搜集背景

新闻背景对于深度报道来说，具有特殊的意义和价值。深度报道“以今天的事态，核对昨天的背景，从而说出明日的意义来”，已说明背景在深度报道的叙事和认知结构中具有特殊的作用。事实也是如此，深度报道提供有关背景资料，用来解释正在发生的新闻事件的来龙去脉，交代与之有关

① 王树柏：《以高度的政治责任感搞好国际报道的组织策划》，《中国记者》2001 年第 4 期。

的事实之间的因果关系,有助于受众更清晰地认识事物的真相和本质,把握事态发展的基本走向。

## 一、背景是构成深度的"镜面"

深度报道一般都有一个逻辑结构,即昨天、今天以及明天的内在联系。在这个结构图式中,"昨天"的历史背景不仅生成了今天的事件,而且也是今天的人们认识该事件的"基点"。例如2003年伊拉克战争的报道,如果不知美伊关系的历史由来,受众对于事件的认知肯定无所适从,也就无法判断战争的性质和走向。

如果说深度报道叙述的现实事件是一个界面,那么背景就是透视深度的参照"镜面"。我们说深度报道之区别于客观报道,其中一个显著标志就是深度报道提供大量背景材料,从而构成深度认识事实的二度空间。没有这个"镜面",如客观报道,人们对事实的认识仍可进行,但这种认识是片面的、肤浅的,往往使人"只知其一,不知其二";而提供了参照的"镜面",不仅意义定位更为准确,而且可以生发更多的意义联想。

客观报道其实也提供背景资料,但与深度报道相比,不仅有量的差异,更有质的不同。客观报道的背景,一般是注释性、说明性的材料,是片段性的,如《南方周末》刊登的《司法酝酿重大变革》中有这样一句话:"在中国人民大学举办的'大法官'论坛上,毕业于人大并担任母校兼职教授的肖扬作了题为'法院、法官与司法改革'的报告。"这里有个注释性背景,提示了肖扬的身份,但这个背景是局部的,不影响文章的意义,是客观报道常用的"隐入"背景。但报道中另一个背景"日本的经验",几乎成为全文之一章,因此就意义不凡了:

> 日本的经验常常被大多数学者提起。日本在上个世纪90年代启动了一场非常有影响力的司法改革。在司法改革正式运作前,1999年,日本议会首先制定了《司法制度改革审议会设置法》,对司法改革的有关问题进行了总体布局。之后成立了司法改革审议会,这个审议会全部由不在职的学者、律师和大企业家参加。
>
> 审议会对日本的司法实际状况进行了大量充分调查研究。据一位学者介绍,他们大多10天到半个月开一次会,倾听社会的声

音，如果意见达不到一致，就要开听证会，甚至还专门组织一次家庭妇女听证会。

2000 年 11 月，日本的司法改革审议会研究制定出了司法改革的“中间报告”，提交日本内阁；并向社会公布征求意见。随后，审议会根据社会各界对“中间报告”的反馈意见，于 2001 年 6 月向内阁提交了司法改革的最终报告。

这段背景性文字，不仅篇幅较长，详尽介绍了日本司法改革的经验，而且其意义已不限于“告知”，而主要体现为通过引入成功经验，从横向比较中加深对司法改革的认识，并拓展了人们的思路。由此不难看出，深度报道提供背景，主要是赋予一种比照的“镜面”，是启思性的。

## 二、背景在深度报道中的构成形态

在常规报道中，新闻背景安排的方法主要有两种：“明嵌”和“隐入”。① 这些方法在深度报道中同样适用，但由于深度报道的背景处于更为显著的地位，因而其功能和操作方式又有了新的发展。主要反映为三个方面：

### （一）背景引题

我们已经确认，深度报道具有一种结构化的新闻操作模式。许多记者在长期的实践中，已经形成程式化的写作方式，以适应日益迅疾的媒体传播。其中以背景引题，把事件置于历史背景或时代背景上，多年来已经成为一种表达模式和话语风格。仍以《司法酝酿重大变革》为例，其开头为：

7 月，北京的正义路除了最高人民法院正在进行修缮施工，一切看上去还是老样子。

这是一条被赋予特殊内涵的街道，一头连着长安街，一头连着前门。这条路，曾被人称为“屈辱和抗争的脚印落满了每一块砖石”的地方。从 1900 年八国联军在这里出兵镇压义和团，到 1915 年北洋政府又在这里签署了屈辱的《二十一条》。

1981 年 11 月 26 日，以江青为首的“四人帮”在坐落于正义路一号的中国公安部礼堂受审。当时外电称“这是本世纪以来中国

① 参见徐国源、江涌：《新闻采访与写作》，第 229 页，苏州大学出版社 2002 年版。

最轰动的审判，预示着一个在中国实行法制和现代化新时期的开始”。

正义路上，有最高人民法院、公安部和最高人民检察院群众来访接待处。

在平静的正义路上，看不到改革来临前的蛛丝马迹。而灰墙里面，高法关于司法体制改革的讨论已经静悄悄地进行了两个月。

这段文字使用了环境性背景和历史性背景，其目的是为了引出主要事件——司法酝酿重大改革。这种背景的融入，不仅能烘托气氛，给人以凝重和沧桑之感，而且还含有司法改革步履艰难却仍在摸索的歧路彷徨之意。

（二）背景穿插

穿插背景，在深度报道中不仅有帮助理解事件的作用，而且还有生成意义的功能。无论是历史性背景、对比性背景、时代背景，还是反映性背景，都可以帮助人们理解事实的本质，并引导人们向新的认识深度挺进。以前文中“日本的经验”这个背景为例，它在全文中虽是知识性的补充，但其远旨是提供一个认识界面——“日本的经验”其实也可以“拿来”，至少也可供我国司法改革参考。

喻国明还认为，具有参照价值的背景的穿插，需要从横向联系的角度去考察和对比当前发生的新闻事实。“因为任何事物都不是孤立存在的，展示事物间的相互联系，不但有助于人们在一种‘情景化的状态’中更为客观地了解事物的由来与意义，而且有助于人们在与其他事物的对比中更为真切、生动地把握‘这一个’新闻事实。”①

（三）背景链接

近年来，深度报道特别是版块式组合文体的深度报道，常以粘贴方式链接背景，使背景成为“套餐型”新闻中的一个部分，这已经成为常见的模式。一般来说，这种背景以数据性、历史性、知识性事实居多，但它在整个报道中是不可或缺的一环。例如，深度报道《维纳斯计划，福兮祸兮》报道我国“IT产业”，就有这样一个背景资料：

“IT”是 Information Technology（信息技术）一词的英文简称。

---

① 喻国明：《深度报道：一种结构化的新闻操作方式》，见《媒介的市场定位》，第 332～337 页，北京广播学院出版社 2000 年版。

从(20世纪)90年代初期开始，由于信息技术的突破和互联网的发展，信息技术的快速变化性和渗透性更加明显。信息产品的更新换代不仅沿着摩尔定律(每18个月更新一次)继续快速推进，而且产品型号的变化更为快捷，几乎每半年或3个月就有新型号推出。与此同时，信息技术的渗透性也日益广泛，它的推广应用也以前所未有的影响力冲击着其他产业和社会大众的生活。

在和谐的氛围中，IT产业对信息的传递和交流提出了明朗的要求，它的发展需要媒体的信息传递和舆论引导，活跃的市场也需要媒体的支撑，与之相适应的"IT报道"应运而生；同时，信息技术厂商对广告的投放也日益膨胀，从而为媒体的发展提供了信息与广告的土壤。

这一背景材料的运用，可以帮助读者了解关于"IT产业"的知识，从而更好地把握新闻的意义。

在电视新闻中的连续、跟踪报道中，由于事态不断发展，每一个新时段的报道往往会把"昨天的新闻"作为背景再加以复述。这种背景在跟踪报道中是必需的，它一方面使首次接触该新闻的人知晓来龙去脉，也可以加深观众对报道的印象。

## 三、深度报道中背景资料的搜集途径

在深度报道中，一般性的背景资料与日常报道没有什么差异。其通常的途径有：与事件有关的人物的政治背景、经历背景和职业，事件发生地点的历史、环境等，应在现场向当事人、知情人采集；现场无法采集到的，还需要另找采访对象。知识性背景材料一般不需要在现场采集或向采访对象采集，记者只需利用图书馆的资料就行了。美国新闻学者约翰·布雷迪在《采访技巧》一书中写道："在图书馆里做采访准备有时比采访更为重要……任何图书馆里都有大多数记者想象不到的许多材料，而所有这些公共财富只是躺在那里。我认为，记者应该像卡车司机利用公路那样利用图书馆，也就是说，把图书馆作为增加个人收入的公共财源。"我们应该把善于利用资料提高到较高的层次来认识。

除此以外，深度报道的背景由于其特殊性，也应注意其采集的方法，主要反映在以下几个方面：

（一）网上搜集法

通过网上查询的快速搜集法，即上网键入需要查询的某个时段的某类新闻或文章的标题、关键词进行搜集，分析以往的报道及相关资讯。

但要注意的是，网上信息丰富、庞杂，如同汪洋大海。这些信息有真实的，也有虚假的；有新鲜的，也有陈旧的；有利用价值的，也有的是信息“噪音”。优秀的记者应善于鉴别其质量，有效地使用、开发网上的信息资源。

（二）建立资料库

主要分两个方面：一是记者平时应加强对媒体报道进行建档分析，整理出某类题材的报道情况，这有利于在更深的层次上进行挖掘；二是充分占有各种背景资料，为写作作准备。熊高在《采访行为学概论》一书中指出：“所谓资料，是指运用一定物质材料存储下来并提供再次利用的知识信息，它包括剪报、卡片、书刊、图表、录音录像材料、电子读物等。对于记者来说，资料是知识的来源、写作的基础。”①他同时指出，以往的新闻中资料只是作为辅助材料出现，而在现代新闻包括深度报道中，资料则成为了主体，记者和编辑只需对其进行“艺术的组装”，就可以成为新闻，而且资料的认定与选择也出现了新的突破。

（三）注重书摘型资料

书摘型资料，一般是某方面专家、权威的见解、观点的汇集，是被公认的权威知识形态。照例说，新闻是易碎品，是非常讲究时效的，而书籍因编著、出版、发行等流程，无可避免地会出现时间上的滞后性，那么书摘型资料又何以能够体现其价值呢？关键在于旧闻与新知相融会、历史洞察与时代忧患相互碰撞，从而发现其中新的意义。

《文汇报》2000年12月18日刊登的《梅兰芳与二十一世纪》这篇深度报道，源于对“京剧到了21世纪会面临什么样的处境”这一现实问题的思考。京剧作为中华民族的国粹，其丰富的艺术内涵和极强的艺术感染力使得它在过去的一个多世纪里独领风骚，从“精神上到实质上将都是中华民族一笔了不得的财富”。但由于“中国的短期行为太多，京剧的事情同样如此”，京剧的辉煌不再，星光逐渐暗淡，但一些有识之士却始终关注着京剧这一“国宝级艺术”。《文汇报》发表的深度报道《梅兰芳与二十一世纪》，

---

① 熊高：《采访行为学概论》，第153页，人民出版社2000年版。

通过对京剧历史的研究，提出了“听戏—看戏—品戏”的培养年轻观众的思路，并对21世纪的京剧作出了判断和推测，向政府和社会发出了自己的呼吁。

再回到前面的问题。虽然书籍会出现时间上的滞后，但由于编辑将发表时间设定在世纪之交这一特定时刻，而且又恰逢人们都有对京剧未来走向的时代性忧虑，因此可以说这篇深度报道“生逢其时”。显然，对于《文汇报》编者来说，采用书摘型资料构成新闻背景不失为一种讨巧的方法，但也是一种行之有效的方法。

## 第三节　拟订采访计划

采访计划即指记者根据报道主题和采访对象的特点，策划大体的活动步骤和方式，确定采访的部门、人员名单，列出提问的大纲，设想采写周期和报道体裁、字数等。

鉴于深度报道本质上是一种结构化的新闻操作方式，因而其整体上是可以通过议程设置、有效策划、分步实施来落实的。就采访而言，拟订采访计划则是必不可少的环节。

### 一、采访计划：合乎认识规律的逻辑结构

拟订采访计划，首先要明确采访目的，即为什么要进行这次采访？通过这次采访写出的报道要解决什么问题？其实，所有的采访计划部分都要围绕这个问题展开，并寻求解答这个中心问题的方案。请看中央电视台“新闻调查”播出的节目《恢复高考二十年》策划案的“调查理由”：“恢复高考，发生在中国面临全新命运的1977年，它历史地成为‘拨乱反正’的突破与发端，正是‘恢复高考’这一次‘艰难的破冰’，突破了亿万人早已习惯的‘政治宿命’的沉重心理（出身论）。清扫着‘文革’十年笼罩在中国上空的浓重阴霾。可以说，这一举措是教育工作、经济工作、政治领域一系列重大改革之前的‘试运行’，尤其是观念的革命，它可视为在全国范围内的第一次‘强劲出击’。恢复高考，是国家‘人才战略’的重要步骤，而作为‘人才战略’走

向深入,‘跨世纪人才工程’又在实施,这一调查正有回顾与前瞻的意义……”显然记者的报道思想非常明确,为前期采访提供了指向性的蓝图,体现出“正在发生的历史,新闻背后的新闻”的栏目特色。

采访前有周密的计划,可以使采访有个合乎逻辑的结构:选择什么作突破口、如何往纵深拓展采访内容、怎样结束采访,都应有明确的计划,同时要考虑到可能出现的情况变化。同样以《恢复高考二十年》为例,其拟订的“策划案”就非常具有计划性和可操作性,它的主要内容包括:

> 一、选题评价:调查目的不仅仅在于回忆一段动人的往事,更在于通过调查“恢复高考”这一决策出台的背景与经过,让现在的人们能更深入地了解当时的中国,了解国家急需人才、重视人才的殷切之情;
>
> 二、调查理由(见“明确采访目的”);
>
> 三、历史背景:当时阻碍“恢复高考”的两大阻力——“两个凡是”和“两个估计”;
>
> 四、主干事实:可以概括为“四次会议与两个谈话”,这有一部分调查将牵带出许多有意思的细节;
>
> 五、基本调查样式:“钩沉法”,这种调查样式与本片层层深入、环环相扣的几个主要内容相谐,问题的阐释与展开以时间为线,而“钩沉”可以和谐地、不破坏时间线索地完成场景的转换、人物与事件的过渡;
>
> 六、主要调查结构:由四个分题构成,核心问题为“恢复高考”这一划时代的重大举措是怎样出台的?它又是怎样改变了一个人、一个民族、一个国家的命运?
>
> 七、几个兴趣点(略);
>
> 八、几点建议:“悠远而不忧伤,凝重而不沉重”的基调,建议留一点篇幅简单展示备选人物的经历,跳出个人的局限性才能跳出历史的局限性;
>
> 九、主要采访对象(略)等。[1]

应该说,采访计划的文本方案是非常重要的,特别是对于大型的深度报

① 叶子编著:《中国电视名记者谈采访》,第130~138页,长城出版社1999年版。

道，采访计划体现了集体智慧的结晶，而且它是分头采访、统筹协调的依据和遵循。

## 二、采访计划应体现的结构性要素

选题策划可以大致厘定深度报道的目标定位，那么采访计划就要围绕中心具体落实每一结构要素，并最好能够形成书面文字。这里的一个重要原因，即人们往往习惯于借助书写文字，进行深层次、有严密逻辑性的思考。因此，在进入实质性的采访过程前，拟订一个比较完整的文本性采访计划就显得非常重要。

需要说明的是，由于现代传播的节奏越来越快，所以采访计划与报道计划已很难截然分开，尤其在电视媒体中，采访与报道基本上已合二为一了。这里，将两者的操作要素简列如下：

（1）确认基调。基调是记者的情感态度、价值判断和审美风格等的综合反映。有了基调，就有了尺度，可以明确判断事实的核心价值、报道效果，也可以找到路径，以跨越各种障碍，认识和把握重大新闻事件的全貌。

（2）确定规模。深度报道是规模比较宏大的报道，尤其是系列报道、连续报道，发表多少篇稿件、用多少块版面、延续多长时间等，都会影响采访的节奏和过程。从理论上讲，计划对报道并不重要，因为新闻的发生有自己的规律；但计划对版面十分重要，因为媒体现实中的差序结构客观存在，总编批准的计划，版面编辑就会严格执行，尽量保证。

（3）确立主线。大事视点多、侧面多，甚至是多主题的。不同的媒体通常选择不同的主题，不同的记者报道同一事件也会选择不同的视角。但不管怎么选择，都要主线清晰。因此记者在采访中，既要考虑全面反映事物全貌，以多重视角揭示复杂性，但也不能丧失基本立场和判断。一句话，主线的选择依赖于人的“主脑”。

（4）确定体裁。不同的采访方式，在很大程度上会决定新闻体裁。例如，采用访谈或调查等，其形成的最终文体会有差异，因此需要通盘考虑。主线和侧面如同时展开，则应尽量避免单调，把多种体裁配合起来使用，如消息、通讯、特写配套，再加专家、学者专访等。

（5）确立预案。重大新闻事件发生的高潮阶段，头绪、线索密集，记者进行现场采访会有顾此失彼之忧。如果稿件出手晚，会影响正常刊出或节目播放,所以要有报道预案。《人民日报》记者谈自己的经历:1997年7月1日香港回归,6月30日下午至7月1日上午,各方在香港共有30多场活动,其中政权交接仪式、特区官员宣誓仪式等重要场次,要求记者提前两小时入场,不准中途退场,仅这两场活动,就"锁定"记者18名,赴港采访团只剩下5名记者可用,兵力明显不足。怎么办?幸好这30场活动都提前写出了预备稿——记者6月15日一去香港,就开始到现场熟悉情况,采访当事人,到6月30日前,都已写出了预备稿,临场核对、修改一下就可发回总部。采用这种方法,特别需要注意的是临场情况可能出现变化,从实际情况看,变化最多的是人员名单、天气、场地、出行路线等,需要根据现场核实修正。

(6) 配备人力。不同的记者有不同的素质特点,需要用其所长,整合人力资源。《人民日报》的经验认为有三点要考虑:"一是选一些熟悉同类新闻事件的记者,他们善于应对各种情况,防止出纰漏;二是选一些文字过硬的记者,能准确运用各种新闻体裁,出手快,质量高,善于干急活;三是选一些有突破能力的记者,善于发现新问题,能抓住机遇作出优美的'自选动作'。在此基础上,制定一个好的财务预算,为这些记者解决好经费,力争在交通、住宿、伙食、医疗、通讯上使他们在同行中具备较高竞争力。"

(7) 组合"段子"。深度报道,特别是重大报道往往需要集体采访,其中的急稿、大稿和全景式、系列类报道,常由多名记者快速采访提供"段子",然后经整合而成。这种组合稿子,关键要有通例,如《气吞山河的历史画卷——1998中国抗洪抢险纪实》,除了规定全文四段的采访、报道内容外,还有具体"通例"要求:"(1) 写明月、日、时、分等具体时间和当时天气情况;(2) 写明县、乡、村、垸、河段等地点;(3) 写明人物的姓名、身份、言行、音容笑貌;(4) 每一段中,事例最好新鲜,最少5则,并有宏观、全景、事件、人物等不同类型;(5) 同时提供各类照片;(6) 事例要有历史感,描写要俯瞰式,给人惊心动魄的感觉,可以略加点评、抒情、感慨,不必成文,只要素材。"根据这一要求,湖北、湖南、江西、安徽等驻地记者很快向北京提供了素材,在北京执笔的记者就能比较容易地把这些素材组装成一篇全景式的大报道。①

以上组装型报道的采访计划的情形(确立预案、组合段子等),似乎不合乎传统的新闻写作规则,但在实战中却非常有效。我们以为,由于传媒的

① 周庆:《从"实战"看重大报道的策划》,《中国记者》2000年第9期。

运作机制及业态发生的变化，深度报道的思维方式和报道方式应该灵敏、主动地适应这种变化。

## 三、采访提纲的设计

在采访计划中，有一个非常具体的环节就是采访提纲设计，或称问题设计。一个科学而周详的问题设计，能够使记者在深度报道的采访中处于主动地位，从而使采访有条理地展开。可以说，大凡优秀的记者都会在拟订采访提纲上下功夫，如“60 分钟”著名节目主持人华莱士采访重要人物时，往往事先准备 100 个问题，然后精心筛选出 20 ~ 30 个问题。尽管正式开始后，采访并不会被预先准备的问题所限制，但他仍然认为，事先精心设计的问题本身就是一种有益的预先演练，“如果没有充分准备，记者是很难提出富有深度的好问题的”①。

深度报道的提问提纲，有的只能大致地进行设计，如对众多人物展开采访，恐怕只能确定一个角度，具体问题就有待现场发挥了；而深度访谈类节目则由于时间跨度长，内容丰富，问题设计更必不可少，而且可以具体些。同样以中央电视台的《恢复高考二十年》为例，记者在确定了“钩沉法”的采访方式后，还设计了以下一个“问题调查结构”：

> 由四个分题构成：
>
> 1. 为什么要恢复高考？如何得以在 1977 年恢复？
>
> 这一分题中，概括了这些内容：恢复高考的深刻含义、深层背景及深远考虑。
>
> A. 为什么在小平同志“复出”主持工作的时候，“第一大事”就是抓教育？为什么当时要不遗余力地亲自过问，亲自部署恢复高考的工作？
>
> B. 为了在 1977 年内恢复高考，都有哪些人做了哪些努力（这个分题是最具调查色彩的）？围绕“是否恢复高考”曾有过哪些意见分歧？（由此展示“艰难的破冰”的阻力、难度）
>
> C. 几大著名高校“十年荒芜”的具体情况。

① 任远：《名主持人成功之路》，第 74 页，中国广播电视出版社 1999 年版。

2. 第一次高考的"盛况"如何？

这一分题是让镜头对准那一个划时代的、历史性的关节点，特写那一个极富戏剧性的历史瞬间，它也是本次调查中可看性最强的部分，将展现许多历史事件的细节，人物命运故事的碎片。

3. 1977、1978、1979级考生中的人物故事，"恢复高考"如何改变了一个人、一个国家、一个民族的命运？

这是本次调查中最富情感牵动力的部分，讲述人的故事，讲述这些人在"高考"这个节点两边，迥然不同的人生际遇和理想追求……

4. 恢复高考20年来，高校招生考试制度以及高校教育自身经历了哪些新的改革、完善阶段？

这一部分的设计，是为本次调查在理性上设计的立足点和逻辑思路所作的完整性考虑。

采访提纲是正式采访的指向性蓝图。它是一种提示，也是把握采访路向的逻辑线索。从某种程度上可以说：没有预案，采访必定会失败。

# 第六章 深度报道的采访（下）

当记者完成选题策划、资料搜集、采访计划等前期准备之后，就开始进入采访的"实战"阶段，即通常意义上的"面对面"采访。深度报道的采访，当然也遵循一般客观报道的操作规则，但因其追求深度的旨趣和目标定位，所以必然呈现出一些自身特色。这里，主要从提问、观察、透视和介入的规则等角度，阐述深度报道采访环节中的一些特殊技巧。

## 第一节　提问与访谈

记者能妙笔生花，也能"巧嘴生花"。提问，是记者的"嘴上功夫"，也是其职业生涯中最大的考验。敢于提问，善于提问，是做好记者工作的基本前提。深度报道的采访因其究根知底的本质，提问功夫就更见功力。

### 一、提问："探讨事实真相的战斗"

这是著名记者法拉奇的名言。它告诉人们，提问作为采访活动中唯一的语言环节，它以语言表达为手段，其目的是为了"探讨事实真相"。

深度报道在某种程度上可以看做是"求真"的报道。一般新闻报道当然也要真实，但由于其"快""短"的特征，很难展示事实深层次的本质真实；而深度报道旨趣在"深"与"真"，并且引导人们进入"真相""真情""真理"的境界，因而深度报道就几乎成了深度揭示事物"本真"的报道（解释性报道、调查性报道的本义在此，组合报道和整合报道也不悖这个道理）。那么如何进入这个“本真”的深度空间？完全沉浸于谈话及探讨所有敏感问题之中，无疑是一个重要手段。

我们知道，新闻报道要“用事实说话”，但在现实中这个“事实”常常是不彰显的，而是被许多假象遮蔽着：有的是被谎言遮蔽，有的是被记忆或心理问题遮蔽，还有的则是被某种集体无意识遮蔽着。因此，记者必须通过高质量的问题和适当的技巧，透过层层雾障和阻挠，把事实的真相告诉世人。

> 我在采访这些政治人物时，不是把自己当作对所见所闻毫无感情的一部录音机。我在每次采访中都留下了心血，并深入到环境中去，就好像是关系到我自己的事情一样，同时感到自己应该有个立场，事实上我总是根据具体的是非标准选择自己的立场。因此，我去采访这14位人物时，不是以解剖者或一个客观的记者去进行剖析。我是怀着极其强烈的感情，在向他们提出无数问题之前，先向自己提出所有这些问题……
>
> 采访他们常常是一场消耗精力的战斗。我想采访他们的请求几乎总是受到冷遇，或者干脆被拒绝。如果他们终于同意了，我也得等待几个月，才能得到一个小时或半小时的接见。当我终于见到他们时，我又不得不使尽一切心计使他们能给我比半小时、一小时更多一点的时间。然而，一旦见到他们时，采访活动就成为一场探讨事实真相的战斗……①

许多人认为，法拉奇的采访是个“特例”。她的采访不乏可圈可点之处，但并非人人可学；令人玩味的倒是她为“探讨事实真相”而呈现出的“职业精神”，这是任何一个记者都足以引为楷模的。

提问的目的，归根到底是为了满足受众深入“知”的需要：一是带着受众“欲知而未知”的问题，弄清事实的来龙去脉，告知真意、真相；二是为了受众“应知而未知”的问题，探讨事实原委，作出解释。这个本质决定了记者必须在采访中找准自己的角色“本位”。

一是抛砖引玉、穿针引线的角色。在访谈中，记者不是作为对话的一方，而只是作为社会公众的“使者”、问题的发问者出现在采访关系中。记者既然被限定在这个“支点”（社会公众与信息海洋之间的中介者和传播

① 奥琳埃娜·法拉奇：《采访历史人物》，转引自《编译参考》1980年第2期。

者)的位置上,就应当安于本位。他的使命只在于激活对方的谈锋,而不在于展示自家的口才,更无须炫耀其博学。记者的最佳表现,应当集中体现在发问中,而不是在喧宾夺主的插问中。以记者与学者的对话为例,就不同于学者与学者之间的对话(譬如,池田大作与汤因比、贝恰等人的对话,刘梦溪与余英时的对话),也不同于作家与评论家之间的对话(譬如,王蒙与王干的对话)。其主要区别在于,后者旨在由对话的双方各自阐发自己的观点,在交流和争论中寻求对一个问题的深层揭示;而前者则是由记者提出为社会所关注的问题,由对方来作出权威性的解答。①

二是聆听者角色。如今记者、主持人似乎普遍缺乏一种聆听的耐性,总爱自觉不自觉地抢过对方的话头,急不可待地发表自己的看法。其实这是一种"越位"的做法。在正式采访中,记者提出一个问题,就应该聆听别人的谈话,这是非常重要的。原"实话实说"主持人崔永元就认为:"因为你只有听懂对方的谈话,你才会有新的问题,包括你想引申、升华、反问、责难他,都在听懂他说话的前提下,这是我做记者时养成的一个很好的习惯。现在,我有时候看别人的节目,觉得他们处处比我强,就是这一点他们不如我,他们不是很好地去听别人谈话,总是在想下一个问题。我觉得他们的采访叫物理采访,很机械的,我的采访叫化学采访,也许只有一个问题,当他回答以后,我的问和他的答就融合在一起。"②成功的采访一再表明:惟有学会聆听,才能把握住稍纵即逝的问题和线索,也才能敏感地体会到人物言谈中非常重要的言外之意、弦外之音。"化学采访"给记者的有益启示是:从"事实"的呈现角度看,听是比说更为有力的询问。

## 二、多种情景模式中的"提问"方式

深度报道采访中的提问,并没有一成不变的公式。在不同的情景模式下,提问的问题和方式都应适应变化,与对象的心绪、意念"随动"。这里主要抓取几种比较典型的采访情景,以说明不同类型的提问模式。

### (一) 暗访中的提问

暗访也称隐蔽采访或隐性采访,是指记者隐匿真实意图和身份的采访

---

① 侯军:《关于记者与学者对话的断想》,《中国记者》1999 年第 8 期。

② 叶子编著:《中国电视名记者谈采访》,第 84 页,长城出版社 1999 年版。

活动。电视记者的隐性采访还指运用隐藏摄像设备而从事的“偷拍”行为，其中，巧妙的问话使镜头延伸到事实的隐蔽空间。

随着社会发展和媒体舆论监督力度的增强，许多“揭丑报道”已不可能通过常态的公开采访实现。有些地方主义保护突出的地区甚至规定了所谓“三防”：防火、防盗、防记者。这虽然有戏言的成分，却表露出某些人视记者为“灾星”的防范心理。对于一些犯罪活动的报道，记者公开采访往往意味着“赔了夫人又折兵”，无法保证自己的生命安全。从新闻的真实角度看，如要获得真实的情况，记者就必须隐匿真实身份，使事实在一种不被干扰的状态下按常态进行。因此，暗访可以被看做是以“隐”治“隐”的不得已的采访方式。

1994 年 5 月，“焦点访谈”节目记者获悉：在上海火车站，一些不法分子贩卖国家刚刚出台实施的增值税发票，而且这些人组织严密，成帮结派。如用公开采访，显然无法采集真实情况，于是决定采用“偷拍”。一番侦察后，记者陈星红、朱邦录把拍摄地点选定在距火车站北广场 40 米远的一座三层楼房的阳台上，这里视野开阔。此时，另一名记者张勉之在广场上已经和发票贩子接上了火，引出了这样的“对话”：

记者：我要纺织的（发票）。

票贩：纺织的有，拿给你，还有百货商场的。

记者：你有没有真的，这绝对是假的。

票贩：正宗的，你这老师傅真是的。

（此时，一女票贩子躲在记者背后，偷偷地向同伙打手势，暗示价格。）

记者：都是假的，我一看就能看出来是假的。

票贩：这是正宗的，你把钱付给我算了，我不和你多谈。

记者：多少钱？

票贩：60 块。

（一男票贩子走过来，拍着记者的肩膀套近乎。）

票贩：我们的增值税发票到税务局去验过，是真的。

记者：假的我不爱买。你们的增值税发票卖得可以吗？今年刚刚实行的你们就有了？

票贩：可以的，全是整本的。

记者：怎么增值税发票刚刚实行，你们手里就有了增值税发票？

票贩：国家有什么，我们就有什么。

这时，记者“光说不练”刨根问底的问话，引起一个头目的警觉，形势顿时紧张起来。记者张勉之沉着冷静，几分钟后脱身而出。“整个‘偷拍’时间只有20分钟，但当时的紧张气氛却把时间给凝固、延长了。”事后，记者还不无后怕地回忆道。①

总的来看，暗访的提问要注意：(1) 符合“扮演角色”的身份；(2) 问题实在而具体；(3) 口吻、语态自然，不着痕迹；(4) 随机应变。

（二）调查中的提问

记者为弄清事实真相而从事的采访活动，都可以说是一种调查。深度报道的调查，一般是专题调查，即围绕一个事件、问题、现象所进行的深入细致、由表及里的调查。中央电视台“新闻调查”节目中记者的作业形态，可以看做是比较典型的调查性访问。

调查式提问总体上呈现出一种“剥笋”式的、层层深入的提问结构。以央视“经济半小时”的一则调查性报道为例：2003年衡阳“11·3”火灾，湖南省消防总队多名消防战士献出宝贵生命，“经济半小时”记者马洪涛、熊曼琳等围绕引发火灾大楼——衡州大厦到底有没有质量问题展开调查。他们的采访从寻找关于衡州大厦的材料开始。按照建筑的流程，一项工程在计划部门立项后，应首先在建工局的市场科和招标办公室报建，然后由稽查队核实各项手续，手续齐备后办理施工许可证，接下来由工程科对施工过程进行质量和安全的监督管理，工程完工后由建筑质量监督站进行验收。按照这个流程，记者首先来到市场科：

记者：你们这里有他们（衡州大厦）的材料吗？

李迎健（衡阳市建筑工程管理局市场科主任科员）：我们这里管建工的、管施工的，这里肯定有些材料了，我再给他们打电话，催他们赶快把材料送过来。

记者：现在调查组马上要这个东西，让谁给你送过来？

李迎健：就是让施工的开发商送过来。

---

① 袁正明、梁建增：《用事实说话——中国电视焦点节目透视》，第118页，上海人民出版社2000年版。

（记者在这位主任科员的指引下，找到负责联络的副局长黄保锦，而市场科科长王苏文正在他的对面写一份关于衡州大厦的材料。）

黄保锦：施工许可由管施工许可的部门管。管招投标手续，由管招投标手续的部门管，我没管过资料。

记者：他们那里有这些资料吗？

李迎健：现在我不知道，现在正在提供。我在想办法，我得找啊，我得找他们提供，要各个科室提供。

王苏文：一个项目从头到尾从招标开始到竣工验收，跟我没关系。

记者：跟你有关系的是什么？

王苏文：我可以解释一下，我的意思是，这事我真的不知道，这事其实谁也不知道，谁也不敢发生这种事。

（的确，时隔六七年之后，当年在任上的很多人都已经换了岗位。但是，记者碰巧找到了建工局工会副主席肖祥松，1996 年他的职务正是工程科的科长，其职责是监督工程质量和安全。）

肖祥松：按照正常程序，它这工程应该到我们局里办了施工许可之后，我们会接到局里受理的一个指令、通知，然后我们就安排质量监督站到现场对质量进行监督；安全监督站负责对安全进行监督。因为它手续没办，我们就没有得到通知单，也没法安排人去进行质量监督、安全监督。

至此，按照肖祥松的说法——实际上也就是调查的结论，衡州大厦根本就是一个没有办过施工许可手续的违章建筑！

在采访中，记者通过层层“剥笋”般的调查，从外围逼近内核，将一道道帘幕掀开，终于找到了那道被掩映着的门。几个环节也丝丝相扣，提问也是步步深入，渐渐接近了问题的本质。这种顺藤摸瓜、由表及里的调查过程本身就是缜密的思辨过程，逻辑性地演绎完成了“记者发现采访事实的过程，记者梳理展现事实的过程和观众认知读解事实的过程”①。显然，由于记者的调查循着事实展开，呈现出认识、判断和分析的过程，因而提问也就成了

① 袁正明、梁建增：《用事实说话——中国电视焦点节目透视》，第 156 页，上海人民出版社 2000 年版。

兵不血刃的"利器"。

调查式提问须注意的是：(1) 根据调查对象及心态变化选择提问方式，如启发式、闲谈式、讨论式、逼迫式等；(2) 如记者与采访对象之间互有敌意或观点相左，应在充分掌握事实的基础上，提出有一定分量的问题，巧妙地与对方"分析"事实，使对方在分析过程中自然而然地承认事实，从而改变自己的错误心态；(3) 适度的柔韧性，当有些问题不便直截了当提出时，记者应采取迂回的办法，引导对象说出来等。

(三) 谈话中的提问

谈话是人与人之间的交流活动，因此"互动"是核心要素。传播学家施拉姆说，人际传播是"对话式"人际交流，是两个人(或两个以上的人)，由于他们有共同感兴趣的信息符号而聚在一起。两个人日常聊天能聊得起来，就是因为有一些"共同感兴趣的信息符号"使他们自然地交流起来。因此，交谈的本质就是互动——思想、情感的交流，观点、智慧的碰撞。其表现形式就是双方语言符号和非语言符号的互动。具体到人物访谈，其实就是对方能否愿意谈、真实地谈，而采访者自己又能否"沉入"其中，随时有回应并把握谈话走向。这种回应有时不光是语言，而且是你在听他(她)讲话时凝神倾听、思索的神态，或问话时流露出来的表情，使对方愿意谈下去。

福建电视台记者王梅曾采访一位潜逃5年、主动自首的杀人犯。此人杀人前就有偷抢行为，但以前曾是守法的劳动者：

记者：(带着赞许)听说你以前还拉过三轮车，也靠自己的劳动吃饭？

薛：(自豪地)是的。我当时中午可以不吃饭，拉一整天都没问题。

记者：(可惜地)这么棒的身体为什么不拉下去呢？你肯定会比别人拉得多、赚得多。

薛：(黯然地)唉，当时听人家说……我家在农村，总觉得靠什么种田哪、拉车啊，不会过好日子。听人讲，到外面"找"钱好找一点。

(他说的"找钱"我事先有了解，就是一伙能打架的人在一起，偷抢钱物。他第一次是在预先不知的情况下参与抢劫的，当时分得80元。)

记者：(平静地)你当时没想到这是不义之财吗？

薛：当时也想到。

记者：（有点惊异）当时你还能想到这是不义之财吗？

薛：（不好意思地）是这样的。但是……钱来得这么容易（80元），当时我要拉四五天车呢。就想，不要紧，不要紧，从人家那儿“拿”一点钱来花花。那时的想法跟现在两样。

（记者不想顺着他的话走。）

记者：（疑惑地）难道就是因为你家太穷……

薛：说实话，我家在村里没什么背景，爸爸妈妈很老实，一辈子都是种田……

记者：（不解地）可当时穷的人很多，别人没去偷去抢，像你父母。为什么你会去偷去抢呢？

薛：（下决心似地）我跟你说良心话吧！当时就是想，哎呀，偷呀抢啊，才可以发财，才容易发财。

记者：现在如果让你回到那时，你会怎么做？咱实话实说。

薛：回过头来，我肯定随便做点小生意，慢慢做大一点。真的！平平淡淡过一生好一点，人不一定有钱才开心。

这段对话，记者始终把罪犯看做一个平等探讨问题的对象，但也不因为需要平等就故作宽和，记者也要表达自己的疑惑和心理接受的过程。这样在双方的“互动”中，便完成了一段扭曲心灵的自我揭示。①

谈话中的提问因对象不同也有差异。根据一些记者的经验，谈话情景中的提问须把握的原则有：（1）拆除“屏障”，使对方尽快进入正常谈话状态；（2）注重实效，提出关键性的问题；（3）注意观察、倾听，及时“跟进”，捕捉细节，形成有效互动。

## 三、如何设计高质量的问题

西方新闻教科书里有一句名言：没有愚蠢的问题，只有愚蠢的回答。它鼓励记者勇于提问，不必瞻前顾后。但在实际操作中，问题也有质量高低之分，提问也讲求技巧。

---

① 王梅：《互动：面对面的支点》，《现代传播》2001年第1期。

深度报道中的问题，就整体而言，呈现出一种思辨性的逻辑结构，所以每一个问题作为结构之一环，都必须是有效的。或起引导作用，或为调节气氛，关键问题更是为了探求事实真相，即真实的思想、真实的原委、真实的心态、真实的动机等。因此所谓“高质量问题”，也就是在整体上，或节目结构中有分量的问题。记者在策划问题时，须注意以下几个方面：

（一）角度选择

一个新闻事实，可以从不同角度提出问题。这有赖于记者的立场、价值判断和代表的政治利益。西方记者在设计问题时比较善于选择角度，为他们的政治目的服务。1999 年，以美国为首的北约野蛮轰炸我驻南斯拉夫使馆后，愤怒的中国人民在美国驻北京使馆门前举行示威活动。5 月 16 日，美国全国广播公司（NBC）的王牌专题节目“会见新闻界”著名主持人拉塞特采访我驻美大使李肇星。那位傲慢的记者所提的第一个问题就是：中国发生了反美示威，在中国的美国公民的生命受到了威胁，中国政府将要采取什么措施保证美国大使馆和美国公民的生命安全？有点政治头脑的人都能听出来，这是在颠倒黑白，企图转移视线。李肇星义正词严地回答：中国大使馆被轰炸后，3 名中国记者无辜丧身，多人受伤，中国人民对此无比悲愤。现在受伤害的是中国人民，而不是美国公民。你（记者）应该首先问问中国人民此时此刻的心情，以及如何追究美国和北约的责任，这才是全世界目前最关心的问题，而不是所谓美国大使馆和美国公民的安全。显然，只有具备敏锐的政治头脑，才能避免掉入西方记者的“语言陷阱”。这个“高质量”问题实际上是个圈套，稍不留神就可能被其牵着鼻子走。

（二）寻找切入点

切入点也就是突破口。问题问准了，就能如庖丁解牛，谈话就会有好气氛，记者也能顺藤摸“瓜”。例如，某记者采访一位曾两次自杀的年轻女吸毒者。她吸毒前曾赚有几十万元，一心一意想当女强人，但吸毒使她一无所有：丈夫坐牢，孩子数年不能相见。采访时她很配合，谈了很多内心感受和追悔的话。但也许流过太多的泪，有过太多次悔恨，所以她谈话时很平静，平静得像在说别人的故事。这样虽然真实但略显平淡，给人的情感冲击不够。于是记者一面不断变换问题的角度激发她的内在情绪，一面注意观察，寻找突破口。当时是夏天，穿短袖衣服，记者发现她的右手一直有意无意压着左手臂下方，再注意观察，好像刻着“幸福”两个字。于是记者这样切入问题：

记者：我看你胳膊上好像刻着字，能看看吗？

吴：（不好意思地伸出胳膊）。

记者：（微笑）呵，是“等待幸福”。

吴：是，是“等待幸福”。

记者：这是什么时候刻的？

吴：是很小的时候刻的。因为我是少数民族，纹身在我们那儿很正常的。

记者：那回想起来，什么时候是你最幸福的时候？

吴：（不加思索地）我的童年。童年最幸福（放慢语速，回忆），那时候生活在爸爸妈妈身边，他们都很疼爱我，我带着弟弟妹妹……（沉默片刻）当时家里不富裕，但一家人团团圆圆的……（突然又停顿，极力想忍住眼泪）我觉得那个时候是最幸福的时候。真的（很伤感的样子）。

记者：现在看样子，这个“等待幸福”你感觉……

吴：（难过地）这幸福我想恐怕等不到了，找不到了。如果不吸毒，我想我会很幸福的（神往的表情）。就因为吸毒，家现在……怎么说呢，当初结婚置办的家，怎么说比上不足比下有余吧。现在家也不存在了，虽然有了孩子，等于没有。由于自己吸毒，造成的影响很坏，弄得父母都没脸见人，抬不起头。你说我现在还有什么？啥也没有了……

最后这段话，她说得非常专注、动情，此前她也说过如何追悔莫及的话，但效果远不如这一段给人的感慨多。①

（三）问题具体、实在，多用“闭合式”问题

高明的记者往往把抽象问题具体化、宏大主题情节化、宽泛问题细节化，这应该成为深入提问的一个准则。问题太泛，被采访者就很难将所提的话题深入展开，所以用“闭合式”的具体问题提问，效果往往比较理想。例如1998年克林顿访问北京大学时，北京大学学生的提问可谓精彩，甚至超过了克林顿访华期间所有新闻记者对他的提问。他们的问题是：

（1）作为十年来第一位访问中国的美国总统，您准备怎样加

① 王梅：《互动：面对面的支点》，《现代传播》2001年第1期。

强我们两国人民的真正了解和相互尊重？

(2) 如果中国把中国海军设施放到夏威夷，或者和其他国家签订安全条约针对美国的一个部分，美国会同意这种行为吗？美国人民会同意这种行为吗？

(3) 您在美国启程前说过，您访问中国是因为中国太重要，接触要比遏制好。我想请问的是，这番话究竟是您对此行的一种承诺，抑或是您在笑容背后另有什么隐藏的含义，您是否还有其他什么遏制中国的企图？

(4) 您对高等教育的看法如何，在未来的知识经济中，高等教育可以扮演何种角色？您对我们两国年轻的一代有何期望？

(5) 您认为在今天的美国，民主、自由、人权等领域是否同样存在问题，还有，美国政府又采取了哪些行动加以改善？

(6) 我认为，所谓真正的自由应该是指人民有权自行选择他们想要的生活和发展方式。我还认为，只有能够真正尊重他人自由的人才能说自己懂得了自由的真谛。不知道你是否同意我的看法？

(7) 美国经济已经连续增长18个月，除了您个人的贡献之外，您认为造成美国经济持续繁荣的重要因素还有哪些？江泽民主席去年访问哈佛大学，一些学生在礼堂外面示威。如果您访问北大，正好也有一些学生在外面抗议示威，您会有什么感想？

北京大学生所提的七个问题，话题虽大，但每个问题本身很有针对性，有实质性内容，可以说是问到了点子上。

## 第二节　观察与透视

记者的“眼功”在任何采访中都是非常重要的，而在深度报道中，它又呈现出自己的特色。这里，主要依据“眼功”的不同着力点，将其细分为“观察”与“透视”两个部分，并分析构成深度报道的不同视域。本节认为，尽管“观察”与“透视”功能有别，但最终指向则都是为建构深度报道的“意义脉络”。

## 一、观察：立体扫描

人类早就有了视觉经验，即看的经验，在这基础上就有了视觉文化，有了视觉文化传播。视觉，亦可视为通俗的“观看”。“观看，可以说是人类最自然最常见的行为，但最自然最常见的行为并非是最简单的。观看实际上是一种异常复杂的文化行为。我们对世界的把握在相当程度上依赖于视觉。看，不是一个被动的过程，而是主动发现的过程。”①

记者的观察是一种特殊形态的视觉经验。观察之所以必要，是因为世界上有许多不能到达事件发生现场的读者和观众，迫切希望记者代替他们到事发现场去看。例如“9·11”恐怖事件发生以后，全世界的目光都集中在美国针对阿富汗塔利班武装的战争上，各国记者都想方设法赶赴现场，及时、详尽地把有关这场战争的每一进展向受众报道。受众正是通过记者的眼睛，了解到战争的动态情况。它的特殊性主要反映于两个层面：

一是功能层面。记者的观察，归根到底是为了满足人们“知”的需要，也就是获得有价值信息的需要。新华社总编南振中认为：对消息接受者来说，预先不知道的新闻才能称做“信息”。信息普遍存在于自然界、人类社会、人们的认识思维过程中，它是人类认识世界和改造世界的知识源泉。按照信息加工层次，可以分为“零次信息”“一次信息”“二次信息”。“零次信息”是通过直接调查的方法，向调查目标、调查对象等客体采集的原始信息，是新鲜的、直接添加到人类的信息资源总库中去的有效信息。“一次信息”和“二次信息”是在零次信息的基础上加工整理而成的，它不是直接取自自然界、人类社会、人们的认识思维过程，而是取自报纸、电台、电视台、信息网络等各种载体。从信息搜集层次的划分来看，现场采访虽然不是发明、捕捉新闻的唯一途径，但也至少可以说是发现、捕捉“零次信息”的重要途径。深入事件发生现场，可以捕捉到稍纵即逝的、事后无法了解的重要情况，是获取“零次信息”的主要采集方法。② 这个观点从原创信息角度提出了深入现场观察的重要意义，很有启示性。

---

① 周宪：《读图、身体、意识形态》，《文化研究》第3辑第68页，天津社会科学院出版社2002年版。

② 南振中：《信息时代现场采访的价值与功能》，《中国记者》1999年第2期。

二是技术层面。记者的观察有别于一般人的看热闹，是一种善于看门道的职业素质。深度报道由于视域的全方位特征，其观察须“让人看到、听到、闻到，甚至触摸到”，就更呈示出“全”“深”“透”的视觉经验。与一般客观报道比较，深度报道中的观察具有立体扫描的高素质，因而获得的“镜像”是全息保真的。

总的来说，深度报道之观察，其立体扫描的关键要素如下所述：

（一）事件过程

事件是构成深度报道的基本要素，是报道的依托，因而必须予以强力关注。我们知道，事件往往是动态的，许多线索又时常交织在一起，需要记者深入到矛盾冲突的过程中去，摸清推动事件进展的关键因素，从而真正了解事件的来龙去脉。

观察事件有多种方式，在不得已的情况下边走边看、顺藤摸瓜，或许是进行有效观察的唯一手段。例如1998年6月18日，新华社的两名记者来到河南省产粮大县新野县上港乡，发现了一个怪现象：粮管所的大门紧闭，而与之相距不到500米的地方——一个小麦私商交易市场却异常火爆。为了摸清情况，这两名记者就选择了暗地现场采访的方式，以购粮者的身份对这个粮食市场进行“暗访”。他们了解到，这些收购点都是以家庭为单位经营的，大部分都有工商局发的营业执照。就这样记者两赴新野，乔装采访，终于摸清了这个粮食市场的吞吐量及购销方式，还弄清了粮贩子明目张胆收粮的原因和工商局打击不力的内幕。

（二）环境因素

环境是事实展开的背景，有时甚至是滋生事实的土壤。在深度报道中，环境因素有多种呈现形式，有自然环境，有人文氛围，还有各种社会关系。记者应善于把事实与环境联系起来，深刻洞察两者之间“剪不断”的联系。

譬如，“人情风”是带有普遍意义的社会问题，而在农村这一问题尤为突出。黑龙江电视台“今日话题”栏目记者敏感地抓住这个主题，以深入的追踪采访，用镜头充分展示这一问题的严重性。电视深度报道《人情猛于虎》（曾获第七届中国新闻奖一等奖）的深刻之处在于：它没有把“人情风”简单地归结为农民一般意义上的愚昧消费，而是立足于新的高度，指出农民这种根深蒂固的“人情”意识，以及绵延数千年的环境氛围，已经直接威胁到农民自身的生存与命运。试想，农民脑子里的“人情比种地都重要”的观念，岂不深刻地反映了问题的严重性？节目的主题无疑是有深度和力度的，而一些典型的社会世俗画面,如丰收年景也被春天赊的账连本带利一起还走了等,以及通过大量的纪实采访,摄取农民实实在在的语言,营造出浓厚的现场气氛等,又使抽象的主题血肉丰满起来。

(三) 细节因素

细节是表现人物、事件发展、社会环境和自然景物的最小组成单位,又往往是最能生动反映事物特征的典型因素。在深度报道中,生动的细节不可缺少,它可以传递出丰富、鲜活的信息,给平稳展开的事实增添灵动和活力。

在现实采访中,记者的观察要通过对现场的快速透视,撷取生动而丰满的细节。《"罚"要依法》是中央电视台"焦点访谈"栏目播出的节目,在第八届中国新闻奖评奖中,全体评委毫无异议地授予该节目一等奖,认为它在焦点新闻的深度报道和新闻评论两方面都有了新的突破。《"罚"要依法》的现场采访是这个节目最主要的亮点和支撑,其特色之一就在于细节捕捉十分出色:在拍摄现场,记者及时抓拍到了一组典型的"路霸"镜头,如一位警察先说罚款20元之后,一怒之下又加罚20元的过程;如一位没有证件和警号,且衣冠不整的交警形象;又如警察对配合拍摄的司机恶狠狠地说:"告诉你们这些车,以后过来就要卸下你煤。告诉你说吧!"又如当记者拖延拿罚款时,运煤车司机劝记者:"算了,再说就揍你了。给他40元算了……"当另一位司机正向记者介绍情况时,远远看见一名警察走过来,司机神色大变,"哎,交警来了,我得走了"等;这些都是生动的情景和细节。在抓拍这些镜头的过程中,隐性采访和显性采访各显其长,两者互相配合、互相映衬,将生动而丰满的细节尽录镜头,传达出丰富的信息,有力地张扬了主题。

## 二、透视:逐层分析

如果说观察主要表现为视觉观看,那么透视则偏重于用心会意。透视的前提是记者的全方位观察,但它又是更深层次的新闻发现。

一般来说,当记者到达事件发生的现场后,除了认真观察外,还要设法找一些事件目击者,详细了解新闻发生的全过程,包括有关情节、人名、数字,以及全貌与局部、外表近景与隐蔽因素、正面与反面、上下左右等,由此形成对新闻事件的整体性认识。在这个过程中,记者的意识层次不断提升,逐渐聚焦于一连串的“问题”（包括宏观的和微观的），于是在“问题意识”的牵引下，询问“新闻背后的新闻”，透视事实与事实之间的关联，就成为深度挖掘新闻的主导思维。

深度报道注重发掘事实的深层内涵，揭示事实之间的内在联系，这种品格决定了“透视”思维方式的广泛运用。透视的目的，归根结底是为了弄清事实真相，包括真实事实、真实心理和真正意义。我们知道，在深度报道的采访中，它的主要调查目标有三个层次，即事实真相（什么事）、人物心态（怎样想）和问题本质（说明什么）；因此透视这些目标投影的焦点，也必然围绕这三个层次展开。

（一）透视事实层次

透视事实层次，是为了探求事实的本质真实，也就是祛除假象和各种遮蔽，进入一种深层真实。新闻“用事实说话”，而要揭示事物本质真实，同样要“用事实说话”。

仍以《“罚”要依法》为例，记者再军总结说：从选题论证开始，他们就注意到这类题材有着极其广阔的背景，那就是公路“三乱”表现形式的多样化。这一背景为他们采编节目提供了优势，即有足够的空间用微观事实去对事件进行客观佐证。确立了出发点以后，他们就想到了要借助和突出电视传媒的情景特征，把握微观事实的真实，增强电视的实证能力，从而增强节目的可信度。在《“罚”要依法》中有这样一个场景，在没有超载的运煤车以超载为名被罚款之后，记者与罚款的民警韩旭东有这样一番对话：

记者：我看您是在这儿收费，收什么费？
韩：主要是罚款。
记者：罚什么款呢？
韩：超载。
记者：前面那辆车没有超载您也罚了款。
韩：哪个车没有超载？
记者：那咱们去看一下好吗？去看一下吧。
韩：没有超载的？
记者：（指停在路边的一辆车）前面这个车超载了吗？
韩：这个车，他这个车，超、超载，再一个说，这个车灯光不全。
记者：是超载还是灯光不全？
韩：超载，灯光不全。

记者：（与韩共同走近运煤车）这个车现在超载吗？

韩：这个车现在不超。

记者：不超载，您刚才说超载而且罚了款。

韩：一般都超载。

记者：一般都超载，那这辆车超载了没有？

韩：这辆车它护网不全，可以处罚他。（避而不谈“超载”之事）

这一段，记者与被采访者耐心周旋，先后进行了9个回合的问答，提问中心词是“超载”（问答中一共提到14次“超载”），扭住这个核心问题不放，层层深入，连环递进，使个别交警没有依据乱罚款的事实逐渐清晰起来，有力地印证了“罚要依法”这个主题。

（二）透视心理层次

人的心理是一种脉脉潜流，它看不见、摸不着，深深隐藏在事实的背后。深度报道以揭示事实之真为旨趣，就必然要透过人物言行，触及更深层次的意识和心理。

从行为心理学看，意识支配人的作为。而在采访中，记者往往是先掌握事实（人的行为及其结果），然后才可能借助访谈、聊天等手段，展示人的真实动机、心理过程和当前心态。一般来说，被采访者（特别是揭丑式调查中的人物）大多有拒绝“暴露心理”的倾向，这就要求记者在充分掌握事实的基础上，提出有分量的问题，巧妙地与对方一起“分析”事实，使对方在分析的过程中，自然而然地承认事实，从而达到“透视”心理之目的。例如，中央电视台记者采访原湛江海关关长曹秀康受贿200万元人民币的事实时，曹开始还为自己抵赖：

曹：当时人也就能糊涂到这种情况，没意识到这是一个很大的犯罪行为。

记者：200万元！你明明知道他是走私成功后送你的，这会意识不到吗？

曹：（继续抵赖）真的，没有想到那么一个界限上去。

记者：（又强调事实）收了200万元都没想到，这有多么严重啊！

曹：（干脆装糊涂）就这么一个卡（指受贿200万元的存折），

唉，现在我就回忆不起来，当时这个脑子，这个脑子到底怎么去想这些问题？

记者：（继续追问）那在你眼里200万元不算什么大钱？

曹：（这挤“猛药”投出，曹已经明显招架不住了）200万元，应该是很大的数字了，现在想，应该是很大的数字了。200万元那，应该是很大的。

事实经这么一“分析”，开始的抵赖和诡辩不攻自破，于是记者顺势逼问：“你和走私的这些人平常接触的时候，你把那个海关关长的职责放在什么地方？”对手的精明没有逃脱记者更高一层的智慧。

（三）透视观念层次

观念层次是人的意识结构中的最高层次，也是对社会发展最具有“推动力”或“破坏力”的层次。我们通常说，思想观念转变、更新了，现实矛盾或问题也就迎刃而解，可见观念因素之重要。深度报道要开掘深层次意义，就要透过现象看本质，洞察终极性的价值“底牌”，进入观念层次，这尤为关键。

每个群体或个人根据自己的认识作出判断，采取行动，由此衍变出众多的社会现象、事件和问题，它们在许多时候构成了深度报道的题材。因此所谓“透视”观念，也就是把握住“源头”，从而有效地把握住问题的本质。反之，如果记者的观念或认识是片面的、肤浅的，那么深度报道的“灵魂”——一种观念性的价值判断，就可能是错误的，必然会给公众和社会造成“误导”。譬如，从1999年上半年迄今，各种媒体在“消费信贷”方面的报道几乎众口一词宣称：老百姓要转变观念，要人们“敢于花明天的钱”。有的媒体甚至还用“敢不敢”来挑战读者。著名经济学家陈淮教授则认为：“这是一种误导，不仅是对开拓个人信用资源的曲解，而且会造成对改革进程的严重阻滞。”他进而指明什么是“信贷消费”的深层次含义：

第一，开拓信用资源与个人财富并不相悖。从战略意义上说，开拓个人信用资源的根本目的并非是简单地动员人们“花钱”、“花明天的钱”，而是要造就一种私人财富合理配置和提高其利用效率的方式，是促进私人财富的资本化，是开拓其更快累积的途径。

第二，资产信用是个人信用的主体。在市场经济条件下，最值得开拓、最有价值的个人信用资源首先并非是道德信用，而是资产信用。过去20年的发展过程中，我国人民已经积累起了一个相当大的个人财富总量。在市场经济条件下，这些私人财富才是最重要的个人信用资源。

第三，开拓信用资源并非就是负债消费。它包括三层含义：个人信用资源的首要功能是担保；其次是理财；最后但最重要的意义是放大个人的消费或投资能力；等等。①

对记者来说，上述近乎专家标准的要求可能苛刻了一些。但应该看到，在社会转型期，记者思想的"启蒙"和观念的更新，与整个社会发展应该是同步的，甚至是具有预见性的。在西方媒体，专门报道经济问题的大牌记者确实可以达到专家水平，很多记者对经济问题看法的社会影响力甚至是大学教授或政府官员望尘莫及的。这也提示我国记者，要真正体现深度报道的社会影响力，就应尽快完善自己的知识结构，培养高质量透视问题的能力，努力成为权威性的专家型记者。

## 三、目标：建构"意义脉络"

现代文化正在脱离以"语言"为中心的理性主义形态，在现代传播科技的作用下，日益转向以视觉为中心，特别是以影像为中心的感性主义形态。"视觉文化，不但标志着一种文化形态的转变和形成，而且意味着人类思维范式的一种转换。"②

现代文化形态的转型是不是意味着"视觉"成为唯一，而消解了"意义"的存在呢？我们认为不是，至少对于"视觉文化"的生产者来说不是这样。任何一种视觉，尽管其表面形式是感性的、可欣赏的"影像画面"，但它的本质仍是一种"有意味的形式"，是值得玩味的"观看"。换句话说，人们总会通过一定形式的"观看"，赋予视觉以特定的"意义"，从而使"观看"带有社会特征和文化意味。

新闻中的"观察"同样如此。它是一种非语言现象的"视觉符号"，同时又是表达了某种意义的。例如，人欢乐时，手舞足蹈；悔恨时，捶胸顿足；惧怕时，手足无措；狂喜时，捧腹大笑；沉痛时，低头不语；点头，表示同意、满意；摇头则表示反对、不满；两个人握手时，是轻轻一握，还是紧紧握住摇个

---

① 陈淮：《怎样认识经济形势及经济问题》，《中国记者》2000 年第 9 期。

② 周宪：《读图、身体、意识形态》，《文化研究》第 3 辑第 72 页，天津社会科学院出版社 2002 年版。

不停，传达着不同的意思；两个人站在怎样的间距内谈话，代表他们之间的亲密程度；等等。记者往往能通过自己的观察，一方面掌握对象的心态，另一方面也借助这些“视觉符号”，传递自己想传播的意义信息。

如前所言，深度报道中的视觉经验，总体上可以分成观察和透视两大类。它们各有自己的分工，各自加工采访中获得的“视觉信息”。而如果进一步分析两者在文本中的意义，它们各自的功能又有所不同：

（一）观察的功能偏重于解读“形象”的信息密码

观者，看也；察者，明白也。可见“观察”一词，除了有“观看”的含义外，还有解析意义的意思。有一项令人吃惊的研究发现，在面对面的传播过程中，那些来自语言的社会意义不超过35%，也就是说，有65%的信息是靠非语言方式（视觉）传递的，所谓“此时无声胜有声”。这就要求记者善于通过观察，借助视觉语言，解读出事实或对象的信息密码，对“形象”进行“会意”。

1993年9月18日，阿拉法特应邀到达美国首都华盛顿访问，新华社播发的报道《阿拉法特风靡华盛顿》：“下午4时许，阿拉法特乘坐的波音707飞机徐徐降落在安德鲁斯机场。他穿着浅咖啡色军礼服，头戴黑白相间小格的传统阿拉伯头巾，满面春风地走下旋梯。”这是记者的观察性文字，但其信息密码是什么呢？“稍熟悉阿拉法特的人都知道，阿拉法特外出时，随身携带的衣物主要是那五套军装（三套为橄榄绿、两套为蓝卡其布），据说其中的一套他已穿了20年。至于一年四季都缠在头上的黑白或红白方格子头巾，扎好后恰与不规则的巴勒斯坦地图颇为相似。每当有人问起时，阿拉法特总是兴奋地回答：‘这是我的风格，阿拉法特的风格。’当他看到对方不满足时，便阐明头上格子头巾的寓意：‘白色代表居住在城里的平民，红白方格子代表沙漠中的贝多因人，黑色方格子则代表农民。’”这样，通过记者的观察和解读，65%的意义信息就传递给读者了。

（二）透视的功能主要是建构新闻的意义脉络

透视尽管有“观看”的含义，但它主要是用“第三只眼”看新闻事实，体现为把陈述的事实建构出意脉的链条，形成文本的“上下文联系”。“真实新闻中的每个成分都应‘清澈透明’，事件的发展过程清晰可见，人们才能看到事物的真实图景……反之，观察到一种崭新的事实，对于它的属性、发展动向缺少有理有据的说明，就难以使人们相信它是真实的。”①这从本体论角度阐述了新闻透视的重要性。

透视新闻（主要是深度报道）强调建构意义脉络，实际上是为本来呈“点”状分布的事实建立一个符合认识规律的逻辑结构，或者说是为新闻事实编织一个能确认其社会位置的经纬度坐标系。譬如，1929 年，一场突然而降的经济危机席卷全美，一夜功夫，银行倒闭，公司破产，成千上万的工人被抛向街头，整个经济一片混乱。这时，一连串问题等待社会解答：这到底是为什么？为什么看上去一片繁荣的金元帝国像稻草人一样倒了？为什么那么多银行、公司会同时倒闭？无数个“为什么”把美国人打入迷宫，而客观报道的“纯新闻”只能提供表面事实，无法揭示事件的深层。当时一名记者说：“近来，有理智的读者不仅要求知道了发生什么？而且要求知道事件的原因及其政治、社会的关系。”著名政论家李普曼也一针见血地指出：“各种事件接踵而至，而这些事件本身似乎是毫无意义的。于是，一个‘为什么’变得与‘是什么’同样重要的时代开始了。”②这样，以透视事件为目标，为新闻建构认识坐标系的深度报道也确立了自己在新闻谱系中的位置。

## 第三节　介入的规则

记者的“介入”，也称记者的“参与”，是指记者在新闻报道中不仅以旁观者、记录者身份在场，而且直接出入和参与到事件进程之中，以亲身体验、感性触摸甚至以“新闻策划”的方式，紧贴事件发生、发展、结局的全过程。正如《北京青年报》记者在“体验售货员”时喊出的口号：“全身心去感觉、去采访，而不是单靠眼睛和嘴。”

“介入”的新闻，在西方国家的新闻界并不鲜见，在中国的媒体报道中则更是“典型”现象。深度报道中因“我”的介入，越出了传统的新闻观念，也打破了作为新闻专业主义经典的客观报道的模式。它试图在尊重事实客观性的同时，凸显个人的感受、体验，使新闻真正成为“人性化写作”；更激

---

① 刘建民：《当代新闻学原理》，第 113 页，清华大学出版社 2003 年版。
② 麦尔文·曼切尔：《新闻报道与写作》，第 76 页，中国广播电视出版社 1981 年版。

进的观点还认为，记者既是事件的报道者，还应参与正在发生或还没发生的事件之中，以自己的主观努力促其圆满和完善，尔后再予以报道。这样，记者能不能“介入”、怎样介入，就成为一个在理论上亟待解决的问题。

## 一、“介入”的学理探讨

在新闻报道（主要是深度报道）中，对于记者能不能“介入”事件，新闻界和学术界一直存在众多争议。

一些反对“介入”的学者，他们提出的理由是：其一，按照新闻规律，记者一般是不允许介入新闻事件的，甚至连采访时的态度都不能有自己的倾向，否则便有失公允。而记者的介入，有可能改变事件的走向，从而失去新闻的本真原貌；其二，记者的介入，往往是先入之见的“新闻策划”的结果，而其“预谋”的后果却可能导致“策划新闻”；其三，记者“介入”事件，还可能牵涉一系列问题，如果不能确保记者的个人素质、职业水准和社会判断力，那么记者的“介入”还可能引发媒体的“公信危机”等。总之，记者“介入”是一个无法预知的新闻陷阱。

尽管反对“介入”的观点不乏合理性，但在我看来，它的出发点仍是用自然主义的“纯客观”的眼光看问题。正如一些学者所指出的那样，那种反对介入的观点其偏颇也很明显：一是它解释不了大量成功的参与式采访报道的案例。二是不应静止地看问题，不能要求新闻媒体以纯粹自然主义的态度来处理它与新闻事实之间的关系。即使没有策划介入的客观报道同样会促进、改变事物的发展，这种情形在现实中是大量、客观存在的，是不以人的意志为转移的。三是不能把记者的主观能动性简单等同于主观臆造，完全搁置新闻媒体积极干预现实的品格，并对社会公众赋予的媒体权力漠然置之。反过来说，在没有经过策划的一般新闻报道中，也并非没有上述那些毛病。①

在此基础上，赞成记者“介入”的记者和学者则以相对开放的思维，从新闻的本质、新闻与社会的多维关系中，探讨记者的职业身份以及“介入”的可能性。

首先，记者既是新闻传播者，也是社会活动的参与者。记者的基本职责

① 郑智斌：《对“新闻策划”论争的回顾与思考》，《新闻学探讨与争鸣》1999年秋季号。

是进行采访报道工作,及时传播客观世界变动的新闻,同时正如列宁所说,报纸应充当“集体的组织者”,这也是记者和媒体的重要角色和使命。因此,记者对事件的直接、主动介入,是其发挥自身特殊社会角色作用的表现。与此同时,由于记者工作的特殊性,他在从事客观报道的同时,由于近距离地摄照和观察事件,往往会主动投入或被动带入事件之中,这也是一种常见现象。譬如,1846 年 4 月至 1847 年 9 月的美国对墨西哥战争,是美国记者全面报道第一场在国外进行的战争。《三角洲报》记者佛利纳是一位冒险家,曾充当公文信差,在蒙特勒战役中不仅作采访报道,还亲自杀死一名墨西哥军官。在这个案例中,早期记者参与新闻事件的特点表现得十分突出。又如 1869 年,美国《纽约先驱报》社长小贝尔内特曾派著名记者史坦利前往非洲,寻找失踪的传教士利文斯通。在非洲,史坦利穿越原始丛林,当过部落首领的俘虏,出生入死,经过两年的艰苦跋涉,终于在 1871 年 10 月找到了利文斯通,使这次探险采访成为传奇式的佳话。① 这里,记者显然已不是单纯的观察者和记录者,而是以自己舍身忘死的“参与”成为历史事件的一部分。

其次,记者一般应避免成为“事件中人”,但不能因此就一概排斥主体投入。记者应该谨慎对待事实,尽量避免因主观因素的加入而改变事实的本然真实状态。那么,这是否意味着记者只能“冷观”事实,而绝对不可以触摸事实呢? 或者说,记者的“介入”和“参与”就必定影响事实的本真面貌呢? 答案是否定的。如上述两例,尽管在事件中都有记者的介入,但这些介入并没有改变事件的走向,也没有人为地生造、扭曲、夸大或缩小事件。相反,由于记者参与到事件的进程之中,能够在近距离观察中融入个人的丰富体验,进而使人们对事件有了更深切的感知,使深度报道的深入性、真切性、全面性达到了更充分的展现。对此,丁伯铨教授认为:“在多数情况下,新闻事实是媒介之外的一种存在,它循着自身的规律发展。这时,对新闻事实进行干预是不恰当的;在一定条件下应当允许媒体为新闻事实的发生创造条件。在历史上和现实中,确实也有这样的情况:对于某些新闻事件,在它尚未发生之前,新闻媒介参与过谋划,并为它的发生、发展努力创造过条件,新闻事实可以说是经过新闻媒介的策划而最终成为事实的。事实的存在是

---

① 刘明华:《西方新闻采访与写作》,第 13 ~ 16 页,中国人民大学出版社 1993 年版。

货真价实的，新闻是根据货真价实的事实所作的报道，它并没有违背新闻规律。"①这种认识和评价是符合媒体报道的实际情况的。

再次，记者既记录历史，也创造历史。一方面，记者是历史的记录者，用自己的笔、镜头、话筒、网络等手段真实地记录历史、反映历史，这是其基本的职业要求；另一方面，记者还公开或隐蔽地深入到某一事件或活动中去，反映事件的过程，披露事实的真相，推动问题的解决，达到扶正祛邪、改进工作的目的。仅以中央电视台"焦点访谈"几期节目为例：

> 1999年6月10日，"焦点访谈"播出反映江西于都县在扫盲工作中弄虚作假的节目《脱盲率中的"盲点"》后，江西省政府立即向全省发出"对扫盲工作进行复查的紧急通知"，要求各地深刻认识这一问题的严重性和危害性，并在工作中坚决予以纠正。
>
> 1999年11月25日，"焦点访谈"播出《鄱阳湖畔的哀鸣》，报道了不法分子在世界著名的候鸟越冬地鄱阳湖畔大肆捕捉、猎杀和出售候鸟的情况，国家林业局立即向全国发出《关于加强鸟类管理的紧急通知》，规定自1999年12月1日起，禁止猎捕、出售、收购和出口野生鸟类的活动。
>
> 2000年4月20日，"焦点访谈"栏目报道湖南乐阳个别交警勾结社会无业人员，敲诈勒索过往司机的严重违法违纪问题。公安部就此发出紧急通报，要求全国交警重新收看这一节目，并集中用一个月时间，以执勤执法为重点，对照公安部"五条禁令"和有关要求，对各地交警队伍中存在的突出问题进行认真的检查。②

在这类"舆论监督"类节目中，媒体与记者的"介入"不仅记录了社会事件，而且扭转了事件本来的"偏差"，使事物回归到正常的轨道。由此不难看出，记者既担当历史的记录者、新闻的传播者，同时也以自己特有的工作方式参与到历史运动之中，创造着历史。人们不能因为是媒体和记者，而非其他外部力量介入事件，就否认新闻"介入"的合理性和实际意义。

---

① 《新闻知识500问》，第27页，湖南大学出版社2000年版。

② 袁正明、梁增建：《用事实说话——中国电视焦点节目透视》，第172页，上海人民出版社2000年版。

## 二、介入的方式

记者的介入,有着自身的职业特点。它既不同于政府的行政“干预式”介入,也不同于法官依法行事的“强制性”介入。记者主要是社会信息的传播者,它的介入功能主要以“影响舆论”的方式实现,因此,所谓“媒体比政府有用”、“记者比法官管用”的说法,把媒体或记者置于政府和法律之上,是很危险的。

就新闻传播的形式看,记者的介入不能违背“报道者”的职责,换句话说,记者的本职是一个报道者,“介入”事件只是一种方式而已,正如以“旁观者”报道事件(非介入)也是一种方式。那么介入型的深度报道,记者通常以怎样的“形象”或“角色”出现?介入的方式通常有哪几种类型?

(一) 体验式介入

体验式介入,是指记者直接参与某一事件,或者就是事件当事人,以亲身体验的方式经历事件发生、发展、结局的全过程。在体验式介入中,事实都是记者亲自经历、体验的,记者与事实融为一体,而只需“将新闻(亲身经历)说出来给人看”。如果记者把自身参与某事的体验写进报道中,即为体验式深度报道,西方则一般称之为“个人经历报道”。体验式介入虽然也以个人亲历为特点,看起来主观人为性较强,但记者为了强调报道的客观性,通常会采用各种手法(包括背景资料、引述、细节等),以避免“消融”在事件中的印象。

个例一:《网上风景无限》。这是记者于卓采写的体验式报道,该文发表后,曾引起新闻界的广泛关注,认为报道的切入点及采访手段比较新鲜。有网络业界人士称,这是报界记者全部以网上采访进行报道的首例。有关这篇报道的采访、写作,记者后来有这样一段叙述:这是《科技日报》组织的《电器与社会》系列报道中的网络篇之一。记者在采访网络公司的过程中敏锐地发现——网络可以实现正在进行时的交谈,于是十分兴奋,立即构思在网上进行采访。记者身在北京,通过网络同上海网民和北京网民各谈了1小时,双方用手交谈,键盘敲得多快就能说多快,屏幕上飞快地跳出对话。许多网民具有超前意识,因而在记者一连串问题的紧逼下,道出许多新鲜感受。最后记者从大量访谈素材中“轻而易举”地写出报道。

这篇报道的成功之处,首先在于把鲜活的体验客观地陈述出来,并以生动、活泼的笔致呈现在读者面前，让人真有“网上风景无限”的感叹；其次，记者把亲身经历的网上体验融于事实的报道中，既有客观的陈述，又有心灵的搏动，真正做到了情与景的交融；另外，与报道的内容相适应，这篇新闻简洁、清新的语言也是相当有吸引力的，堪称网上话语与感性描述交织成的动人风景。

个例二：《中毒性休克》。这是一篇曾获普利策新闻奖的特稿，同时也是以“第一人称写作”的体验性深度报道。它是南·罗伯逊女士在克服了病痛折磨和人们难以想象的困难之后，为人们奉献的一部“兼具细腻与勇敢的新闻作品”。在作品的开头，记者就把我们带入了个人化的亲身体验之中：

> 出事的前一夜，我穿着一件巴黎式黑天鹅绒晚礼服去参加了一个充满纽约风情的舞会。凌晨三点，我心满意足地睡着了。
>
> 24 小时之后，我躺着快要死了，手指和腿随着坏疽变黑。我休克了，没有脉搏，血压低得要命。我被送到伊里诺伊州罗克福德市医院的急救室，那里的医生不知道我出了什么事……

本篇完全是亲身经历的报道，罗伯逊主要使用第一人称写作，直到她细致地阐述中毒性休克症状。这时她采用第三人称对中毒性休克综合症作了详尽、全面的解释，娴熟地减缓了对事件的叙述。然后她又把读者带回特护病房，医生起初怀疑她是否能活下去，这时作者重新使用第一人称，行文又把读者拉回到事件的进程之中。“罗伯逊没有在这篇作品中力图掩饰她的弱点和尴尬，她向读者展示了有关自己病情、身体的种种细节，甚至如何恶劣地对待家人和朋友。罗伯逊说，投入感情是特稿记者最有价值的手法之一，她坚信‘你的采访技巧因你的人格而提升’。”①或许，这也是体验式深度报道引人入胜的秘诀之一。

（二）揭秘式介入

在有的深度报道中，新闻事实是客观存在的，记者利用自己的职业优势，深入到事实的“幕后”，去撩开一般受众不可能揭开的这层面纱。在这类报道中，新闻事件仍按照本身的规律展开，记者的行为不对新闻事实直接发生影响，只是“将新闻揭开来给人看”，记者的“介入”是围绕新闻进行的。

---

① 戴维·加洛克：《普利策新闻奖（特稿卷）》，第 99 页，新华出版社 1999 年版。

在揭秘式介入中，记者进入到事件的内部，与事实往往十分贴近，因而也使读者倍感亲近而具有“冲击力”。获第八届中国新闻奖的深度报道《来自高墙内的哭诉》，就是《羊城晚报》几位记者以打工者的身份，进入亿鑫鞋厂“半工半查”，通过艰难的隐身采访实践，终于获得了台湾老板非法体罚、殴打和侮辱大陆员工的第一手材料，发表后在社会上引起了强烈反响。

这篇报道的感染力直接来自于记者的亲身见闻：当读者跟随记者（打工者）穿过高墙来到亿鑫鞋厂时，人们的心便会不由自主地揪紧了。这里是一个没有阳光、缺乏温暖的地带，也是一个鲜为人知的角落。如果不是记者深入“虎穴”，那么 5 号窗口还会是吃猪食的专用窗，黑色季节将永远是没完没了的加班，高墙内的悲惨境遇还会延续……记者出于对职业的忠诚，更出于对那些无援无助的弱势群体——打工仔的同情、怜悯和关心，向全社会报道了这里“无法无天”的一角。记者的现场说“法”是值得褒奖的，正如评委给予的评价：贴身式、体验式的采访不是一件容易事，记者要深入现场，与采访对象感同身受，尤其是为了披露社会问题，记者更要具备处变不惊、沉着应付的心理素质，所冒的风险也是很大的。《来自高墙内的哭诉》反映打工者在台资企业的不公平遭遇，是记者扮成打工仔，对一星期亲身体会的如实再现，阅读此文，仿佛进入了其中情景。①

（三）策划式介入

策划式介入，是指记者将不同时间、地点、人物、背景下可能发生的若干情节进行预先设计，然后或以某“角色”身份、或以记者的本色“介入”事件之中。在这类深度报道中，整个事件的展开是记者演出来给受众看的，记者成了新闻中的角色，如同真实的“舞台剧”，“将新闻演出来给人看”，新闻围绕记者的活动展开。

一类是以某社会“角色”的身份介入，主要表现为亲历模拟的特征。例如，获奖新闻《记者贩菜记》这篇报道，《长江日报》经济部三位记者有感于武汉市蔬菜流通中存在的问题，他们先集中采访了三镇集贸市场现状，在掌握大量第一手材料、大略构思几篇采访札记的基础上，又别出心裁地采用亲历模拟的采访方式，装扮成菜贩子。他们选择一个雨天的夜晚上路，按照每个菜摊日均销售约 100 公斤的经营数量，模拟菜贩一天劳动的全过程，据此写就的《记者贩菜记》以无可争辩的事实，活生生地展示出新鲜蔬菜从菜农

① 《第八届中国新闻奖作品选》，第 224 页，新华出版社 1999 年版。

到城市居民菜篮中间环节加价过高的现实，在武汉三镇各阶层读者中引起强烈反响。可以想象，没有《长江日报》三位记者特殊而艰辛的采访行动，是不会有这篇可读性极强的新闻的。

另一类是以新闻媒体的权力身份直接介入，即记者主观策划、推动的报道。例如，1995 年 11 月，《华西都市报》获悉有 8 名拐卖到河南的四川儿童被解救并作了报道，但由于这些孩子被拐时间长，真实身份不明，以致在两个月中无人愿意认领，报社决定出面发起“孩子回家行动”，派记者到河南接回被拐儿童。此举在当地和全国都产生了轰动效应。在这类策划性介入中，其合理性在于：（1）策划以客观事实和新闻线索为立足点，报道内容是客观存在的；（2）事件的进展虽然是由于报道者的介入，但这一发展并未超出、改变而是顺应了事物发展的自然规律。这种介入体现了媒体和记者的社会责任，主观能动性没有背离客观事实这个基础。

## 三、介入须遵循的规则

如果首肯了深度报道中记者的介入，接下来的问题仍待探讨：我们即使避开那些商业味很浓的“策划新闻”而论，一些策划性介入如窃车现象、儿童被拐、寻母来信、抱养孤儿等，正是由于媒体与记者对事件本源的直接介入而引起了非议。这就从反面提出有待进一步思考的问题：记者是不是就可以无节制地介入？介入的“底线”在哪里？概言之，介入的规则是什么？我们以为记者的介入应遵循以下几个原则：

### （一）事实的客观性原则

如果深入到介入的本质中去，我们就会发现记者介入的是“事件”，而并不是改变或生造事实。即使在策划性介入中，它的策划也仅仅是具体的“事件”而不是“事实”，事实是不以人的意志为转移的，因此根本不可能被策划。“新闻真实性原则关注的只是新闻陈述的事实是否客观存在，对于这种存在是在什么条件下形成的则无关宏旨。”①也就是说“事实”的形成尽管不在“议题”之中，但其是否客观、真实却是介入性报道的先决条件。

近距离的介入，其本意是为了加强报道的深入性和真切性，但在实践中却时常因感性触摸与主观体验的融入，导致情绪的弥漫和感性的泛滥。人

---

① 孙学宝：《对“新闻策划”论争的几点思考》，转引自《新闻学探讨与争鸣》1999 年秋季号。

们注意到，一些体验式深度报道因为“我”的介入，从表面看增强了新闻的文学色彩，而其极端则是赤裸裸地抒写“自我”；更有一些记者在强调“人性化写作”，不断强化感受、体验的同时，不可避免地忽视了事实的客观性，坠入了“文学新闻”的陷阱。

（二）事件的规律性原则

尽管我们承认策划性介入的合理性，但记者的介入仍须把握两个规律；一是事物发展的规律，二是新闻运作的规律。“记者参与活动之中，可以而且必须发挥自己的主观能动性和创造力，促成事物发展过程的圆满和完善，为尔后的报道奠定基础。”①但这并不等于说可以主观臆造、夸大虚构或导演摆布“事件”。1997 年 6 月 30 日，《福建日报》推出了一篇题为《国耻今洗雪 喜讯慰忠魂——林则徐后裔在榕隆重举行家祭》的报道。这篇报道是怎样策划的呢？据介绍，1997 年春节刚过，记者就着手制定香港回归的报道计划，并开始选题调研，搜寻富有个性的新闻“亮点”。于是有了一个“奇想”：若能模拟《示儿》诗的意境，由林氏后裔组织一次家祭以庆祝香港回归，不是很好吗？为此，记者于 5 月初登门拜访凌青先生的胞妹林子东，没想到这一想法与林氏族人不谋而合。此后，记者又两次登门了解活动筹备情况，还应邀参与研议祭文；同时作好采访前期准备，包括搜集有关香港地区的背景资料，阅读林则徐传记和诗词选集，研究林氏家族谱系等。家祭当天，记者分别“盯住”重点人物，注意观察现场情景和气氛。采访结束后，又集中研究主题、文章布局、素材取舍、叙述方式等。这篇报道成了典型的策划报道的个案，但其整个报道活动中，事实是“模拟”出来的，事件是“组织”出来的，过程是预先“筹备”的，甚至还“研议”了具体的细节（祭文），主观“制造新闻”的意图极为明显，“导演”事件的痕迹也过于强烈。这与其说是“新闻策划”，不如说是媒体在“作秀”。

（三）认识的科学性原则

介入式报道的科学性原则，体现在对事实的运作模式、情感模式、价值观的表达模式和语言模式等各个方面，其采访环节中“介入”的科学性则是保证报道科学性的基本前提。介入式采访受到许多主客观条件的制约：报道对象的变幻莫测，记者的社会角色、职业角色和个人角色的骤然变换等。这从主体角度向记者提出了很高的要求。从传媒机制角度看，策划者和组

① 赵振宇：《再论新闻传播策划的主体参与》，《新闻与信息传播》2001 年秋季号。

织者也要慎之又慎,对策划方案、人员组成、采访设备、报道计划等,都必须作通盘考虑,充分论证。缺乏科学性的策划性介入,必然使新闻的客观性、规律性和公正性发生扭曲和变形,从而违背新闻的本质。

(四) 法律和道德准则

遵守法律和恪守职业道德是任何采访的准则,“介入”式采访因其手段特殊,还会涉及一些特殊的问题,如“肖像权”“隐私权”和职业道德问题。《假如今天我失明》是北京电视台“18 分钟经济 · 社会”摄制的反映盲人生活的专题片。主持人戴上墨镜扮成盲人出现在新闻中,当观众透过隐蔽的摄像机看到一位妇女主动上前搀扶盲人过街,看到一位小伙子为盲人“指”路,走过好远不放心又折回领盲人过路的感人镜头时,观众的心被这种人与人之间的爱与关怀感动了。然而人们也会质问:主持人戴上墨镜假扮盲人来骗人,这种行为符合职业道德吗? 如果拍盲人生活,为什么不去找真正的盲人做片中的“主角”? 看来,是不是介入、该怎样介入,不仅是一个技术问题,更是一个需要用新闻“规则”加以限制的问题。

# 写作篇

# 第七章 深度报道写作概述

任何写作都是个人创造性的呈现,深度报道写作也是如此。

与一般告知性的"纯新闻"相比,深度报道题材重大,内涵丰富,头绪繁多,感性与理性交织,因此要求记者更须具备良好的驾御全局的能力。大凡优秀的深度报道总是在统摄性思维主导下,开拓视境,精心布局,巧妙叙事,展现出别具一格的创造个性。

深度报道写作没有固定不变的格式,但也有一些基本规律可循。本章主要探讨深度报道写作中不可忽略的几个问题。

## 第一节 "深度"是怎样形成的

讨论深度报道的写作要旨,必须从如何构成"深度"开始。在第一章中,我们已从理论高度阐发了深度旨趣,本节将主要以独立文体的调查性深度报道为例,着重从操作层面切入,进一步解析构成新闻深度的技术问题。

### 一、发掘"事实"的深度

在所有关于"深度"的认识中,有一个表述最具有实践指导意义:深度来源于事实本身。对这句话,央视副台长、多年参与策划电视深度报道节目的孙玉胜有着深切认识:"挖掘深度的方向不是唯一的,但无论节目制作者选择了什么样的方向来寻求节目所要达到的目标深度,都必须首先寻求支撑这个深度的事实与证据。所谓深度就是对事实的占有,作为记者,你获得事实越多，你离深度越近。”①

深度来源于事实，这个见解似乎有违许多人对深度报道的看法：深度难道不是来自于记者的评论吗？如何认识“述”与“评”的关系？孙玉胜的一个基本理解是：“深度不是艰深的话语和生涩的表达，而是最终由观众来感受的深刻。”也就是说，所谓深度，不是或不主要是因为记者所发表的对事实的深刻见解，而是深在以事实的讲述和疑问的解开为核心，并由此引导受众进入到一种深度中去。

“深度来源于事实”，可以从两方面解读：首先，需要准确理解“事实”。事实具有不同的分量和品位，有的事实简朴而单纯，因而一般仅可作资讯报道（纯新闻）。但另一类事实意义重大、影响深远，具有历时性和延展度，具有开掘和拓展的潜力，本身就呈现出意犹未尽的“深度”，有深入报道的可能。其次，需要正确理解“事实”与“报道”的关系。报道是对事实的涵化，“新闻事实一旦被报道，其表现形式就不再是生活原型的事实，把关人把某些因素加工到新闻中去，使新闻被涵化了”②。深度报道的涵化方式有多种类型，如深刻的评论、为事实建构背景、多维的解释、巧妙的叙事等，但所有这些涵化方式与报道手段，都取决于“事实”本身的意态。有丰富内蕴和意态的“事实”是深度报道赖以展开的基础，是构成“深度”的本源，因而具有决定性意义。

这里不妨以一则舆论监督类节目为例，说明事实本身所能呈现的深度。1998 年，国家出台粮食流通体制改革的重要举措，党中央、国务院对此非常重视。5 月 22 日，朱镕基总理前往安徽省南陵县视察时，在鹅岭粮站看到了粮食满仓的情景。但朱总理离开不久，就有群众来信反映，朱总理在鹅岭粮站看到的满仓粮食是当地政府从其他地方临时调到鹅岭粮站，专门给总理看的。显然，这是严重的欺上瞒下、弄虚作假行为。

面对这一“事实”，不同的记者会有不同的处理方式，譬如，把记者的观点加进事实中，用理性的语言直白地作出结论。但是，新闻的客观性法则告诉我们，这不是理想的方式，因为“新闻涵化的实质是指记者如何表现新闻的客观存在并客观地表现记者对事实的理解，运用话语、编排、摄录技巧或

---

① 孙玉胜：《十年——从改变电视的语态开始》，第 93 页，三联书店 2003 年版。

② 刘建明编著：《当代新闻学原理》，第 153 页，清华大学出版社 2003 年版。

事实的取舍来达到这一目的”①。1998年11月12日《焦点访谈》披露这一事件，就避开了传统的电视评论从概念到概念的论证，而是通过事实的演绎过程（即记者的深入调查过程），用事实涵化事实，最后得出符合事实本质的结论，使观众获得了深刻认知。不妨看一遍《粮食“满仓”的真相》是怎样用一组“事实链”的展示来完成论证的：

(1) 鹅岭粮站拥有2 000吨库容，那么，在没有从其他粮站调粮之前，这家粮站到底存有多少粮食呢？他们又从其他粮库调了多少粮食到鹅岭粮站呢？（答案：6号仓有652吨散装粮食，从外面共调粮1 031吨。）

(2) 1 000多吨粮食是在上级领导来到南陵的前五天之内紧急调运的。这些粮食在鹅岭粮库放了多长时间呢？（答案：20天。）

(3) 南陵为何劳神费力调粮充库？（答案：南陵粮食局副局长杨赤峰的说法是，既然来看粮食，仓里的粮食应该是满的。因为南陵是个产粮大县，如果没有粮食，觉得丢人。）

(4) 仅仅为了顾全脸面吗？作为产粮大县，如果把该收的粮收上来，是不会出现空仓的情况的，南陵县的粮食收购工作做得怎样呢？（答案：南陵粮食局局长张厚发的回答，定购粮数量比较少，去年的定购粮只完成50%。）

(5) 责任人如何看待问题？（答案：鹅岭粮站的粮食欠缺一点，做了一点小包装，在名誉上、经济上也没有给国家造成什么损失，也不存在欺上瞒下的问题。）

(6) 真的没有造成任何损失吗？（答案：调粮的费用共十几万元。同时，群众认为，把其他粮库的粮集中到一个粮库，让国家领导人看，产生国家粮食库存很多的错觉，也影响市场的宏观调控。）

节目中6个环节环环相扣，记者通过层层剥笋般的调查，将一道道黑幕揭开。这种顺藤摸瓜、由表及里的事实演绎过程本身就是缜密的论证。用“焦点访谈”总制片人袁正明的话说，这种演绎性论证已完成三个过程：“记

① 刘建明编著：《当代新闻学原理》，第160页，清华大学出版社2003年版。

者发现采访事实的过程，记者梳理展现事实的过程和观众认知读解事实的过程。”①显然，由于记者的认识与有力的事实结合起来，监督类节目的力量得到了充分展现。

从新闻传播的规律看，利用事实表达来达到理性深度，是实现有效传播的高境界。深度来源于事实以及对它的开掘，应该被看做是追求深度的基本操作理念。

## 二、从质疑的态度进入

“事实”是一种客观的社会存在，或明或暗地摆在人们的面前。当记者通过艰苦的采访，获得了比较丰厚的材料，如何陈述事实就成为一种考验。一般来说，平面地罗列事实，并不能获得“深度”，只能给人以浮泛的印象；反之，如果在“问题意识”的牵引下，不断地追问事实的本质，那么，那种理性的力量就会叩开“深度”之门。

什么是“问题意识”？不同学科背景的研究者可能会给出不同的答案。从认识论角度看，问题意识是构成一切创造性思维活动的开端，是对事物的本来面目或本真意义的不断追问。在思维方式上，问题意识一般由一连串“为什么”牵引，引导人们深入发问、质疑、辩驳、探寻，最终找到问题的答案或予以证伪。

我们知道，深度报道的题材通常来自于社会生活中的“非常”事件、现象或问题。大致搜寻过程是：记者因敏感于生活中的现象，在新闻价值判断的前提下而触发采访动机；因深入发现，而不断质疑和发问；因“问题”的牵引，而步步逼近最终结论。也许没有结论，那么这个过程也为探寻掩藏巨大悬念的“金字塔”之门作出了努力。

由此不难看出，深度报道的思维过程始终回旋着“问题意识”，或者说“是从疑问进入，从质疑的态度进入的”。② 对此，杜骏飞、胡翼青在《深度报道原理》中认为，新闻事实不仅仅是具体的新闻事件本身，更重要的是新闻事件与社会、新闻事件与人的关系，“深度报道的指向是社会关系的总

---

① 袁正明、梁建增：《用事实说话——中国电视焦点节目透视》，第156页，上海人民出版社2000年版。

② 孙玉胜：《十年——从改变电视的语态开始》，第101页，三联书店2003年版。

和”。他们在书中提出了一个新闻接近事实真相的基础追问：

发生了什么事件？

谁对这件事负责？

他们为什么做这件事？

是什么促使他们做这件事？

在这些基础追问中，当涉及的问题从事件发生到原因追寻的时候，报道已经在走向深刻。而对原因的追寻不仅关注当事人的个体原因（他们为什么这样做），而且更关注当事人动机的社会环境因素：是什么使他们这么做？此时的追问已经不仅在追究单体的事件，而且在追究关系，追究这一事件与其他事件的关联——至此，“背景”这个因素被引入报道中。应该认识到，“事实”“原因”“关系”“背景”这些元素与报道的深度是不可分割的。①

我们可以继续探寻一个问题：如何通过“质疑”“追问”来获得深度？又如何表现深度？“焦点访谈”的新闻制作人已经在实践中触及了这个方法论层面上的问题，以央视“焦点访谈”播出的节目《追踪矿难瞒报真相》为例：2002 年 12 月上旬以来，“焦点访谈”不断接到观众来电，反映 12 月 2 日上午，山西临汾尧都区的阳泉沟煤矿发生了一起很严重的瓦斯爆炸事故。事故发生后，当地一些人没有如实向社会公布死亡人数，而且既不让新闻单位介入，也不让死者家属相互接触，其中也许存在严重的瞒报。记者曲长缨找到当地安监部门的负责人，了解到这次事故发生的原因是矿主违反规定，没有安排专人监测瓦斯和打开井下风扇。至此似乎结论已经形成了，然而曲长缨没有轻信表面的证据，没有让那些显而易见的表面事实给轻而易举地糊弄过去，于是他更加深入、细致地进行调查和挖掘，一直在四处搜寻和打听，终于使一起触目惊心的矿难瞒报事件逐渐由模糊走向清晰。

需要交代的是，深度报道的问题意识贯穿于报道的全过程，并非仅从写作或编辑阶段发端，而是在采访调查阶段就开始了。但应该说，所有“问题”得到最终落实和解答，并且通过表达而定型，则只能在最后的写作（制作）、编辑阶段才算完成。因此，深度报道的写作（制作）和编辑，首要的工作是让采访阶段形成的一连串“问题”得以重新“盘点”，通过提供详实的“事实”“原因”“关系”“背景”等要素，逐渐组成一个建构性的话语系统。

仍以上述例子来分析，就需要进一步明确：如何在“问题意识”引导下，

① 孙玉胜：《十年——从改变电视语态开始》，第 100 页，三联书店 2003 年版。

建构深度报道表述系统？

（一）提供“问题”菜单

这里分“浅表问题”和“深度问题”。浅表问题：矿难中到底死亡多少人？谁在瞒报和撒谎？如果那些报告结论中有人作假，证据是什么？为什么那么多的人为谎言作注解、为矿主打掩护？由此进而思考“深度问题”：到底是谁策划了这起瞒报事件？是谁为这起矿难的瞒报出钱消灾？是谁偷偷安排了遇难矿工的火化？为什么层层的监管部门视而不见？为什么一个漏洞百出的死亡名单会得到有关部门的认可和采用？为什么矿主对矿工生命敷衍和轻率的行为会失去监管？为什么矿主的“恶性牟利”能为所欲为、一路绿灯？

（二）展现追问过程

展现过程，就是围绕“问题”菜单进行更为深入的采访，提供详实的证据和细节，把一个个生动、有力的画面展示出来。在上例中，记者曲长缨带着对死亡者“名字”的关注，在矿难现场找到“血证”：在一个破旧的工棚里的杂物堆中捡到了一个身份证，名字不在名单上；在黑乎乎的矿工宿舍的床下捡到了一个破破烂烂的通讯录，通讯录主人的名字不在死亡名单上；还有路过矿区时一个过路人念叨出来的几个死难矿工的名字，也是死亡名单上所没有的。记者还顺藤摸瓜，找到了通讯录主人家中，看到了死难者的哀伤的父母，死者父母亲口证实：他们的儿子死于“12・2”矿难。记者还找到了另一名不在死亡名单上的矿工的家人，了解到矿主恐吓死者家属，连哄带吓最后“私了”的全过程等。

（三）给出问题答案

质疑与追问归根结底是为了呈现出真实的事实或真相，解开受众心中的疑窦，从而完成论证，得出令人信服的结论。上述最后一个问题：为什么矿主的“恶性牟利”会为所欲为、一路绿灯？节目以强有力的证据表明：矿主的为所欲为、“恶性牟利”，其背后原来还有监管部门的责任——不仅是失职，而且是官商勾结、权钱交易。①

① 孙玉胜：《十年——从改变电视的语态开始》，第94～99页，三联书店2003年版。

## 三、建立事实的背景

说起“背景”，人们通常以为：背景能够解惑释疑，开人眼界，从而引导报道的深度和方向。对此本人没有什么异议。但是在以往的理解中，人们通常把“背景”与“事实”看做两回事，是有着不同性质和功能的报道“元素”。例如，喻国明在《深度报道：一种结构化的新闻操作方式》一文中，是明确把“事实”与“背景”加以区分的，认为“提供有关的历史背景资料，用来解释正在发生的新闻事实的来龙去脉，交代与它有关的事实之间的因果关系，有助于受众更清楚地认识事物的真相和本质，把握事态发展的基本走向”。显然，他将“背景”看做是用来“解释”事实的一种历史性资料。由此，他还把深度报道的背景作了以下分类：

展示环境性的事实。即从横向联系的角度去考察和对比当前发生的新闻事实。因为任何事物都不是孤立存在的，展示事物间的相互关系，不但有助于人们在一种“情景化的状态”中更为客观地了解事物的由来与意义，而且有助于人们在与其他事物的对比中更为真切、生动地把握“这一个”新闻事实。

提供简历性的事实。即为新闻中出现的人物提供必要的生活经历、性格特征以及趣闻轶事的简介，以增强人物的立体感。

引用数据性的事实。数据往往是关于某类事物总体结构及状态的描述和抽象，为主要新闻事实加入相关的数据性的事实，有助于受众对有关事物宏观的、总体的了解和把握。

搜集反映性的事实。即有选择地报道外界对正在发生的新闻事实的议论、意见、态度或评价等。尤其是在新闻工作者自己对事态的真相尚未清晰地把握之时，兼收并蓄，多反映些各方的不同意见和看法，一则较为“保险”，二则有助于开阔人们的思维空间。这种手法常常用于对一些突发性的政治事件、军事新闻以及复杂的经济现象和科技发现的报道。

在喻国明的表述中，其实已经隐含着一种矛盾，即他已意识到记者在表达时其实并不区分“事实”与“背景”的差异，或者根本看做是一回事，所以他用“环境性的事实”“简历性的事实”“数据性的事实”的模糊概念（既是“背景”又是“事实”）来表述。孙玉胜则更明确地提出：“背景是事实的一个组成部分，它是事实间的关系，是事实存在的那个环境，是粘在事实后面的东西，是更多的事实。”①从这里不难看出，学理化的概念细分，有时在实际操作层面是被“简化”的，后者仅以传播效果为目的。

因此，在深度报道中，人们不妨把“背景”看做是更深层次上的事实，或者说是从四面八方粘贴在事实上的那些相关事实，如一份简历、一些知识性说明、一串数据、一种社会反映等。这里以央视2003年11月10日“经济半小时”播出的《衡阳大火“烧”出违章楼》为例说明。节目中有这样一段话：湖南省消防总队一位不愿透露姓名的指挥官曾经在火灾现场对记者说，凭他30多年消防工作的经验来判断，这栋大楼一定存在严重的质量问题，否则不会在这么短的时间内坍塌。那么，这幢夺去消防官兵生命的大楼到底是一栋什么样的建筑呢？节目提供了这样两个“背景”：

> 在衡阳，永兴集团是一家知名度很高的民营房地产企业，董事长李文革是湖南省人大代表。永兴集团曾经开发过包括家具城、酒楼、商住楼在内的多种地产项目。11月3日清晨，大楼坍塌的时候，永兴集团副董事长戴健平就在事故现场……
>
> 在衡州大厦的项目申请材料中，这座大楼申报的建筑面积是5 809.56平方米，高度是6层，但是在1998年3月4日的商品房预售许可证当中，这个大厦的面积成了9 300平方米，至于高度，我们在这栋大厦的残缺部分，仍然可以数清楚，一共是8层。建筑面积多了3 500平方米，高度增加了两层，永兴集团副董事长戴健平向我们透露了其中的秘密……

这段介绍，确实是背景，但在整个节目中又是不可缺少的关键事实：前者引出的是，这样一家实力雄厚的房地产企业却在大厦施工时，“还没有取得建筑的资质”；后者则更是直接引发衡州大厦坍塌的重要证据。而且，这两个背景都粘连着一串新的事实，引导着报道往深度方向拓展。

为什么背景的阐述会把报道引向深度方向？我们认为，“背景”在深度报道中，往往是构成“浅表事实”和“深度事实”的交接界面，它相当于考古作业中用于鉴定“断代层”的一个层面，透过它的挖掘，可以进入更深的信息层次。而且，深度报道作为一种结构性思维，不是抛开其原有的关于事物的整体认识去简单地“就事论事”，而是将个别事物置于事物整体的认识结

① 孙玉胜：《十年——从改变电视的语态开始》，第103页，三联书店2003年版。

构和认识框架之下进行定位、“释义”和理解的。因此,背景实质上构成了深度报道中“上下文联系”的焊接“节点”。

# 第二节 深度报道的叙事策略

海登·怀特曾经探讨过叙述对于历史事件的改造。他发现,历史学家常按照情节模式对事件进行重新编码,他们首先确立叙述的中心,然后找出原因和结果,于是许多混沌的历史事件从而显示开头、中间和结尾——这些处理其实与文学异曲同工。如同历史,新闻也仅仅是一种语言加工的产品,真实的历史事件渐渐远去,遗留的仅仅是文字记载。“所谓的历史真实——按照罗兰·巴特的观点——无非是某种语言效果罢了。”①

叙事学是西方结构主义和俄国形式主义思潮的双重产物,它的研究对象包括一切带有“叙事性”的作品。法国著名符号学家、文体论者罗兰·巴特在《叙事作品结构分析导论》中指出:叙事具有普遍性,口头语言、书面语言、画面、手势诸多材料都适合于叙事,神话、传说、民间故事、小说、诗、戏剧、绘画、电影、广告、社会杂闻、会话都构成叙事。显然,新闻报道作为对历史的记录,作为用语言编码的符号系统,也必然是一种叙事性作品。

## 一、叙述者——“谁在说话?”

关于叙述,人们首先应该质问声音的来源:“第一个问题:谁在说话?在所有说话个体的总体中,谁有充分理由使用这种类型的语言?谁是这种语言的拥有者?”②可是,“叙述者”常常被包裹在迷雾之中。

叙事学认为,叙事行为的背后存在三个角色:作者、隐含的作者、叙述者。作为现实的个人,“作者”从属于现实世界,无疑具有坚实的心理内容和社会属性。但是,理论研究表明,另有一个“隐含作者”存在于文本世界内:“他,或者更确切地说,它,没有声音,没有直接进行交流的工具。它是

① 南帆:《小说和历史的紧张》,《读书》2003 年第 11 期。
② 福柯:《知识考古学》,第 54 页,三联书店 2003 年版。

通过作品的整体设计，借助所有的声音，依靠它为了让我们理解而选用的一切手段，无声地指示着我们。"①隐含作者位于话语行为的深层结构之中，与"作者"之间息息相关，但决不是简单地等同，甚至可以是矛盾、对立的："一个作者在他的作品中表现的思想、信念、感情和他在真实生活中所抱有的思想、信念、感情，可以不一样，甚至可以相反；他也可以在不同的作品里表现不同的思想、信念和感情。"②

相对而言，"叙述者"是承担话语陈述行为的主体，通常活跃于表层结构之中。任何作品中的事件、人物，只有通过叙述者的讲述才能被感知。没有叙述者这个陈述行为主体，就没有事件或人物这些陈述内容。本杰明认为："叙述者对故事的影响力与陶器匠的技术对陶器的影响一样。"③实际上，叙述者不仅在陈述事件和命名人物，而且在"参与"故事。叙述者参与故事的程度，叙述者的作用被感知的程度，叙述者的可靠性，都干预、影响着事件和人物。可见，叙述者在文本中的位置尤为重要。

事实上，深度报道中叙述者或记者在文本中是否"在场"与"出入"，或者说记者在文本中是否"参与故事"，对于叙述来讲是至关重要的。叙事话语中，通常用"人称"来标示叙述者在文本中的位置。根据深度报道中叙述的实际情形，叙述者主要有"作者""全知者"和"作品中的人物"这三类。一般来说，由作品中的人物来担任叙述者的情况相对较少，所以"叙述者"主要以"作者"和"全知者"的身份出没于文本中。

（一）叙述者为"作者"

记者与"作者"（叙述者）身份合一，叙述的内容通常是一个关于自身或包括自身在内的故事，这时的叙事大多使用第一人称。这种叙事方式，常常见诸体验式或目击式的调查性报道之中。譬如，2000 年 5 月 1 日，包括《北京青年报》记者部主任张力在内的 5 名航海者，抱着海上看中国、企盼海峡两岸和平统一、维护钓鱼岛主权的愿望，从厦门港和平码头起锚，驾驶一条仅 8 米长的运动帆船"银鹭号"扬帆出海。然而，5 个人的命运就在这海上拐了个弯儿：5 月 14 日凌晨，帆船遭台湾地区海巡队的舰船拦截，5 位航海者从此经历了 3 个月的审讯、248 天恶梦般的囚禁。作为随船记者，张力在

---

① 里蒙·凯南：《叙事虚构作品》，姚锦清译，第 157 页，三联书店 1982 年版。
② 里蒙·凯南：《叙事虚构作品》，姚锦清译，第 156 页，三联书店 1982 年版。
③ 转引自吴炜华：《新闻摄影的叙事学分析》，《现代传播》1999 年第 1 期。

狱中用自己的眼睛和心灵记录了一切：

被关押的第二天清晨，尖厉的哨声响了，有人高叫："起床！"我从一夜的梦中惊醒，真希望昨天的一切只是一场梦，但睁开眼，清清楚楚看到的是铁窗。一激灵爬起来，迅速地叠被，外面已经在喊："床上坐好！"公差在门上的窗口告诉我，要像和尚那样盘腿坐直。

之后，随着铁门的开启，楼道里传来穿拖鞋的噼里啪啦的跑步声，并一路高喊："长官好！"一个个光头从我门外闪过，跑近水房兼厕所。不出两三分钟，公差在叫："洗脸的快出来了！"于是，那些光头又一一闪过，高喊着："谢谢长官！"这样一拨紧接一拨，最后轮到我们5个，但要一个出来，下一个才能进去，不能碰面。我用那半截无柄的牙刷沾上牙粉草草刷了几下，又用凉水抹抹脸，外面就有人叫了。

早饭时铁门打开一道缝，我从地上端起一饭盒粥和咸菜。以后每餐如此，中午和晚上是米饭加几块豆腐和猪血，还有菜叶。①

这里，叙述者的身份是多重的：作者（记者）、囚犯、调查者和体验者。由于记者采用第一人称叙述，并不隐去"作者"身份，因而恶梦般的经历、心灵的体验也交织在一起，采访过程也就是逝去的事件由远及近的再现过程。如果将调查性报道对新闻事实的再现当成一种叙述，那么，一个"个性化"、具体的讲述者无疑是必不可少的。应该说，当叙述时记者以本人的"第一人称"（强调亲身经历）来展现调查过程，从理论上说是最为自然合理的叙事方式。

叙事作品一般存在两种视角：一种是所谓内视点或称内部聚焦式，叙述者可以介入人物的内心世界，这个人物就是叙述的视角；另一种是外视点或称外部聚焦式，强调任何关涉内心世界的叙事行为都被认为是非法的，叙述者唯一的事务是限于描写可见的行为或特征。② 那么由此观察上述报道，当叙述者以"记者"身份出现于文本中的时候，他经常使用的是外视点，其观察是"职业化"的——直陈事实，再现情景，细节生动；而当叙述者以"囚

① 张力：《直航台海——我在台湾牢狱248天》，第23页，中国文联出版社2003年版。
② 南帆：《文学理论（新读本）》，第71页，浙江文艺出版社2003年版。

犯"之身隐现于文本中，"内视点"就折射出来了，其笔触就饱含着一种无奈、悲凉、落寞的心绪，并浸透于个性化的语言和表述的"声音"中（如"我从一夜的梦中惊醒，真希望昨天的一切只是一场梦，但睁开眼，清清楚楚看到的是铁窗"等）。两种叙述"视角"经常融合在一起，这恰恰强化了调查性报道的真切度，容易把读者带入当时当地的情境之中。

（二）叙述者为"全知者"

当记者以"全知者"身份进入深度报道时，记者不出现在他叙述的故事中，基本上已从文本中隐去。这时的叙事多采用"第三人称"，以一种客观中立的叙述姿态，与报道对象保持一定的距离。这种叙事方式在深度报道中更为通行，尤其在解释性报道中所常见。例如，2003 年 11 月 7 日《光明日报》刊登的深度报道《"家族"时代的完结》，全文从 10 月 25 日俄罗斯石油大亨、尤科斯石油公司总裁多尔科夫斯基被捕，以及引出的一连串相关事件开始叙述："当天，俄总统办公室主任沃洛申向总统递交辞呈；30 日，检察院冻结尤科斯公司部分股票；大洋彼岸的美国国务院对俄总检察院冻结尤科斯公司部分股票表示不安；俄外交部立刻给予反驳，呼吁华盛顿不要干涉俄内部事务。真是一石激起千层浪。"显然，这种叙述只是客观陈述事实，而记者的言行基本消失了。接着，记者以"全知"视角，参引各种背景材料和引语，分析"家族"性的金融寡头是怎样形成的、普京是如何讨伐金融寡头左右国家政治生活，以及对霍氏被捕引发的俄各界的反应等。在这种叙事中，记者采用的是外部聚焦法，借助详实的背景、各界反映和局势观察，将事件的来龙去脉和未来走向呈示出来。

在这种"全知全能"的叙事中，叙述实际上是全方位的，法国热奈特因此称之为无焦点或零度焦点。"零度写作"被罗兰·巴特认为是一种新闻式写作，因为"这种中性的写作存在于各种呼声和判决的汪洋大海之中而又毫不介入，它正好是由后者的'不在'所构成。但是这种'不在'是完全的，它不包括任何隐蔽处的任何隐秘。于是我们可以说，这是一种毫不动心的写作，或者说一种纯洁的写作"①。

我们认为，尽管绝对的"零度写作"是不存在的，但在新闻中尽量减少记者的主观性渗入，仍然是不失新闻客观性的最佳保证之一。新闻学者霍亨伯格指出：新闻写作包括一种说出意义的责任，但并非说记者有权评论这则新

① 罗兰·巴特：《符号学原理》，第 102 页，三联书店 1988 年版。

闻。在他看来，记者处理解释性新闻时要注意的具体问题有下述三点：(1)顾及背景资料的完整性，应能对主题作多面、通盘性的呈现，亦即符合客观和公平的原则；(2) 在解释过程中，尽量列举数字和事实，而非记者个人意见，以便增加信实度；(3) 记者应深入了解主题，有时数字和事实不能说清问题的真相，因此要借助记者有关方面的知识和以往处理新闻所累积的判断力。解释性新闻的好坏，主要看记者解释观点、方法和所用佐证的事实。

(三) 叙述者为“作品中的人物”

在新闻报道中，叙述者能不能由“作品中的人物”担任，恐怕在学理上会引起较多争议。因为在传统新闻写作理论中，新闻采写的主体是记者，因而叙述者自然是记者。但是在新闻实践中，随着受众和媒体之间的互动逐渐增多，传播中“受众意识”不断增强，公众“反客为主”已非鲜见，各种媒体已遍布所谓“自述体”新闻。“自述体”新闻从表面看只是叙述者由“记者”向“公众”移位，叙述方式仍沿用“第一人称”，但其本质却发生了根本变化：因为“媒介有种重要功能，即‘提升素材’或‘授予地位’，报道出来就是例子、代表或典型。受众将以一种特殊的心态来接受和思考它的含义”①。并且在具体操作中，媒体除了适量刊播自述新闻以外，通常还会同时配发“采访手记”或“编后”，或约请专家、学者发表他们的看法(评论)，因此公众的“自述”只能看做是整个报道中的一部分，这样所谓人物“自述”也只能被看做是“作品中的人物”的叙述。

目前，自述体的深度报道大多出现于“情感类”栏目或版面，如《北京青年报》的“情感在线”、《深圳晚报》的“情感热线”、《楚天都市报》的“讲述”，中央电视台的“生活空间——讲述老百姓自己的故事”等。他们刊播的都是读者讲述的情感经历或生活感受，大致可分为关怀故事、婚恋故事、成长故事、社会故事、亲情故事和警示故事等。对于“情感报道”，有人认为是“具有小说笔法或散文笔法，以揭示人的情感历程为己任的新闻报道”(陆少华)。它属于广义新闻报道范畴，因为“新闻信息包含事实信息、意见信息和情感信息”②。以此作逻辑类推，那种以深度展示人的情感历程，传递人生哲理的报道，是一种情理兼胜的深度报道。

刊登于 1996 年 4 月 8 日《广州日报》的《下辈子，我们还当母子——

① 张立伟：《公民道德建设与媒介引导的形式》，《当代传播》2002 年第 2 期。
② 李元授：《新闻信息概论》，第 26 页，武汉大学出版社 1996 年版。

位痛失儿子的母亲自述》,这是一篇口述性新闻,新闻的发布者是“一位痛失儿子的母亲”。由于新闻是亲历者自己敞开心扉叙述出来的,字里行间饱含着她特有的情感、思想和内心活动,且带有浓郁的生活气息,读起来亲切、自然,所以报道发表后感动了无数身为父母和孩子的心。根据这篇新闻拍摄的电影,同样在广大观众中产生了强烈的感情共鸣。这篇报道为读者提供了母子情深的最佳范本:虽然面临死亡,却洒满爱和阳光。在母亲眼里,患有恶性淋巴瘤的儿子虽身患绝症,心理却是健康、明朗的。他不仅懂事明理、顽强乐观,而且懂得人间最重要的东西——爱。在当前许多人把金钱看做生活的唯一,忽视、淡漠了亲情体验的时候,那种真挚的爱确实具有动人肺腑的力量。这篇报道具有很强的情感冲击力,这种力量来自于题材,更来自于一种无私、奉献的精神。在报道中许多催人泪下的细节和语言,都非常真实地展示了人性的光辉和爱的伟大。报道以《下辈子,我们还当母子——一位痛失儿子的母亲自述》作标题,也把口述新闻蕴涵的人间真情准确、深刻地揭示了出来。

## 二、叙事结构

叙事学认为,结构即信息,是一种“召唤性的呈示”。对于叙事的新闻文本来说,文本的结构就是叙述方式的综合。

荷兰著名学者梵·迪克是当今话语分析学的代表人物,他在分析了以解释性报道为代表的新闻文本之后,总结出了一种树形的“新闻图式结构”:

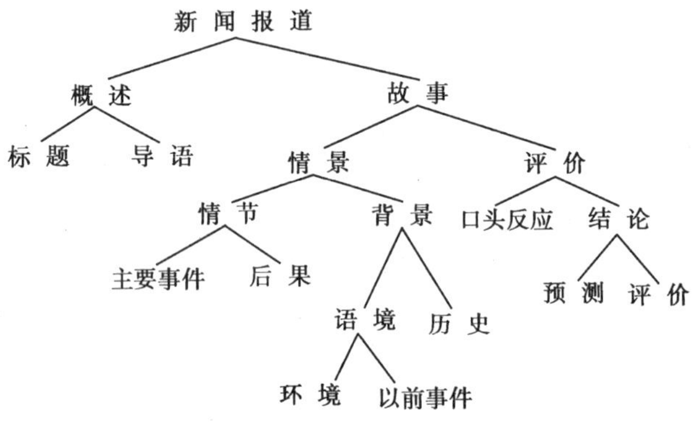


图 7-1　假设性新闻图式结构

这个“假设性新闻图式结构”，指明了在深度报道文本中新闻话语的各种形式，以及各叙述要素的等级顺序。至于如何展开叙事，他认为，记者应在统摄性思维指导下，根据新闻内容和报道策略，相应地组织、调度各要素，形成一种召唤性的文本结构。《南方周末》一位资深记者在总结其报道经验时，指出深度报道的叙事结构是一种“菱形结构”，即两头小中间大的报道结构。这种文本结构一般以如下方式展开：

首先，以新闻故事、情节、细节、对话、当事人的直接引语为引子，尽量避免从事件的大框架、总体描述为开始，其目的是为了吸引受众进入全面报道之中。这里以《南方周末》发表的深度报道《司法酝酿重大变革》为例加以说明，其开头写道：

> 7月，北京的正义路除了最高人民法院正在进行修缮施工，一切看上去还是老样子……
>
> 7月22日，最高人民法院邀请众多知名法学者前来商讨改革，“气氛坦然”。一位与会者说，谈到一些关键改革时，“我甚至忍不住站起来，面对三位副院长说，这个问题如果不改，将愧对国家，愧对人民！”

其次，新闻之展开，也就是新闻的主体部分。这里是陈述的重点，将详细报道记者的调查过程，嵌入背景资料，描述总体状况，阐发意义等，引导读者进入到问题的实质中去。这里还是“事实论证”的中心，将全面报道当事人的完整叙述、矛盾双方观点陈述、中立者评价、旁观者见闻、专家学者意见、文件资料征引等。

（一）背景的引用

结构主义叙事学非常重视“语境”的功能，认为任何事件只有被置于一定的语境之中，才能生成意义，从而为读者所接受和领悟。深度报道经常提供背景，不仅使人们清楚现实事件的历史缘由，而且扩大了叙述的语境，由此一些问题的重要性或严重性就显示出来。在叙事过程中，语境是由叙事者创造出来的，而背景的运用恰恰是有效扩展语境的方式之一。深度报道强调“把新闻事件置于一定意义的脉络之中”，因此它对于新闻背景的依赖是远远超过其他任何新闻文体的。仍以《司法酝酿重大变革》为例，为说明司法体制改革必须进行，报道引用了大量事件作为背景，如“杨志杰被超期关押12年案”“仅有小学文化的山西某县‘三盲’姚小红当法院院长”“同样只有小学文化的陕西某县‘舞女法官’王爱茹当法官”“日本的司法改革经验”等，都增加了人们对“变革”必要性的全面认识，并且也扩展了文本的意义功能。

（二）话语的引述

引语的运用是新闻报道的基本手法之一。它不仅可以增强报道的客观性，揭示意义，而且对于叙述来讲，还显示出在直接引用和大意转述之间建立一种巧妙的节奏，从而增加全文变化的功能。采访对象的话语引用既是“变笔”的开始，也是叙述节奏转换的“节点”：

> 实务部门在司法改革中表现出了极大的热情，但学界对此普遍表现出适度的担忧。他们认为，司法机关自己拿方案搞司法改革，不可能做到超然和中立。
>
> 中国人民大学教授陈卫东认为，这样的改革必须检讨，他说，迄今为止，我们所看到的司法改革仍然是司法机关“自身内部”的事情。
>
> 他认为，“囿于自身的地位和权力，对于涉及其他国家机关的组织体制、权力配置等全局性的司法制度问题，法、检两家在各自制定的改革目标中则根本没有涉及”。
>
> 中国人民大学法学教授杨立新也认为，以往的司法改革“缺少一个统一的灵魂”，“法院搞一套，检察院也搞一套，司法行政部门又搞一套。各项改革措施各不衔接，相互矛盾”。

这段文字，记者的陈述和直接引述相互搭配，互文穿插，是“变笔”的妙用；同时，专家的评论强有力地支撑着记者的观点，且更为权威地点明了问题危害的实质。

（三）多层面透视

在文本结构中，“语义”在不同叙述层面是可以逐层分析的，原因是叙事本身在从一个事件的多层面切入时，已经构思了每一层次的“意蕴”。我们知道，深度报道之“深”，其一个特征是深在把事实置于不同的背景层面上，进行步步深入的主题开掘，从而在满足人们“事实信息”“意见信息”和“情感信息”需要的同时，获得一种总体性的认知。一般来说，多层面的透视会形成多个“次主题”，这些“次主题”构成逻辑性的“意义脉络”，最终指向全文的总主题。例如《司法酝酿重大变革》，记者首先以“不平静的北京正义路”（即“有关司法体制改革的讨论”）作为引子，然后即展开逐层透析，引出以下几个意义群落：(1) 不改行不行？(2) 改革如何进行？(3) 日本经验。(4) 改革指向。这里，每一个层面都构成一个独立的部分，并呈现出很明显的逻辑关系。

最后，报道的结尾。有力的或意味深长的结尾，对于深度报道来说十分重要。深度报道特别讲求首尾的连贯性，它要求如果报道从某位人物写起，就一定要以这个人物收尾，如果报道以一个戏剧性的场景开场，结尾也一定要回到这段场景中，使受众在对一个具体的人物或场景的感受中，再次回味大问题。《司法酝酿重大变革》的结尾是这样完成的：

> 据透露，以上的部分建议已经被有关部门吸纳，“一些已经铁板钉钉，一些已经开始筹备”。乐观者认为，司法改革注定是一个漫长的过程，它比如是有计划、有节奏的渐进过程。一位学者用《圣经》上的话表达他对司法改革的耐心——“那门是窄的，那路是长的”。

这个结尾，一方面再次对报道事实给予说明，另一方面又饶有意味地“点”出了司法改革的艰难。我们说这样的结尾照顾到了叙述的完整性，是一个有力而得体的结束。

## 第三节　深度报道的话语分析

我们知道，语言学以句子为研究单位，超越句子的单位称之为“话语”。话语可以是一句话，也可以是整部作品。换言之，话语是一个语句系列或语句系统。

作为一种信息的传达机制，话语承担了两种类型的沟通功能：一种是描述外在的事物和种种景象，法国理论家热奈特称之为“显示”；另一种是表达说话者的主观态度，热奈特称之为“讲述”。① 就新闻的叙事话语来看，尽管两者不能截然分开和对立，但是，具体的话语活动通常有所侧重。总的来

① 南帆主编：《文学理论（新读本）》，第 63 页，浙江文艺出版社 2003 年版。

说，叙事话语可以划分为“以叙述事实为主”和“以表现情态意念为主”两种向度。

按照荷兰学者梵·迪克的分析，以深度报道为代表的具有复杂结构的新闻话语，一般可以分为以下三类：

A. 强调新闻事件真实性的描述性话语。

（1）直接描写事件的进程；

（2）利用来自现场目击者的证据；

（3）利用其他可靠来源（官方、体面人士、专业人士等）的证词；

（4）运用表示人数、时间、事件等有关精确的数据；

（5）直接引用消息来源的话，特别是涉及观点的时候。

B. 建立新闻事实之间联系的建构性话语。

（1）把以前发生的事件作为原因或条件而提起，描述已发生的后果或预测可能发生的影响；

（2）在熟知的情景中插入新闻事实；

（3）使用该领域广为人知的说法或概念；

（4）尽量把新闻事实组织到大家熟知的结构中，如叙事报道。

C. 提供情感、态度、观点等信息的暗示性话语。

（1）如果新闻事实涉及或能引起受众强烈的情感，它们就能够得到更好的理解与记忆。（但是，如果情感流露太强烈，就会导致对新闻事实的漠视、抵制以致不信任。）

（2）引述不同背景或意识形态的人对这一事件的看法会增加报道的真实性，但是一般情况下具有与记者相似意识形态的人会可能最先被当做消息来源。①

从新闻话语分析中不难发现：A 类的描述性话语以叙述事实为主，它的功能是显示性的；而 B 类的建构性话语和 C 类的暗示性话语则有明显的主观性，是一种以表现情感意念为主的话语形态，其特征是“讲述性”的。从新闻话语的微观结构分析，为我们从事深度报道写作打开了全新的视界。

---

① 参见梵·迪克：《作为话语的新闻》，第 87 ~ 88 页，华夏出版社 2003 年版。

## 一、发挥多样化的话语功能

如前所述,深度报道之“深度”,既来源于事实本身,也离不开记者对事实的开掘。前者要求以客观、公平的原则,陈述事件,列举数字和细节,其话语形式通常是“描述”;后者则强调记者主体意识的渗透,在立场与视角的统摄下,以情感意念涵化事实,呈现为观点、态度和价值判断,因此其话语形式是“讲述”。一般来说,真正优秀的深度报道其话语形态往往是多元而丰富的,参差、变换的话语风格能够反映记者的笔力与才情。我们不妨逐段分析2003年9月2日《南风窗》刊载的深度报道《中国土地忧思录》之第五部分《也为城市居民说句话》,其话语形式就显得迅疾多变而富有韵致:

(1) 观点——大多数市民从中国的“圈地热”中受益有限。

(2) 引述——《参考消息》刊载《制造一颗经济定时炸弹》:在北京,平均每3 000个市民就有一家房地产公司!全中国有超过30 000家的房地产公司。

(3) 引述,延伸认识——常驻北京的政治经济学家劳伦斯·布拉姆的文章指出:建筑狂潮仍在继续。台商透露,为了得到批准和许可证,他们平均每月需要支出几十万元人民币的娱乐费。

(4) 解释——这些黑暗的成本堆积成高耸入云的房价,需要一般人家两辈子积蓄才能购置。

(5) 转述和引述:国土资源部提供的统计表明,20世纪80年代末以来,土地出让、转让造成的国有资产流失最保守的估计每年也达100亿元以上,“比走私造成的损失还要大”。

(6) 解释——中国房地产泡沫直接威胁中国脆弱的银行系统。

(7) 举例、解释——以北京为例,多数企业由于缺乏开发实力,往往靠炒地皮、卖项目维持生计。

(8) 转述——据媒体透露,只有近亿元资金却敢操作十几亿元、几十亿元项目的企业大有人在。

(9) 引述——央行公布《2002年货币政策执行报告》披露:违规贷款严重,违规金额总数高达366亿元,实际数字比这还要大。

(10) 观点——有些城市的拆迁改造史,简直变成了居民的辛酸史、血泪史,破坏了经济发展、市场秩序、社会公平与稳定。“拆迁”已成为与“三农”（农民、农业、农村）问题同样突出、同样是新一届政府必须重点解决的社会经济问题。

通过文本分析可以得出结论，记者在叙述中基本上采用了引述与解释、陈述与议论、主观与客观等不同话语交替转换的笔法，也就是描述性话语与讲述性话语轮换展开的叙事方式。我们认为，恰恰是这种“转换”，使不同的话语功能得以生发，并构成了行文生动、奇崛多变的审美效果。

另外，稍需作点说明的是文本中“引语”的使用。深度报道中的引语是记者叙述话语中的话语，有人称之为叙述语言的“次语言”。西方新闻界历来十分重视引语的恰当使用，认为“无引语不成报道”，并在长期实践中形成了一套专业规则。为了说明不同的引述形式会产生不同的效果，或者说“形式”会赋予“内容”以新的意义，我们仍然以深度报道《中国土地忧思录》加以说明：

（1）直接引语。直接引语通常忠实再现消息来源的讲话，记者叙述的干预程度最低，保留了消息来源独特的社会站位和话语习惯。如：

> 今年7月初，一位北京的部委领导到南方考察，经过一个地级市时，当地市长向部长夸耀说：本市新技术经济开发区没有花财政一分钱，却建成了全市最漂亮、最高档、最绿色、最适合人居住的社区。
>
> 这位曾在地方工作的部长不客气地说：“这件事你蒙不得我，我了解这勾当。从农民手里贱征贵卖，你没花一分钱，也许还赚钱呢。这哪里是征地，分明是吸血嘛！”

这个直接引语形成了独立的话语形象，它打破了时空的界限，在引号的作用下，使人物的话语即时地呈现出类似电视新闻的“同期声”的音响效果，强化了记者相关叙述的合法性。

（2）“带特色”的部分直接引语。“带特色”的部分直接引语是深度报道中的特色品种，它产生一种特殊的聚焦作用，即所引用的“特色词语”往往会比全部引述看上去更有力，并形成注意力的焦点。如：

> 《参考消息》转发的上述报道或许不尽准确，而国土资源部提供的统计则表明，（20世纪）80年代末以来，土地出让、转让所造成的国有资产流失最保守的估计每年也达100亿元以上，“比走私造成的损失还要大”。

这里的部分“引述”是一个特色话语，形成“焦点”效应：不仅使读者直接感知问题的危害和严重性，而且那种不完整的状态突然置身于记者的叙述话语中，使读者的感受心理产生了骤然变化，从而形成新异刺激。

（3）间接引语。与直接引语相比，间接引语为叙述者提供了总结人物话语的机会，故具有一定的节俭性，可加快叙述速度。

> 据媒体透露，北京不少房地产开发商自身资金投入量，甭说是30%，甚至不足10%。像手中只有数千万元资金就敢玩几亿元资金的楼盘，只有近亿元资金却敢操作十几亿元、几十亿元项目的企业大有人在。

这个引语明显是不完全引述，记者已作了削减和加工。用在新闻报道中，间接引语的这种节俭优势往往可以有效地减短句子，加强文章的易读性。①

## 二、劝服性修辞：组构话语策略

何谓“劝服”？传播学著作广为引用的是两位心理学家卡特拉特和霍夫兰有关“劝服论”的研究成果。其主要内容是研究如何才能成功地劝导说服别人的论点。普利策奖得主、《芝加哥论坛报》总编兼发行人杰克·富勒曾说：“如果他是一名记者并认为劝服的艺术与他不相干，因为他与事实打交道的话，那么他就错了。他所从事的是改变人的心灵的工作，使人从无知的状态转入知的状态。这意味着他必须掌握向人们传递信息的艺术，而这就是修辞学。”②

新闻的劝服需要借助必要的修辞。从方法论来说，我们认为新闻修辞不仅限于使用常见的修辞手法，相反，它还包括为增加新闻报道的真实性、合理性、正确性、精确性和可信度而使用的策略性手段。③ 这意味着劝服性修辞涉及话语分析的所有层次。

深度报道是主观渗透性报道，记者的立场、观点、阐释、情感、倾向等都

---

① 参见蒋志高、郭水香：《从叙述学角度看新闻报道中的人物引语》，《新闻与信息传播研究》2003年夏季号。

② 杰克·富勒：《信息时代的新闻价值观》，第111页，新华出版社1999年版。

③ 参见梵·迪克：《作为话语的新闻》，第96页，华夏出版社2003年版。

融入其中，处理不好就会给人以主观、片面的印象——新新闻写作就曾经步入过这个误区。因此，深度报道如何借助必要的修辞策略，以达到言语表达效果，使语义表述不仅使受众理解，而且还能够使之作为真相或至少是可能的真相而被接受，就成为一个无法绕过的问题。

深度报道的实践也印证了这个判断。例如，我国电视新闻中有一个现象就让人深思：同样是深度报道，那些正面报道、典型人物、先进典型的报道收视率要比监督类、曝光类节目低。为什么会出现这种情况？很多人认为这样的选题天然优势不足。可是能不能再问下去：为什么这样的选题天然优势不足？是观众不喜欢看美好的人与事物，还是我们对这些人物与故事的讲述没有让人信服？回答是：也许编导记者的故事选择都是从真实出发的，但那些真实材料的组织和讲述方式却走向真实的对立面，让观众感觉到不可信。

因此，一些很好的典型为什么在报道后形成不了“典型效应”和“典型力量”？这固然与我们长期以来奉行“报喜不报忧”、将报道与宣传混为一谈，从而在公众中形成“正面报道不可信”的逆反心理有关，但从叙事角度看，更深层次的原因是我们的记者缺乏“劝服”意识和有效手段。“典型”能不能产生效应和力量，“这在很大程度上取决于记者的叙述方式，传统的方式经常把典型类型化。典型应该是有个性的，是具体而生动的，而一旦将其类型化，就会使报道陷于概念，流于套路和口号。这是一些典型报道不具有感召力和吸引力的重要原因”①。

新闻的劝服性修辞告诉人们：为了让受众注意、理解、再现、记住、最后接受，以至与他原先的认知体系融为一体，新闻话语本身就需要作进一步的组织。这种话语组构也有一定的策略性手段。譬如，在解释性报道中，为增强新闻的劝服力（通常由“真实性”“合理性”“正确性”“精确性”和“可信度”等要素体现），记者经常运用的修辞策略包括：大量使用数据，选择消息来源和实证材料（抵触性内容被贬低或完全忽略），描述事件时采用与意识形态一致的视角，有选择地利用可靠的、官方的、广为人知的，特别是有较高可信度的个人、媒体和机构的观点，介绍相近而具体的细节，引述目击者或直接参与者的话以及描述情感反应或进行情感吁求。② 而在调查性报道方

① 孙玉胜：《十年——从改变电视的语态开始》，第101页，三联书店2003年版。

② 参见梵·迪克：《作为话语的新闻》，第96页，华夏出版社2003年版。

面，央视“新闻调查”的经验是：主题具体化、事件故事化、故事人物化、人物细节化，“用个性化的人物讲故事，从故事中反映事件，由事件揭示内涵”①。

## 三、建构视角：呈现文本的“召唤视野”

当作者要展示一个叙事世界的时候，他不可能原封不动地把外在的客观世界照搬到纸上或荧屏上。比如，写赤壁之战，就复制出千百里战场、百十万人马，写宝、黛、钗的爱情悲剧，就在笔墨之间再现周围三里半的大观园的枝枝节节，以及几百个奴婢的一颦一笑。因此，“作者必须创造性地运用叙事规范和谋略，使用某种语言的透视镜、某种文字的过滤网，就是视角——它是作者和文本的心灵结合点，是作者把他体验到的世界转化为语言叙事世界的基本角度”②。

所谓“视角”，也就是一部作品或一个文本中看世界的特殊眼光和角度。叙事角度是一个综合指数，一个叙事谋略的枢纽，它联结着谁在看、怎样看、看到何人何事何物、看者和被看者的态度如何，要给读者何种“召唤视野”等问题。由此看来，视角，实在是叙事理论中牵一发而动全身的关键词。

在深度报道中，由于记者的社会立场、情感态度、观照方式、叙事手法等差异，文本中的视角也会呈现出各各不同的差异。它不作明言，却又无所不在，期待读者能够通过各种透视角度综合发现文本的意义，使之进入某种召唤性的结构之中。因此，无论哪种深度报道的写作，记者首先要考虑的就是建构和调动视角，借助具有表现力和暗示力的叙事谋略，以展开一种独特的视野。

与常规的客观报道相比，深度报道的视角操作更为错综复杂。它既包括宏观层面的审时度势、节目定位、栏目设置、效果评价等因素，又牵涉微观层面的主旨确立、展现方式、文体选择等到位操作。仅从叙事角度看，视角操作至少应注意以下几个方面：

(1) 视角定位。从哲学上讲，从来没有离开景物的眼睛。所以视角是形式的，同时也是内容的。“叙述形式对于叙述作品的意义来说，决不是一

① 叶子：《电视新闻评论节目的传播策略》，《现代传播》1999 年第 4 期。

② 《杨义文存 · 中国叙事学》，第一卷，人民出版社 1997 年版。

个外加的、辅助性的因素，叙述从来不会让内容单独承担作品意义的任务。”①视角作为叙事理论中的重要问题，也是如此——内容与形式、目的与手段已完全融合成一个有机体。

中央电视台“新闻调查”是一个基本成熟而定型化的电视深度报道节目。早在栏目开播之初，其开创者就为其制定出“三性”创作原则，即新闻性、故事性、调查性。由这个总体视角出发，人们不难看出它在探索过程中的阶段性痕迹：主题性调查→事件性调查→揭露性调查→故事性调查……直至目前，“故事化”（有没有故事）已成为该节目在厘定选题时的一种倾向，并日渐纯熟。在操作性的新闻视角的选择上，“新闻调查”倾向于让新闻本身向观众诉说事实，节目只是提供必要的新闻背景，解说词也只起到衔接画面和内容的作用。在微观的题材选择方面，它也有自身的尺度和标准，该节目负责人曾说：一起骇人听闻的绑架案也许不会成为我们的调查对象，而一个小人物承包了一列火车倒有可能引起我们的关注；因为，前者可能只是一起偶然事件，而后者却预示着某种体制的变革。但同样是绑架案，如果它的起因表现了严重的社会痼疾，则可能成为“新闻调查”的选题。“新闻调查”的“新闻”，有时并不体现通常意义上的时效性，但一定要有厚重的时代感；可以少一些轰动效应，但一定要耐人寻味；可以不是“人咬狗”，但一定要从“狗咬人”中看出些不寻常的东西。这些思考可以看做是为节目设置的目标定位、形态定位和内容定位，每个具体的作品须按照这些定位进行视角设置。

（2）视角切入。也就是做哪个“点”和从哪个角度突破的问题。当记者开始叙述的时候，实际上面临着许多“点”和“角度”的选择，但其中只有一两个点的切入才是最有效和合理的，这就需要记者作出明智而有创造性的遴选。仍以调查类节目为例，记者为打开封闭的门和封闭的嘴，其切入的视角和方式可以有多种多样的选择：通过简单的采访和背景的补充完成对事件的叙述，或可以用机智的对话完成对事件的调查、印证，也可以用尖锐的提问深入事件更深的层面，还可以用平等真诚的交流进入调查对象的内心世界……一般来说，切入的视角和方式应该根据内容确定，同时也要考虑最终的传播效果。

---

① 赵毅衡：《当说者被说的时候——比较叙事学导论》，第244页，中国人民大学出版社1998年版。

2000年,"新闻调查"播出的《羊泉村记忆》中,几名50多年前遭受侵华日军性暴力侵害的山西妇女,勇敢地站出来揭露日本鬼子的野蛮行径。当一位老人讲到伤心之处,情绪激动地哭了起来。要不要用这些镜头?就看记者的切入视角和方式了——如果只是以讲述历史、描画记忆角度看,那种哭泣显得多余,也有碍观瞻;反之,如果以"控诉暴行"的角度展开,那么这种情感流淌就是珍贵素材了。节目选择了后者,于是,当老人抑制不住悲愤,眼泪慢慢渗出来,老人掏手绢擦了一下,记者董倩没有打断老人的情绪,而是伸出手轻轻抚摸老人布满老茧的手,任老人的情绪蔓延开来。这一段长达数十秒的镜头,在此刻胜过了所有语言的控诉。当两双反差强烈的手相互紧握时,电视机前的观众无不为之动容。然后是对话——记者:"大娘,如果不是采访的话,您还愿意回到这个村子来吗?"老人:"不回来,我说过这个村子我就是死了也不回来,讨着吃也不回来。"不同的切入视角,节目的叙事方式也不一样。

(3)延伸视角。延伸视角主要通过层层迭进、开拓视角来实现,目标是达到话语的综合大于局部话语之和,构成所谓"弦外之音""题外之旨"的审美效果。

深度报道讲究"小处着手,大处着眼",也就是通过对事实的深层开掘,揭露被各种权力、利益、道德观念和偏见等遮蔽的真相,从而延伸人们对事物的认知范围,满足受众的"期待视野"。不仅如此,深度报道还以对复杂问题的深层探究为己任,触及社会时弊,讨论诊疗方案,具有明确的目标指向。

从观照事物的方式看,为延伸视角,记者把思路向纵深发展,寻找深层意蕴的事项,以恰当的语言揭示事物自身的特殊构成及内在联系。然后,用生动的事实或技术手段由表层到内质,由现在追溯过去,由结果寻求原因,由表层探索深层,一层层地挖掘事物的本质。至于视角延伸的手段,许多记者也作了各自的探索,如"层层剥笋"、步步追问的方式,提供参照界面、生发意义的方式,通过恰当而有力的评论,启发公众思考的方式等。对于深度报道来说,"深度"来自于事实,也来自于透视事实的角度,这应该成为人们的一种基本认识。

# 第八章 独立文体的深度报道写作

## 第一节 调查性报道的写作

在西方新闻界，记者对新闻事件展开调查业已构成传统。普利策有言："如果人们想要和世界的罪行、邪恶和灾难作斗争，他们必须知道这些罪行，因为这些罪行、邪恶和灾难正是在秘密的基础上才得以滋生的。"①由这种新闻观念出发，西方的调查性报道所关注的，主要是"社会阴暗面"，揭露的对象也大多是为大众所关注的、在社会上有较大影响的各种违法活动以及各种"内幕""丑闻"。尼克松政府的"水门事件"，里根政府的"伊朗门事件"，美国安然公司的"安然门事件"，以及英国布莱尔政府的"情报门事件"等，都曾在新闻媒体强力调查、报道之后，被载入史册。这些调查性报道与历史事件一起，已成为一个时代的经典记忆。

调查性报道的操作理念是：它以独特的视角选择适当的题材，联系广阔的社会大背景，深入挖掘与新闻事件相关的各种人和事，探究新闻事件背后的原因和潜在的问题，而绝非简单、孤立地报道新闻事件。调查性报道有悬念、有过程，能极大地激发受众的阅读兴趣和吸引更多的"眼球"。

调查性报道作为深度报道的一种样式，在具有深度报道的一些共性的同时，也有自身的写作特点。这里，我们不可能提供某种所谓的"万能模式"，而只能就一些共性问题提出来，加以探讨。具体来说，调查性报道的

① 转引自李良荣：《西方新闻事业概论》，第134页，复旦大学出版社1999年版。

写作应关注的“项目菜单”有如下几种。

## 一、题材的认定

首要的问题是，哪些可以作为调查性报道的题材？

西方调查性报道的核心精神或者说主要宗旨，就是关注社会上一切被蓄意掩盖的丑恶和不道德的丑闻，并加以无情揭露。但如果因此得出结论，认为调查性报道的唯一对象就是“社会阴暗面”，那么它的报道视域和活动空间将受到很大局限。在现实社会生活中，许多事件、人物和话题具有正面的、积极的、健康的社会价值，同样需要进行深度报道，需要发掘和调查，其目的是树立典型，弘扬正气，呼唤良知。

因此，记者在鉴别调查性报道的题材时，与其以报道对象的性质（即正面的或反面的）来划定，不如从追求“真实”“真相”出发，来厘定调查的“求真”旨趣。也就是说，只要是有“真相”可以探寻的题材，无论是“黑幕”调查，还是“典型”剖析，或是对复杂问题的深层探究，都可以进入调查性报道的选题范围。

那么，什么是“真相”可以探寻的题材？“新闻调查”制片人塞纳认为：所谓真相，就是正在或一直被遮蔽的事实——有的被权力遮蔽，有的被利益遮蔽，有的被道德观念和偏见遮蔽，有的被我们狭窄的生活圈子和集体无意识遮蔽。如果仔细分析下去，这些真相往往呈现两种状态：一种是属于通常所说的内幕和黑幕，那就是被权力和利益遮蔽的真相；另一种是指复杂事物的混沌状态，那就是被道德观念和认识水平所遮蔽的真相。按照这种观点，我们可以把第一种状态归结为对假相的揭露——揭露性题材；把第二种状态理解为对真相的再现——非揭露性题材就属于这个范畴。一般来说，在中性、正面的题材中，调查性报道更加适合以下几类：(1) 有曲折过程和复杂背景的重大事件；(2) 有被道德观念和认识水平遮蔽真相的题材；(3) 有被我们狭窄的生活圈子和集体无意识遮蔽真相的题材。①

因此，至少在我国，调查性报道的领域已不仅仅限于那些“丑闻”“内幕”，其外延早已拓展到社会生活的各个领域、许多方面。只要是记者对社会公众关心的新闻事件、新闻人物或深藏的、潜在的社会问题、社会现象，经

① 穆冰：《试论中国特色的调查性报道》，《军事记者》2003 年第 10 期。

过周密的调查研究，挖掘新闻事件内在的、隐匿的各种关系，用活生生的第一手材料和可靠数据，写出的具有一定权威性的报道，向公众揭示其中的各种联系和重大意义的新闻报道，都能够纳入调查性报道的范畴之中。

## 二、过程的展现

在记者对某一新闻事件进行调查时，人物、时间、事件、地点诸多要素显得错综复杂，头绪众多。这就需要记者有很好的逻辑分析能力，将各种要素进行梳理、归纳、组合，调动记者较强的逻辑推理和文字组织能力。一般来说，受众在观看记者的调查性报道时，并不仅仅关心事件的结局，而更多的是在了解整个调查的过程。或者说，受众是伴随着记者对事实的逻辑演绎过程，来进入一个理解“真实”事件的过程的。因此，在调查性报道写作中，一个重要问题就是如何向受众展现记者的调查过程，也即能否在文本中呈现清晰的逻辑演绎的结构模式。这对写好一篇调查性报道至关重要。

### （一）设计出一个“层层剥离”的过程

调查性报道应交代事件发生、发展的全过程，但并非说这种“交代”就是对调查过程作自然主义的摹写。我们认为，调查性报道的真正“看点”在于，它把整个事件看做一个大大的悬念，然后设计出一个“层层剥离”的过程，让读者在期待的过程中接近最终结果。

从写作角度看，调查性报道应该被看做是记者对事件的“讲述”。记者应如何“讲述”？孙玉胜对此有一个体认：“我们讲述的故事都应该有一个内核，讲述的方法就是把包裹这个内核的东西层层揭开，引领观众一步步接近这个核。”①请看 2003 年 10 月 30 日《南方周末》刊登的《渭南抗洪“作秀”再调查》，通观全篇报道，给人印象特别深刻的就是整个事件的“层层剥离”过程，记者以第三者的身份叙述事件始末，让两种截然不同的看法发生激烈的碰撞，同时也巧妙地将自己的判断（对内核的认知）隐藏在事实的叙述中。请看其中一节“新华社的‘重磅报道’”：

> 刘书云等 3 名记者采写的报道题为《渭南抗洪怪事一桩：封堵龙口竟搞“表演”仪式》。报道称：已于 10 日晚成功封堵合龙的

---

① 孙玉胜：《十年——从改变电视的语态开始》，第 175 页，三联书店 2003 年版。

罗纹河入渭河口11日上午又进行了一场封堵"表演"仪式。

从9时30分起,上千名解放军和武警官兵在烈日下列队站在大堤上等候。9时35分,十多辆小汽车声势浩荡地来到渭河大堤。

但原定于10时举行的仪式直到11时21分才开始。报道说,拖延的原因是"场面"准备所花时间太多。组织者准备好沙袋,以备有关领导投放,并不断向周围的人解释领导站在什么地方,旗帜如何插等琐碎的事项。

11时30分左右,渭南市有关领导在早已合龙的河口上宣布:"罗纹河倒灌入水口封堵成功!"随后,仪式转移至渭河大堤继续进行,先是介绍领导,接着是领导宣读嘉奖令,念贺电,最后是领导讲话。

就在仪式进行中,渭南境内尚有另外两处决口等待封堵。渭南应对"特殊考验":

9月15日晚,中央电视台"央视论坛"播出了一档节目:《抗洪前线一出戏》。受邀评论的专家对渭南市领导在封堵仪式上的表现进行了激烈的批评,称此事"骇人听闻","有关部门应追究领导责任"。

9月16日晚,渭南市委紧急召开常委扩大会议。会议认为,市委、市政府正面临"一场特殊的、严峻的考验"。

9月17日,渭南市召开全市副科级以上干部参加的700人大会。市委书记刘新文在会上说:"新华社的报道是片面的、失实的,央视论坛的评论是不负责任的。"

两次会议的内容均于次日在《渭南日报》头版头条公开报道。

据新华社一位老记者回忆,地方党委机关报在头版头条指责新华社报道"失实",这在陕西省还从未发生过。

一名参加大会的干部说,市委领导现在态度强硬,但前几天并不是这样,"前后转变,让人吃惊"。这名干部说:"9月15日晚,《渭南日报》还按市委的安排,发排了3位当事新华社记者写的内部通讯《帐篷中缺被子,仓库里压被子》,以及《陕西日报》记者写给市委书记刘新文的一封信。"

这期报纸的编者按中称,"(这些问题)有些是由于没有经验造成的，有些是形形色色的官僚主义造成的”，并表示“本报代表市委和市委书记对陕西日报社和新华社记者的批评以及很好的建议表示诚心地感谢”。

短短两日，情况急转直下。此时的渭南市已是满城风雨，“议论什么的都有”。一些干部说：“新华社的这一报道算得上渭南抗洪的‘第四次洪峰’。”（注：当时渭河第三次洪峰刚过。）

9月16日，渭南市委、市政府向陕西省委报送了一份“情况说明”。17日，又以渭南市防汛指挥部的名义向省内有关厅局散发了一份“真相”。

这两份材料对新华社报道和“央视论坛”评论作出了正式回应：

9月11日当天是中秋节。

材料强调说：“我们只是想，一定要在中秋佳节慰问我们的子弟兵，以表达全市人民特别是渭河沿岸两百多万人民群众的感激之情。”

渭南市委否认了这是搞形式主义。

“参加这个活动的都是连日奋战在抗洪一线的有关人员，没有邀请市外记者，没有鲜花彩旗，没有台上台下。”

“（渭南领导）满眼看到的是洪水淹没的惨烈景象，满脑子想的是几十万灾民的安置救济和抗洪、抢险、排洪工作，思想高度紧张，精神压力巨大，没有时间考虑表演仪式问题。”

“这个简单的活动将中秋节慰问即将撤离的官兵、赠送锦旗、宣读嘉奖令和宣布封堵成功这几件事合在一起，应该说是省时省力之举。”

但材料中也承认，“不足之处是解放军和武警官兵集结的时间长了一些，特别是有两百多名武警指挥学院的学员入伍才十来天，消耗很大，体力不支，对此考虑不周，我们是有责任的。”

……

记者在“讲述”过程中，始终坚持把每一个时间的节点一一给予清晰报道，让受众对整个事件的发展过程有一个“全保真”的了解，对当地政府的态度以及采取的多种“反击”措施一目了然。这里，记者显然是采取了“剥笋”式的叙述方式，引导读者接近了争论事件的原委。

在“层层剥离”的过程中，最显功力也最是难点的问题是如何使读者的兴趣与注意力始终跟着记者的意图与节奏行走。一个行之有效的办法是——设置悬念。西方新闻界有这样的说法：“新闻不仅要公而告之，而且要引人入胜。”特别是调查性报道，由于篇幅较长，头绪复杂，没有悬念的伴随，阅读的过程必然是乏味的。上文中，封堵龙口是不是“表演”仪式就是一个巨大的悬念，读者在它的吸引下，阅读的过程就成为紧张的、愉快的、充满诱惑的享受，直至解密的最后瞬间。文末处，记者特意采访当地的群众，在与群众的对话中，记者巧妙地将一种观点再次得以强化，释放了因关注悬念而带来的阅读紧张，并且呼应了开头：“记者向村民们打听，知不知道封堵‘表演’仪式的报道？村民们都说‘知道’。问他们信不信，村民黄照耀说，‘信！’再问理由，村民们只说：‘电视上都已经放了，有啥不信？’”

（二）细节的力量

细节描写会极大地提高新闻报道的效果，给读者一种真实感和现场感。调查性报道要带人进入事件中心，用细节建构图像，以言行诉诸人的感官，就成为必不可少的环节。一般来说，调查性报道不适宜用概念性的语言直陈，而应采用更感染人的、更有说服力的视觉形象和细节展现，这是许多记者的基本经验。

由感性启开理性，从触摸移向感悟，在这个情与理的位移过程中，细节的力量不可忽视。例如，《费城问询报》的两名记者艾塞尔·穆尔和小温德尔·罗斯于1976年报道的《令人恐惧的法佛尤》，记者用了一组类似排比句式的表达方式，将法佛尤州立精神病院如何虐待病人的情景刻画得淋漓尽致。画面由一连串细节构成：

本报经过3个月的调查，发现：

就在法佛尤，精神病人不是被看护人员或受他们怂恿煽动下的其他病人毒打时当场丧命，就是在毒打后死亡。

就在法佛尤，凡遭毒打致死的精神病人都被诊断为死于心脏病突发。

就在法佛尤，精神病人的性命被视为儿戏，被打得鲜血淋淋、不省人事。

就在法佛尤，一个看护人员在打病人，其他所有在场的看护人员必须上去一起打，这已成为一条不成文的法规。

就在法佛尤，精神病人被强行与看护人员或其他病人互相鸡奸。

就在法佛尤，精神病人被迫连续几年赤身裸体，有时还被带上手铐，住在冰冷的病房里。

就在法佛尤，看护人员把精神病人召集在一起，挑唆他们互相斗殴，而看护人员却就其输赢打赌。

就在法佛尤，除了使用镇静药外，几乎没有任何别的治疗手段，其中有些镇静药其他医院10年前就停用了。

就在法佛尤，名曰专治精神病，竟没有一个持有执照的精神病医生。

就在法佛尤，一个因扰乱社会秩序被判处30天监禁的精神病人，被关了30年才获得自由。

就在法佛尤，一个病人从住院到被确诊为患有精神病需要等上26年，这里仅举此一例。

就在法佛尤，精神病人连诸如使用卫生纸这样起码的享受都被剥夺……①

记者连用了12个“就在法佛尤”、12组具有高度概括力的细节，使报道的控诉情绪更加鲜明、强烈，也更具震撼力。读者在阅读中真实地感受到了法佛尤州立精神病院的恐怖和残酷，必然产生情感上的共鸣。

关于细节，《美联社日志》告诫记者——不要去说：“教堂集会的气氛很热烈”，而要那样描写：“大家拍手，脸上发光，人们的衬衫和外衣的胳膊下面和背上的部分由于出汗而颜色变深，胳膊跳动，脚趾和脚跟轻轻地敲着地板”；不要去说：“乔治·华莱士神经紧张”，而要换一种方法写：“在一次40分钟的飞行中间，他嚼了21根口香糖，他洗了一副牌，数了数，又洗了一遍，他看了看头上和脚下的云彩，系紧安全带，又把它松开了，数了数牌，嚼嚼口香糖，一边数，一边洗，一边嚼。”②西方记者历来讲究叙事的技巧，特别是细节的运用，认为它有利于获得更好的传播效果，值得从事调查性报道的记者借鉴与参考。

(三) 观点的“擂台”

调查性报道之所以吸引受众的另一个原因，在于记者在报道中往往引

---

① 引自王蕾：《外国优秀新闻作品评析》，第20页，中国广播电视出版社2001年版。

② 转引自章晓芬：《感性地表现与理性的陈述》，《新闻传播》2003年第3期。

述许多意见、主张和态度，它们在文本中对立、碰撞、交锋，构成了一个观点或观念的“擂台”。对于不同的意见成员，记者一般只作梳理和辨析，而不能成为对错的评判员。记者的任务是将所有相关的事实和观点摆出来，让读者自己去评论。例如《变性风波——珠海十三例变性手术主刀权之争》①一文中，记者将争论双方的观点给予了全面展示：

> 1997 年 5 月 27 日下午，何清濂、刘乃军在区纪检部门、卫生系统领导和中心医院院委员会的会议上当面对质，何清濂就几份报纸所作的报道一一向刘乃军发出质问。
>
> 何：我很沉痛，因为我们曾经在一起工作过，也曾经是朋友，你也做了大量的工作，我很感谢。但我们在一起工作时曾经约法三章：一、病历资料不得外传，二、相片资料不得外传，三、不得登报宣传。现在，第三条你违背了，第二条你也违背了。因此，今天来这儿，我是以受害者的身份来的。你侵犯了我的知识产权，你侵犯了我的肖像权。现在问题已经不是你与我两个人的问题，而已经成为社会问题了。这么多报纸、电台、电视台都传播开了。现在不是患者要告你，是我要告你。
>
> 刘：这件事不值得这样吧？跟领导没关系，责任我承担，就看何教授怎么办了。
>
> 何：《变性王子》的文章下边登了我的照片，这张照片根本没经过我同意，侵犯了我的肖像权。
>
> 刘：确实是侵犯了你的肖像权。这没说的。
>
> 何：……文章中这些观点到底是你的还是我的？这都是我过去讲过的，大家都知道。怎么会变成你的观点了？你这是剽窃行为，知道吗？
>
> 刘：（无语）
>
> （记者曾调查了几位金海岸中心医院的职工，均证明何清濂讲过此观点。）
>
> ……
>
> 刘：请允许我说几句话，首先是道歉了，我真没想到新闻报道

① 节选自：《真相》，第 186 页，南方日报出版社 2000 年版。

会搞得这么大，如果想到，我决不会动。我没想到会惹这么多麻烦；我当时确实没有害您的意思。

何：不是害我，现在你是害了社会！

刘：这是老观点了，不用说了。我现在是听凭何教授处置了，这个责任我是要承担的。不是领导的责任，也不是记者的责任，打盘论盘，打碗论碗，不要再追以前的事了。但我想再说一点，患者不是哪个人私有的，手术方法也不是专利。做手术的方法要无偿贡献给社会。随便给我定个骗子我不能承认，我的出发点是好的，我还有技术吧……

从上文中我们不难发现，记者将两位曾经是师徒关系的当事人的对话给予了客观忠实的记录，整个侵权事件的来龙去脉以及双方所持的观点，通过双方当事人的对话给予了生动揭示，同时也展示了双方冲突的焦点，让读者一看就知道谁对谁错。这种客观态度，避免了记者将自己主观性的判断带进报道中来，从而导致倾向性语境的出现。另外，记者在事后对双方当事人的部分观点还进行了核实，体现了记者严谨的态度。

## 三、有关注意事项

下面对调查性报道的整体写作，做个总结：

### （一）要有一个好的选题

调查性报道写作成功与否与其选题密切相关。调查者需要挖掘出一个故事，并且要看这个故事是否为受众所关心，或者说这个问题是否会给受众带来比较深层的思考。否则，即使内容如何丰富、技巧如何娴熟都没有太大的意义。

### （二）把握事件整体，精心布局

记者在写调查性报道时一定要对所有调查来的材料精心组织，形成一个清晰的“版图”，要有详实的写作提纲，考虑先说什么、再说什么，一个有创意的谋篇布局往往是成功的一半。可以采用新闻报道中的倒金字塔的报道方式，也可用故事的片段作引子，逐渐深入，环环相扣，吸引读者往下阅读。

（三）将事件中的人物置于核心要素来考量

如果单纯报道事件，而缺乏人物的描写刻画，很难成为一篇优秀的调查性报道，因为任何事件的推进离不开人的作用。

（四）综合运用多种表现手段

在调查性报道中会涉及许多人物关系、背景、数据诸多复杂要素，而且在用文字叙述的同时还可以配以图片和图表等辅助手段，这就要求编辑、记者作通盘考虑，以求最佳效果。

（五）力求简洁扼要，去粗取精

调查性报道的篇幅一般都很长，所以要求记者在写作时必须有很好的逻辑能力，对那些不怎么重要的旁枝末节无需花太多的笔墨。反之，对于有关事件走向的主要事实，一定要通过建构环环相扣的“事实链”给予充分的论证，同时要体现出较强的思辨能力。

（六）避免刻意追求客观

在调查性报道中，一般有两种叙事模式：一种是以第一人称的手法来叙事的，记者是事件的经历者，或者是事件的参与者，带有一定的主观性；一种则是以第三人称，站在事件之外来报道事件的，记者主观因素就不明显。记者应该根据不同的情况采用不同的叙事方法。两种方法无所谓优劣，关键是如何恰到好处地运用。如果记者为刻意追求客观而仅仅罗列事实，那么“深度”是无法显现的。换句话说，当事实的性质比较明显，记者就应把观点“亮”出来，并引导事实的展开。

（七）善于对调查的问题提出解决的方法

调查性报道不仅发现问题，展现问题，而且还提出解决问题的方案，以避免一些不良问题的再次发生。调查性记者一般都是某个领域的专家，对某个问题往往会有自己的独到见解。如果记者已经有明确的思路，记者可以在文中给予提出。提出的方式有多种，如记者直接摆出自己的想法，也可以通过有权威性的专家、学者或主管部门的意见来对某事提出建议。例如，前些阶段对于北京交通堵车现象，一些媒体展开了深入的调查，也获取了许多缓解北京交通堵车的好建议。调查性报道在获得调查结果后，能提出解决问题的方法，往往会构成调查性报道的一个看点。

# 第二节　解释性报道的写作

解释性报道就是引用背景材料和相关事实，运用解释、分析等报道手法，“把新闻事件呈现在一种可以表现其真正意义的脉络中”。它不仅让读者知其然，而且知其所以然，其目的就在于跳出“纯新闻”的报道模式，通过提供更多的新闻背景，用事实解释事实，对新闻事件进行深入的透视和剖析。换句话说，解释性报道不仅告知受众发生了“什么”，更重要的是要告诉他们“为什么”。正如美国著名报人李普曼所说：“事实与意见之间的古老区别已经不符合现实……近代世界已经变得如此复杂和如此难以了解，这就需要不仅报道新闻，而且还应加以说明和解释。”①

随着互联网时代的到来，人们获取信息的渠道越发多样，照理说，受众对信息的了解和利用率应该稳步提高。但有关数据显示，譬如在日本，虽然各种信息逐年增多，但日本人对信息的利用率却从20世纪70年代的11.1%下降到80年代的7.2%。这个下降过程说明，大量的信息并没有转化为受众可利用或理解的有效信息。我们知道，各种新闻信息经媒体的加工处理后，会使信息有所“增值”“增质”。从信息利用率的角度看，解释性报道恰恰由于对各种信息的智能化处理，把聚焦过的某些事实的信息量大大提高了。因此，解释性报道不仅在一定程度上能帮助受众更好地理解各种信息，并且将那些本来分散的动态信息，引入一个时空交错、背景参差、内容深入浅出的信息生产模式中，以此提高信息资源的利用率。

在理解解释性报道的时候，有两点值得注意。首先，解释性报道尽管也称“分析性报道”，但这里的“分析”与一般意义上的分析不完全是一回事，其最根本的区别在于解释性报道在本质上仍然是新闻报道，新闻事实是报道的核心内容，新闻分析只是为了寻求最佳传播的一种信息表达方式，而且很重要的一点是，记者的分析还往往隐含于大量的相关事实、背景、意见、叙事的序列结构中，让读者在文本阅读中自然而然得出结论。其次，需要明确的是，尽管解释性报道大量征引各种“新闻资料”或“新闻背景”，但这些“新闻资料”或“新闻背景”本身不一定具有新闻性。它们只是全面地、客观地

① 转引自沈世伟：《深度报道与理论思维》，《新闻记者》2003年第9期。

介绍新闻事件中的人和事，只能被看做是解释性报道用于解读事件的基础，起到一种补充说明的作用。

## 一、建构意脉联络

为了揭示新闻事件的思想深度，从不同背景、多种角度去分析新闻事件是必然的。但这些不同侧面的分析，也应有个逻辑关系，而且在分析中形成的次主题都是指向于一个总主题的，或揭示问题的本质，或预示今后的走向，或标明事件的意义。以 2002 年 9 月 3 日《人民日报》发表的题为《欧洲水灾敲响警钟》解释性报道为例：

今年 8 月中旬，数十年未遇的特大洪水袭击了从德国到俄罗斯黑海沿岸的广大地区。其中，俄罗斯、捷克、德国、奥地利是受灾最严重的地区，英国、罗马尼亚、意大利等国也遭遇了暴雨不同程度的袭击。突如其来的大雨和引发的洪灾使欧洲损失惨重，停水停电，交通中断，大批游客滞留异地，农业受到直接打击，数百万人因此而蒙受了生命和财产损失。

虽然人们无法准确地预知灾难的降临，但这种极端气候现象的出现，并不是第一次。世界气象组织曾发表公报说，2001 年世界气候异常，气温升高，飓风频繁，暴雨成灾，干旱严重，为历史上所罕见。在北大西洋，一年中出现了 15 个被命名的飓风和热带风暴，远远高于正常年度；有的风速每小时超过 179 公里，破坏性极大。在太平洋西北部，这一年发生了 28 起台风和热带风暴。英国、匈牙利、波兰、澳大利亚、莫桑比克、赞比亚、印尼等地区也连降暴雨引发水患，造成人员和财产损失。今年上半年，全球气温与气候仍然出现反常现象，这一次的欧洲水灾就是很好的证明。

痛定思痛，人们发现，频发的水灾与环境污染，特别是与大气中温室气体的增加有密切的联系。据德国《明镜》杂志报道，瑞士巴塞尔大学植物学研究所的一个科研小组，对二氧化碳浓度与树木蓄水能力之间的关系进行了研究，发现大气中二氧化碳浓度的显著上升使森林中的树叶气孔平均变小了 10% ~15%。树叶气孔是吸收二氧化碳的主要通道，同时也对水分的吸收起着调节作用。气孔变小，就会导致树木吸收的水分变少，进而导致土壤中蓄含的水分减少，这无疑将会增加发生洪灾的可能性。

研究还表明，大气中温室气体含量增加引发的气温上升和蒸发加速，会造成全球降水量的不平衡，从而带来更多的旱涝灾害。最新一期的英国《自然》杂志公布了美国一个研究小组的发现，据统计，20世纪世界上洪水的发生频率越来越高，这一趋势与全球气候变化的趋势有一定的联系。科学家们普遍认为，人类向大气大量排放二氧化碳导致了全球气温升高，而全球气候变暖又将导致自然灾害的发生。

今年的欧洲水灾再次敲响了警钟。国际社会对环境污染、温室气体的增加日益关注。日本能源专家曾指出，21世纪的人类社会必须应对地球温室效应带来的危机。据估计，因为温室效应，地球表面温度到2100年将上升1.5摄氏度到6摄氏度。减少二氧化碳的排放、防止地球变暖已成为全球最优先课题。目前，正在南非举行的可持续发展世界首脑会议上，许多国家的代表呼吁在扭转环境恶化等方面制定出"清晰"的目标和时间表。这是人类共同的呼声和愿望。

在这篇报道中，记者对2002年8月中旬在欧洲爆发的大规模水灾这一事件的叙述十分简单，而将大量的篇幅花在对这次特大水灾的成因分析中。报道使用大量的新闻背景材料，用历史的眼光来看待这次自然灾害，举出一年来世界气候的各种反常现象，如"出现了15个被命名的飓风和热带风暴，远远高于正常年度"，"这一年发生了28起台风和热带风暴"。记者善于通过纵向的联系来揭示问题，随后又对造成自然灾害频繁的原因进行了深入的分析，列举了大量的数据，指出了温室效应导致全球变暖是造成世界上洪水多发的主要原因。最后记者通过关注正在南非召开的可持续发展首脑会议上许多代表的呼声，以展望人类到底该如何走可持续发展之路。记者对发生在欧洲的水灾这一新闻事件的前因后果、意义及影响都给予了清晰的分析，让读者切实感受到可持续发展的重要性。

## 二、在多维视野中驰骋联想

解释性报道强调的是“分析”,从这个意义上讲,记者的思辨性思维显然具有主导意义。但思辨并非囿于成规,而是在统摄性思维主导下的多维联想。大凡优秀的解释性报道,记者一般都会在尊重客观事实的前提下,对各种事实进行有意识的开拓,寻求对事实的“多维”理解。这种“多维”不是零散的,而是在“多维”中隐含着一条主线,一条思想明晰的链条,它将若干真实的事实挂在这根思维的链条上,每个事实环环相扣,来更好地解释事件,深化报道。

新闻事实的存在从来不是孤立的,而是有其存在的先天环境,同时也影响到其他与之相关的各种因素。只有将某个新闻事实置于多种维度的环境中去考量,才更能揭示新闻事实给社会带来的影响。例如哥伦比亚号航天飞机失事后,世界各国的媒体纷纷作出反应,有的媒体着眼于失事原因,快速报道事件的来龙去脉;而有的媒体则以后发制人的质量取胜,对此次航天灾难事件作深度解读,将其对世界航空业和美国国内的经济、科技等社会各个要素结合起来分析,使报道更具有深度和广度。以我国媒体为例,《北京青年报》在 2003 年 2 月 3 日刊发的两位记者采访我国航空界专业人士的报道,通过访谈的形式,将此次失事事件对我国航空业所提供的经验和教训进行了深入的探讨。专家就公众关心的问题,如失事原因、航天飞行存在的风险、航天飞行失事造成的损失等问题给予客观、科学、全面的解答。特别值得一提的是,记者并不是简单地就事论事,在两篇报道中记者把落脚点都放在此次失事对我国航天业的影响,如探讨“据说我国也正在研制反复使用的太空火箭,挑战者号和哥伦比亚号的失败会不会证明航天器反复使用不可靠?我国会不会放弃重复使用太空火箭的研制”等问题。又如 2003 年 2 月 5 日新华社记者撰写的分析件报道《哥伦比亚号灾难给世界载人航天带来什么》,将视野拓展到了世界载人航天这个大背景,分别对美国、俄罗斯、中国、印度、日本等国在航天业可能采取的措施进行了有深度的分析,如分析美国时指出“可能坏事变好事”,以 1986 年“挑战者”号为例,此次失事促使美国加大投入,继续保持在世界航天领域的领先地位;而分析俄罗斯则凸显其航天大国的重要地位;在分析中国、日本、印度时,记者结合各国媒体的分析性评论,让读者感到世界各国并不会放慢探索的脚步。(随后的事实也证明，中国继神舟四号发射成功后，于2003年10月16日，成功地将我国自己的宇航员送入了太空。）这些解释性报道，虽然篇幅不是很长，但证明了在新闻事件发生后，我国媒体能马上作出反应，并对新闻事件本身给予有水准的分析，还进行了视野广阔的横向联系，让受众透过新闻事件本身而获得了许多“新闻背后的新闻”。

## 三、援引信源，解疑释惑

信源即确凿可靠的消息源。它有多种存在形态，如书面材料、当事人的陈述、官方消息、专家意见等。一般来说，解释性报道往往征引大量权威信源，以增强报道的客观性，同时借此表达自己的看法。所以，记者若能采访到权威信源发表的对某新闻事件的看法、意见、评论或者解释，可以增加文章的可读信和可信度。

解释性报道对新闻事件的解释和分析，决非记者主观性的任意发挥，它主要是通过两种方式实现：一是提供大量的有关新闻事件的背景材料（历史信源）；二是报道有关人士对事件的观点、意见等（意见信源）。这就关涉到记者对权威信源的引述所采用的方法。一般来说，记者引述事实通常采用的是“事实短缺组合”的方法，是“一种全面平衡短缺事实的思维方式”①。我们知道，来自客观实际的事实，在最初连缀时总是短缺些什么，当记者组合更多的事实论证某一观点时，事实也未必引述得全面、完整，短缺往往是必然的。这就牵涉到对“事实短缺组合”的深层理解：各类事实的差异或对立并不互相抵消，也不相互排除彼此的合理性。叙述一方，必然缺少对另一方的照应，但当双方纳入一条新闻中时，事实在总体上就很完整了。

“9·11事件”发生后，世界各国除了对逝者表示同情和对恐怖活动的谴责外，人们心中都会产生这样的疑惑：为什么如此牢固的世贸大楼会在顷刻间倒塌？为了尽快解答受众的疑问，《新民周刊》的记者于第二天就采访了复旦爆破新技术开发公司总经理、高级工程师章永强，于18日发表题为《爆破专家解析：世贸中心大楼何以垂直倒塌》一文。在文中，记者大量引用了章工程师的分析，“波音757和波音767两架客机前后撞上世贸大厦姊妹楼，由于这两架客机起飞不久，客机油箱分别携带着30吨和45吨左右的

① 刘建民：《现代新闻理论》，第79页，民族出版社1999年版。

燃油，两架客机先后撞向世贸大厦后引起了爆炸，同时燃油向大厦底部流淌，火势向下蔓延，燃烧不久，高温致使大厦承重的钢结构熔化，再加上大楼内部可能的爆炸，导致了大厦的坍塌”，“不同于混凝土结构，钢结构的传热速度非常快，钢结构是导体，高层的楼面在燃烧，火势同时向下蔓延，灼热的高温通过钢结构迅速传遍整幢大楼，高温不久就使钢结构软化倒塌……”但文章对为何“垂直”倒塌的解释还是不够充分。随后记者又通过采访纽约世贸中心设计者中的唯一幸存者——王昭藩先生，通过他的权威解释使受众更清晰地了解到大楼垂直倒塌的原因：“一是世贸中心等楼群的地基部分是整块的岩石，可谓坚如磐石；二是设计时将整幢大楼分成三部分，向上递减三分之一电梯，使高楼上部的自重远低于下部。因此，在遭受巨力的突然撞击后，高楼因有坚实的基础而未向一侧倾倒，而上部的突然塌陷又在瞬间对下一层楼面形成重压。在层层叠加的重压下，终于导致整幢高楼垂直倒塌。”“当初的设计无意中减少了‘9·11’事件的损失，如果高楼向一侧倾倒，必然形成‘多米诺骨牌’效应，曼哈顿数以百计的高楼会遭殃……”媒体正是通过采访权威人士，对世贸大楼垂直倒塌的原因进行了多方面的分析，才真正达到了释疑解惑的效果。

## 第三节　预测性报道的写作

20 世纪初期，西方社会掀起了多股未来学浪潮。美国、英国等国家率先开始对未来学、预测学进行系统研究。20 世纪后半期，由于阿·托夫勒《未来的振荡》《第三次浪潮》和约翰奈斯比特《大趋势》的出版，更引发了“未来学”的空前繁荣。这些“先知者”对人类未来、未知世界的预测，给了人们太多的启示，甚至引起了人们思想观念的急遽震荡。

在新闻传媒日益发达的今天，新闻传播对人类的思维、认知、判断等方面的影响甚为深远。美国新闻界早就风行一种理论，认为“历史是过去的新闻，新闻是未来的历史”，指明了当代主流新闻不仅要揭示事件的“过去”，而且要预示新闻的“未来”。作为社会之船“瞭望者”的记者，他们有义务对未来的历史走向和社会变化有所预瞻与提示。

现代新闻传播的功能变构之一，即越来越强调新闻报道的预见性，从

“已知”延向“未知”，由今日推测明天。记者对报道领域的发展动态应有其特殊的预见性。日本上智大学武市英雄教授在《新闻的现代涵义》中指出：“迄今为止，我们对于新闻的看法拘泥于单发消息，将类似交通事故、火灾这样的突发性和一次性报道作为新闻，而忽略了日常性……像公害和城市问题，平时它们悄悄逼近，一旦发现，往往为时已晚。现在需要对那些潜在的、尚未表面化的问题及早予以注意。不要等待新闻的到来，而要考虑以什么为新闻。当代社会要求记者具备提前获取新闻的主动精神。对那些数年后有可能成为大问题的潜在性题目，尽早接近，同读者共同思考，这种预见性姿态今后对记者来说是不可缺少的。”①

顾名思义，预测性报道的重点应落在“预测”两字上。所谓预测，“是对不确定的或不知道的事件作出叙述，在多数情况下，这些事件都是未来事件”②。“预测”的内容可谓无所不包，经济、政治、科技、体育、文化、卫生、军事诸多领域都有预测的内容。与受众生活的关系越紧密，预测的作用也就越发显得重要。预测性报道的本质在于推测新闻事件或现象可能出现的趋势、前景和后果，以此为人类活动提供前瞻性的指导。

那么如何来写好预测性报道呢？记者应重视以下几种模型。

## 一、实证分析模型

预测报道必须提供有力、准确的实证依据，而不能凭空去虚构未来，它应基于目前的状态，从客观情状出发作出合理的推断。尽量通过客观的数字，配以准确的背景资料来进行预测，是一种行之有效的预测方法。2003年6月1日，长江三峡工程将迎来令中华民族为之振奋的时刻——巍巍三峡大坝将下闸蓄水。15天后，三峡水库将蓄水至海拔135米水位。新华网刊发了题为《三峡蓄水将给我们带来什么》，就是一篇建立在细致分析基础上的典型的预测性报道：

蓄积水能送光明

作为世界上发电能力最大的工程，三峡发电要靠大坝抬高水位，积蓄巨大的水能来完成。只有蓄水，才能发电。三峡大坝挡水

① 上智大学:《传播研究》第六号，第116~117页。

② 威廉·格·沙利文:《预测原理》，第1页，中国展望出版社1984年版。

前，坝前水位一般在海拔70米高程以下。大坝下闸将水位升至135米高程，使坝前水位抬高了65米，三峡水库形成120多亿立方米库容，可以满足投产机组发电需要。按照三峡工程建设计划，今年8月和10月，三峡共有4台70万千瓦的大型发电机组投产，年内发电55亿度。从明年起到2009年，三峡每年约有4台机组投产。三峡每台机组年平均发电32亿度，一台机组就可以满足一座百万人口城市全部供电需求。未来6年，每年三峡投产的机组等于增加一个葛洲坝电站。

### 航运条件大改善

三峡蓄水的另一个最直接的效益，就是为三峡永久船闸通航提供可能，并极大地改善长江航运条件。

作为世界上规模最大的船闸，三峡双线5级船闸上下游落差达113米。只有蓄水，船闸才能通航。因此，在三峡水库蓄水到135米高程的第二天，三峡船闸将开始试通航。三峡船闸单向年通过能力达5 000万吨，可以行驶万吨级船队。船闸通航将结束三峡坝址碍航、断航的历史。

三峡蓄水，使长江航道行船条件大为改善。从宜昌至重庆660公里的长江航道，有550公里处在急流、险滩、浅滩之中，目前只能行驶1 500吨级船队。三峡蓄水至135米水位后，水库回水将至重庆丰都。据测算，西陵峡江段的水深将增加60米，巫峡江段水深将增加55米，瞿塘峡江段水深可增加50米。水深增加，将使大部分急流、险滩、浅滩消失。流速变缓，将大大提高行船速度，降低航运成本，航行也将更加安全。

三峡蓄水，还将改善长江中游枯水季节的航道条件。长江中游特别是荆江河段，每年枯水季节因水深不够常常造成大量船舶搁浅。三峡水库蓄水后，可以通过水库调节，在枯水季节增加下泄流量，增加中游航道水深。据估算，三峡水库下泄流量每增加1 000秒立方米，长江中游浅滩水深约增加0.2米，这样，通过三峡水库调节，长江中游荆江河段枯水季节航道水深可望增加0.5米，许多浅滩将随之消失。

### 拦洪削峰可解荆江之危

“万里长江，险在荆江。”1998年荆江洪水险情曾使全国人民为之不安。三峡工程的第一位作用就是解除荆江河段洪水之患。三峡工程建成后，将使荆江河段防洪标准由目前的10年一遇提高到100年一遇。

在工程初步设计中，三峡工程要在2006年大坝全部建到坝顶高程后才承担防洪任务。但1998年长江大洪水，使三峡工程将承担防洪任务的时间提前到2003年汛期。目前，三峡工程靠1 600米长的左岸大坝和580米长的围堰挡水，一般情况下水库蓄水高程只有135米，堰顶高程140米的围堰使三峡工程有了5米的调节空间，拥有23亿立方米防洪库容。当荆江河段防洪形势非常危急，沙市水位达到45米时，在确保大坝运行安全的前提下，三峡工程将实施非常调度，拦蓄上游洪水，减少下泄，帮助荆江河段解危。

### 高峡添平湖景色更迷人

6月15日，当三峡大坝坝前水位达到135米高程时，雄伟、壮丽的三峡河段将初现高峡平湖的美景。

蓄水前三峡江段，江面宽度一般不超过1 000米。蓄水至135米高程后，大坝以上将形成400多公里长的河道型水库。许多地段的江面宽度将增加到3 000米左右，形成蔚为壮观的峡间平湖。

全长192公里的三峡画廊以雄险著称。由于三峡绝壁的海拔高程一般都在千米以上，水位抬高数十米，峡谷感不会减弱，而峡间平湖的出现，将使雄奇险峻的三峡更添秀色。蓄水到135米后，三峡沿岸原有主要景点基本没有被淹没，而三峡平湖河岔增多，岛屿密布，将出现许多新的景观。

在三峡河段，像神农溪那样的小溪流有10多条。由于水浅，目前游船无法进入溪流深处。水库蓄水后，游船可以开进溪流深处，欣赏更为神秘的风光。

即将实施的三峡蓄水，仅仅是初期蓄水。到三峡工程2009年建成时，三峡水位将抬高到海拔175米高程。那时，三峡水库库容将达393亿立方米，发电水力将更为强大，航运条件将更为改善，防洪手段将更为有力，三峡风光将更加迷人。

三峡明天将更美好。

在上述文字中,记者通过对三峡工程成功蓄水后在提供电能、改善航运条件、防洪、改善环境等方面的可能性进行了预测,报道结合大量丰富而详实的数据,全面而深刻地预测了三峡工程将给我们带来的诸多好处。这种预测性报道是在实际情况下作出的预测,不仅具有科学性,有深度和广度,而且也令人信服。

体育报道中的预测,是当今新闻报道之重要"看点",也历来为"体育迷"们所津津乐道。美国大报《今日美国》,于 2003 年 10 月中旬就开始对 2004 年雅典奥运会各代表团有可能获得的奖牌数进行预测了。报道始终依据 2003 年各国已经进行的奥运项目的成绩来进行预测,同时也总结了在 10 月初刚结束的世界杯女子足球赛、世界击剑锦标赛、世界女子沙滩排球锦标赛和世界公路自行车锦标赛的最新比赛结果,并将美国女子短跑选手凯莉・怀特在田径世锦赛上夺得的两枚有可能被剥夺的金牌考虑在内。根据他们的预测,传统体育强国俄罗斯、美国和德国将保持奖牌榜的前三位,他们分别会得到 84、79 和 66.5 枚奖牌而占据第一集团。中国代表团以 59.5 枚奖牌在第二集团高居榜首,澳大利亚、法国、英国、日本、意大利和西班牙分列 5~10 位。虽然体育比赛有很多偶然性因素,肯定与最后结果不尽相同,但从《今日美国》的预测报道所依据的事实来看,这样的预测是很有说服力的,考虑了各种因素,特别是借助大量的数据作为其预测的依据,即使最后的结果有所出入,读者也不会太责备媒体。

## 二、权威预测模型

新闻是对记者"看到的""听到的"事实的报道,因而预测性报道一般不直接提供记者自身的预测,而是通过报道自身以外的一种社会性的预测行为或结果来达到自身对事物的某种预测。鉴于此,预测性报道的关键是要有可靠而高质量的信息源,并将各种借以预测的消息来源、事实根据分别交代清楚。目前,许多经济类、军事类、体育类等领域大量的预测性报道,其信息来源都离不开权威部门,或者权威人士,这样记者才有可能撰写出可信度较高的报道。例如，预测性报道《未来大学的九大变化》①主要引述了美国哥伦比亚大学教育学院院长E.莱文的讲演稿，在此基础上对未来大学进行预测：

今天，有些主要影响因素可以改变国立学院和大学：人口的改变，新技术、商业组织进入高等教育，学校和联邦政府、州政府之间关系的变化，由工业化社会进入信息化社会的发展，等等。另外，出版、广播、电信和教育界的相互融合，正在使教育和娱乐之间的界线变得模糊。各式各样的提供知识的生产者，为了开发传播知识的新方法和吸引更多的求学者，将竞相创设课程和其他教育服务机构。

上述众所周知的事实，高等教育将发生什么变化呢？专家的回答是：有九个变化几乎是不可避免的，并且每个变化都将引发一场争论。如果我们打算在未来成功，对这些问题则不应忽视。

事实上，这些变化已经开始发生了。

**一、大学的全球竞争时代的到来**

随着教育资本的自由流动以及技术力量的增强，超越国界的全球化大学将越来越多，大学将受到更多的国外大学的竞争。最成功的学校将是那些能够作出快速反映并为国际学生群体提供高质量教育的学校。

**二、"围墙与点击大学"将成为主流**

如果目前关于电子商务的研究是正确的话，最具竞争力和吸引力的高等教育学校将是"围墙与点击大学"。一方面学生乐意接受在线教育的服务方便、容易和自由，另一方面他们也需要一个实体空间，在那里，他们能够与其他人相互配合，获得专家的指导和面对面的帮助。

**三、高等教育正在变得更加个性化**

学生们将来自更加不同的背景，将有一个广泛的、不同的需求。新技术能使他们在任何时间和地点——在校园、办公室、家里、汽车里或假期中接受教育。每个学生将能够从众多的知识提

① 《中国高等教育》2003年第1期。

供者中选择就学的形式,选择与他们学习相一致的课程。

四、高等教育的焦点是从教到学的转变

目前,大学强调的是学生“听课时间”这一共同过程,即每个学生接受教育的时间。学生们按照规定的课时学习,取得每个学时的学分,拿够规定的学分之后,取得学位。然而,随着教育提供者的数量、教育个性化和学生群体差异性的增大,可能会失去教学过程的共同点,教学焦点将变为学生们完成学习的效果。时间将是可变的,而学习将成为永恒。

五、高等教育的传统功能可能被分离

目前,教学通常被认为是大学唯一的具备赚钱功能的途径。研究,有如学校的橄榄球,只为少数学校带来利益。服务,根据它的属性,自然是没有酬劳的。因此,在高等教育方面,营利部门和其他新的知识提供者只对教学感兴趣——它们只在教学领域与传统大学竞争。就大学输给这些新的竞争者来说,对于国家利益极其重要的两项工作——研究与服务,将会失去来自政府和私人资源的财政支持。

我们应如何保护大学的研究与服务功能?只从事研究与服务的大学,在财政上来说是不能生存的,而只从事教学的大学,在知识上也会面临资源枯竭。不只是为了学校的利益,也为了国家的利益,我们应当考虑,怎样才能改变这种学校功能的潜在分离现象。

六、大学教学人员将成为自由职业者

那些在国际市场上能吸引成千上万学生的最著名的大学教师将会变得像摇滚明星一样。面对世界范围内的上亿学生的市场,一个有才能的教授除了在大学担任一门远程教育课程外,还能与出版社达成一项出书协议,在美国公共广播公司每周做一次节目以及为IBM公司进行管理咨询。这些世界级教授的名气可能会超过他们所工作的大学。

七、学位的重要性将降低

现在,一个学位代表着一段在大学成功就读的时间;等级标志着学生的相应成功程度,大学的名字记载着学位的质量。然而,随着从强调教育过程到强调教育效果的转变,学位本身的意义变得不那么重要了。重要的是希望证明每个学生的能力，包括学生的经验和技能——他或她能从事的技能等这些特定的信息。如果学位变得不重要了，我们如何继续吸引世界上的学生，为他们提供无尽的教育选择？如果学位让位于特定的能力，学生为什么要呆在同一所学校进行长达5年的学习？

八、每人将有一份教育证明书

将来，每个人将不仅仅在不同的学科领域和地域得到教育，而且也将从众多的教育提供者那里得到教育。由于传统的学位失去了重要性，国家将需要建立一个中心局，以记录每个人的学习成功——他们是怎样和在何处获得的，并提供证明。这样一份教育证明书或文件夹，将记录着一个学生一生的教育历史。当然，我们将需要指出并评价那些学生学习成绩的普通标准。

九、花在学生身上的费用将比花在教育工作者身上的更多

随着教育提供者的增多和强调产出，公共和私人资金的提供者将宁可增加在受教育者身上的投资，也不愿意扩充那些提供学院教学机构的口袋。这一趋势将带来极大的问题：在不断增加的新的教育提供者当中，我们如何才能确保质量标准？另一个要我们回答的问题是：当大学像其他大多数商业企业一样受市场驱动并面对消费者的影响时，如何保护大学自治的基本要求——学术自由？当财政支持更多地转移到消费者身上，大学教师越来越自主，而学位不再那么重要时，如何保持其在经济上的生命力？

当然，这些趋势不过是个人预测未来的一些不全面的观点，但我们毫不怀疑这些冲击对今天高等教育的影响是强有力的，并大大地改变着它。我们的担心是美国大学会忽视这些因素及我们应正视的主要问题，也就是说，如果我们故步自封，或者我们的决策速度太慢，我们将不能及时地适应这些变化，以帮助我们设计未来。

对权威预测模型的报道，记者应坚持客观报道的原则，通过采访权威部门，专业领域的专家、学者，忠实陈述预测者的原意，尽量直接引述其预测内容。当然，在采用这种模型的过程中，记者也不是惟权威是瞻，也应有自己的判断和分析，切忌那些情况不明、信息低下、判断失真、缺乏对世界动态把握的所谓“冒牌”专家的“空想”“臆测”，成为预测性报道的根据。

## 三、其他事项

从事预测性报道的过程，有以下几个注意事项：

（一）小心求证后再预测

有些记者的确能够敏锐感知社会事件的走向，善于进行逻辑推理，对自己的报道领域也驾轻就熟，但这并不是进行预测性报道的充分条件，而只能看做是必要条件。有些预测性报道十分专业，而且直接牵涉某些公司或个人的切身利益，如果记者一旦“大胆预测”，而缺乏“小心求证”，就必然给一部分人带来巨大的利益损害，甚至可能招来许多麻烦。例如 2002 年 5 月，太原市外企公司准备在当地组织一场演唱会，参加的歌星包括毛阿敏等人。后来《山西晚报》的一位记者在网上和《金陵晚报》《华西都市报》等媒体中看到有关歌手毛阿敏在日本阑尾炎突然发作，要做手术的消息，并且根据经验判断阑尾炎手术需要一段时间休息，于是他在《山西晚报》上发表报道，做了一个大胆推测——《毛阿敏八成不来太原》。但是演出当天，毛阿敏却如期而至。演唱会主办方因为售票太少而亏本，遂将《山西晚报》告上法庭。最后当地法院一审判报社赔付原告 87 万元。这类例子说明，如果记者对自己获得的消息源不慎重求证的话，那么预测的内容有可能失实。

（二）多用预测性词汇

预测性报道最忌把话说死，而应多运用不确定的语词，如“将”“据估计”“据测算”“可能”“也许会”“如果……那么”等词汇。用较为科学的表述来预测新闻事件或现象，或许可以稳妥些，也可以避免不必要的麻烦。上面那个案例，虽然记者在标题上也用了“八成”这种模糊性词汇，但在语气上却有了较强的暗示性和引导性，加之内容缺乏实证，完全凭个人主观臆测，妄下结论，导致预测和事实不符，造成严重的经济损失。所以，记者和编辑对于那些不能确认或者有疑问的预测及其结果，可以不予报道。如果实在需要报道，也应该在行文中暗示记者对所报道的预测结果有所保留。

（三）预测社会热点

预测性报道要多对社会关注的热点、焦点问题给予预测，这样容易引起受众的阅读兴趣。例如，“明年的车市将何去何从”“二手房市场还能火吗”“粮油价格上涨的影响”“2010 年中国经济增长的空间有多大”等诸多问题，都是时下社会关注的热点、焦点，此时此刻的媒体对这些问题未来走势的预测显得尤为重要。它不仅能满足受众对当前形势整体了解的需求，同时也会消除部分人的不安情绪。

（四）注意发布时机

预测性报道的发布时机也是需要考虑的问题。总体来说，预测性报道要有一段时间作为“缓冲”，尽量将时间跨度展得广些、开些，这样有利于在运动变化的过程中经常调整自己的预测内容。比如，我国每年到10月份左右，许多经济类的预测性报道就开始着手预测明年我国经济的整体走向，便于给急需了解这方面信息的读者有更多的思考空间，而不是快到新年了，把预测性报道作为一种形式，随便展望一下，抒发一下内心情感就完了。这关涉到媒体操作是否专业的问题。

## 第四节　新闻特稿的写作

新闻特稿，既指“组织性报道”的形式，也是一种新闻文体。它泛指各种新闻媒体中的特约稿件。这类稿件通常是因新闻媒体传播新闻的总体布局需要或特定舆情背景的需要，为反映特定导向意图而组织写作的新闻稿件。它有别于一般的纯告知性新闻报道，也不同于一般的“言论”文章，而是有专题性、有特别视角，并对某一专门人物、事件、问题进行较系统、较充分描述、解释的新闻体裁。美国新闻学教授詹姆斯·阿伦森在《特稿写作与报刊》中指出：“特稿，通常指报刊上篇幅较长的某类稿件，这类稿件没有正规的新闻导语，写的是有关某人、某个机构的一桩新闻事件，或某一政治事件或社会事件。”①

从上述界定中人们不难发现，新闻特稿除了“有组织性报道”这一媒体特性以外，同时也是一种有深度的报道文体。例如，从形式上看，特稿的篇幅一般都比较长，有的还以连续报道出现；从内容来看，特稿有详细的解释，也有深入的调查，有背景分析，更有深刻的思考。因此，作为一种专门的、有特色的稿件，新闻特稿也是一种深度报道形式。

---

① 张惠仁：《现代新闻写作学》，第448～449页，四川人民出版社2001年版。

## 一、有关特稿的基本辨析

一般认为，特稿是随着深度报道的出现而诞生的。20世纪50年代，特稿作为美国新闻报刊中的重要组成部分，已真正声誉鹊起，所以于1978年美国就专门设立了一个普利策特稿奖。特稿写作奖在西方新闻界被视为实力派记者的标志，新闻学者也把特稿奖获得者称为"普利策超级明星"，将获奖作品誉为"不凡之作"。在美国，特稿的评奖条件比独家新闻、调查性报道和现场报道的评奖条件更为苛刻。"一篇杰出的特稿首要关注的应该是高度的文学性和创造性。"①不难看出，与通常的新闻写作比较，特稿写作更加强调新闻的艺术独创性，它所青睐的文学性的叙事手法，如精巧的构思、辗转的悬念、饱和的情理冲突、出神入化的细节等，都在一定程度上丰富了新闻报道的技巧，开创了多元的新闻写作模式。当然，特稿将文学的叙事和表现手法运用到新闻写作中，并不是允诺以文学手段来达到虚构新闻事件的目的，而是将事件中的矛盾冲突和人们的情感巧妙地展现在新闻事件的叙述中，从而更好地打动读者，引起社会的关注。这也是特稿的新闻自律性所要求的。

综观《普利策新闻奖(特稿卷)》获奖作品，可以看出：(1)特稿题材十分广泛，大致可以分为几大类：第一类主要是非限时的社会事件的特稿，这类事件大多为"硬新闻"的内容，关注的题材比较重大；第二类是社会各色人物的特稿，如公众人物或有特色的普通人；第三类是日常生活话题的特稿。后两类大致以"软新闻"为主，关注社会弱势群体，带有社会公共服务的功能。(2)特稿的写作形式比较灵活，它可以是对某一事件的分析、综述，也可以是就某个特殊场景进行深入描写，或者就某个专题进行不同角度的报道整合，抑或就某个社会问题或现象进行深入调查或解释。它不仅客观地报道事实，而且将记者的情感渗透于事实；它不是对新闻事件作一简单的综合，而是深度挖掘事实。

与一般的深度报道相比，"特稿"之"特"体现在哪里呢？首先，是选题的取向。我们知道，调查性报道、解释性报道着力报道的是为社会普遍关注的重大新闻事件、问题，或者说主要开掘了即时的"硬新闻"领域；而新闻特

① 戴维·加洛克：《普利策新闻奖(特稿卷)·前言》，第4页，新华出版社1999年版。

稿除了也关注这类题材以外，还把触角伸向任何自然现象和人类活动，许多不为调查性报道、解释性报道重视的"软新闻"题材，只要读者有兴趣，也会得到充分挖掘。其次，是旨趣的移位。调查性报道、解释性报道追求的深度旨趣主要在于"诉知"，目标是诉诸读者的理性和知性，引发读者对社会问题的深层次思考，而感性的画面、情景和细节仅仅被看做是一种辅助性手段。新闻特稿则有所不同，它追求的深度旨趣更多的是一种引人入胜的"阅读趣味"，目的是以写作打动人心，强化感同身受之体验，因而寻求叙事角度的"个人化""文学化"；其感性的画面、情节和细节也构成了获得戏剧性效果的目标。事实上，特稿写作十分强调穿透新闻事件本身，探寻那些隐藏其后真正让人有兴奋感、富于戏剧性的冲突和纠纷。

"特稿"不是"特写"，两者应作区分。特写是记者选取新闻事实中最富有表现力的局部或片段，集中呈现新闻事实的精彩瞬间，是一种立体感和现场感都很强的描写性新闻体裁；或如美国学者丹尼尔·威廉森所说："特写是一种带有创造性的，有时也带有主观性的文章，旨在给读者以精神享受，并使他们对某件事、某种情况或对生活中的某个侧面有所了解。"①而特稿尽管在追求新闻的生动性方面与特写似有联系，但它不止关注某个事件的局部和侧面，还深度报道事物的整体和全貌；不仅对一个瞬间场景作生动描写，而且对事情的来龙去脉作宏观叙事。换言之，特写手法可以在特稿写作中得到运用，但不能等同于一篇完整的特稿。

尽管特稿的特征赋予了它艺术创造性的"特权"，但作为新闻，仍然限定它不能违背客观、真实的本质：首先，特稿所报道的事件必须是客观真实的，而不是记者在脑海中虚构的"故事"，这也是特稿和文学作品的最大区别。反面的例子有，1996年《纽约时报》记者里克·布拉格获得普利策特稿奖，但后来发现作品内容是记者编撰虚构的，于是该奖被取消。其次，须坚持从客观事实出发，让事实说话——特稿毕竟是一种新闻报道的体裁，而不是报纸的评论版或言论版。

## 二、特稿的特别要素

特稿写作没有标准化的模式，普利策获奖特稿几乎没有完全雷同的写

① 丹尼尔·威廉森：《特写写作技巧》，第3页，新华出版社1986年版。

作方式。特稿写作不像“客观报道”写作那样，有各种关于如何写导语、主体、结尾等模式作指南，但特稿中有几个写作要素是十分突出的：

（一）情感

从来没有一种新闻报道像特稿那样，把“情感”要素提高到质的高度来认识。美国学者戴维·加洛克把特稿定义为“强烈的情感和内容——富有力度，让人感动，让人恐惧，让人痛苦的新闻”①。与一向强调冷静、客观、奉行“零度写作”的纯新闻相比，特稿把情感要素提升到了前所未有的境界。特稿几乎是席卷读者的写作，这方面它显然受到了“新新闻主义”的影响。它强调，重要的是要让读者感觉置身于事件发生的现场，去感觉事件发生时当事人的特定情感，或喜或悲，或兴奋或失望。美国一位著名记者 Thomas Hallman 说过：“记者们或许不清楚人们为什么去读特稿，但我认为人们之所以去读是因为他们想感觉到一些东西”，“我是一个有情感的作者，我要使我的读者也同样能感觉到相同的情感”②。

（二）故事

大量优秀特稿作品都借鉴和采用了最典型的叙事文学样式——小说的故事形式，各种小说的叙事手法在特稿中都得到了广泛运用。正如 Rene Cappon 所说：“好的特稿仅仅只是一则好故事的讲述。”③获奖作品《策普的最后一站》的作者马德琳·不莱斯也认为，她仅仅在为“讲一个好故事，而且尽量使自己在讲故事中身心舒展”而努力。特稿作者往往都试图用文学色彩较浓的叙事语言和戏剧化的安排去拨动读者内心对事件本身的一种强烈求知感，尽量使报道从头到尾都让读者感兴趣。

（三）“写作规则”的打破

一般新闻报道对时效性以及用语的简明、直接等方面的要求都非常严格，而特稿对这些新闻写作规则却不作特别严格的要求，以便记者有充足的时间进行深入的调查，搜集有关资料，以更严肃的态度去探寻现象背后的深刻问题。在新闻史上，有的特稿记者甚至和被采访者生活在一起，成为他们的家庭成员，目的是为了写出更为生动感人的特稿作品。例如 1991 年谢里

---

① 戴维·加洛克：《普利策新闻奖（特稿卷）》，第 7 页，新华出版社 1999 年版。

② 凯利·莱特尔、朱利安·哈里斯、斯坦利·约翰逊：《全能记者必备》，第 167 页，中国人民大学出版社 2003 年版。

③ 凯利·莱特尔、朱利安·哈里斯、斯坦利·约翰逊：《全能记者必备》，第 167 页，中国人民大学出版社 2003 年版。

尔·詹姆斯写《弃婴》，共花了8个月的时间，获奖后她回忆：在报社的支持下，她可以自主地支配时间，并得到鼓励以最大限度地利用所获材料。她得到当事人朱迪母亲的信任，搜集了很多线索，最终完成了艰苦而深入的采访。又如戴夫·柯廷在写《亚当和梅根》时，为了真实地反映两个被大火烧伤的孩子的生活，花了5个月的时间随时随地跟着孩子们，与他们一起吃饭，一起购物，甚至和他们一起旅行，才写出了描写、刻画极为细致的上乘之作。而获奖作品《恩里克的旅程》的写作前后竟花了记者两年的时间。

## 三、特稿的“特技”

在特稿写作中，人们常说的“新闻五要素”已有所变动，其中“何人”会变为有特色的“人物”，“何事”变成“情节”，“何地”已成为“背景”，“何时”则会以某种“时间的顺序”出现，“为何”可能成为“动机”，无不体现出文学叙事的特质。这种特质决定了特稿写作的某些“特技”：

### （一）讲述一个真正的故事

特稿一般都依托新闻事件本身的曲折走向，借鉴小说的故事形式和表现手法，以讲故事的形式让戏剧效果随情节自然展开。一个特稿作者首先应该是个会讲故事的人，正如《普利策新闻奖（特稿卷）》的编者戴维·加洛克在序言中所说：本专集所收录的代表作堪称文学的纯正典范，它们的作者都是真正会讲故事的人，他们让戏剧效果和情节自然展开，懂得冲突和解决在叙事中的角色，假如需要的话他们会毫不犹豫地在叙事中注入他们的强烈情感。

借鉴小说中如何设置悬念、冲突，如何来谋篇布局，这对于吸引读者、使特稿内容更加生动大有帮助。特稿作家乔恩·富兰克林在《为故事而写作》一文中认为：一个故事蕴含了一系列情节，当一个令人同情的人物偶然碰到一个复杂的情境，他的遭遇和他的反应就是情节的展开。这可以看做是讲述故事的必要条件。1979年，首届普利策特稿奖作品《凯利太太的妖怪》就给读者讲述了一次错综复杂、扣人心弦的脑部手术，作品的主人公是达克尔医生和凯利太太。由于这篇特稿分两天报道，为了能使读者在第二天继续关注事件的最后结果，作者乔恩·富兰克林写了两段十分特别的内容提要：

第一天

大脑对科学家和哲学家提出的挑战已长达数个世纪，但近十年来它慢慢开始投降。今天，科学神话已推进到人的智力和性格中存在的那些异常复杂的物理和化学过程中。可怕的大脑失调有望很快能预防、控制，甚至治愈。最近的几个月，《太阳晚报》将刊登有关最深入这一前沿领域的一些事例。

下面这篇文章将分两次刊发。上篇是一个关于托马斯·达克尔医生、艾娜·凯利太太的妖怪的悲剧。最终凯利太太的死亡说明神经医学还很年轻，目前所能做到的也极其有限。1978年，医学家已经可以进入大脑的灰沟，但他们极易受惊，而且也十分危险。

第二天

近十年来，科学神话已推进到人的智力和性格中存在的那些异常复杂的物理和化学过程中。最近的几个月，《太阳晚报》将集中报道工作在这个灰色前沿地带的科学家和医生，同时也报道那些在死亡边缘挣扎的病人们。下面的文章将是关于艾娜·凯利太太悲剧报道的下篇，全文将就此结束。

除了内容提要设置了一个悬念机关，富有创意，特稿文学性的特点在文本中也得到了充分体现。正如作者自己所说，他的文章“是快步调的……类似于拉威尔眼中的波罗烈舞”。作者紧紧抓住手术中的时间节点，从手术开始（“时间是6点30分”）凯利太太准备接受手术，到下午“1点43分，一切都结束了”，凯利太太死亡，全文共有15次提到手术的时间。另外，作者还通过扬声器传出的心跳声“怦、怦、怦”等着力描写的细节，有17处明确描写心跳声，还有多处以“每分钟70次，每分钟70次，每分钟70次”等描述来说明心跳。特别是到了手术的后期，作者对心跳声的刻画更是传神，读后有身临其境之感，如：“怦、怦、怦…怦……怦……怦…………怦…………怦…………”，“怦、怦、怦…怦……怦…………”，“怦………怦………怦、怦、怦………怦………怦——怦——怦………”作者在记录心跳时，通过对各种不同的标点符号的运用来表现当时手术中各种紧张和危险的过程，甚至标点符号的数量也有所变化，这都紧紧抓住了读者的心。

作者还用他所欣赏的短故事形式精确地概括他的这篇特稿：冲突：达克尔冒险行动；(1) 达克尔进入大脑；(2) 达克尔夹破了动脉瘤；(3) 妖怪伏

击达克尔。结局:达克尔接受失败。对于这种创造性写作,正如作者自己说的:“我尝试把契诃夫的叙事理论用到新闻里。”

另一篇1991年获奖的《弃婴》,记者詹姆斯采用了以时间为顺序的叙述方法,同样给读者一种读故事的感受:

> ……4月27日,星期四,瑞安从家里出来,大步穿过街道,他家在怀尔德伍德小区,那儿都是鞋盒形的两层公寓。他朝一个小楼走去,他16岁的姐姐梅利莎在那儿的一栋小社区楼里做洗衣工。他沿着一条小道走着,经过了一个垃圾桶和一棵橡树。
>
> 他听到了那些声响。是小猫吗?
>
> 循着声,他看到橡树下离垃圾桶大约10英尺的地方有一个录像机盒子。盒子盖着但没有封起来。瑞安朝盒子走去,打开了盒盖。
>
> ……
>
> 4月28日,星期五,上午10点,发现弃婴的第二天……
>
> 5月2日,星期二,弃婴在怀尔德伍德公寓小区被发现五天之后……
>
> 5月8日,星期一……
>
> 5月8日,子夜……
>
> 5月9日,星期二,早上6点……
>
> ………

记者通过对一个个具体的时间节点的精确把握,给读者一种读侦破小说的感觉,慢慢地将读者吸引到特稿所展示的事件发展过程中去了。

许多特稿在文本时间上一般不采用过多的顺叙方法,而是将小说中的倒叙、插叙和电影中的叠印技巧运用到特稿的组织结构中,使特稿的谋篇布局更具有戏剧性和悬念性。

(二) 个性化的细节

大部分特稿中都有几个着力刻画的典型人物,如何让读者觉得这些人物真实可信、有血有肉,就需要记者通过采用直接引语和细节描写,以此增加特稿内容的真切性,突出人物的性格。如《凯利太太的妖怪》中写道:

> 接下来的手术进行得更为艰难,也更加血淋淋。镊子冒着危险一毫米一毫米地在凯利太太的大脑中挖开一条通道。血在不停

地流，镊子“吡吡”作响，吸血泵汩汩地往外抽血。推进，再探索。

更多的血涌了出来。然后，镊子突然静止不动了。

作者对手术事件的细致观察以及扎实的文字功底令人惊叹，而那些“血淋淋”的细节更让人如见其事，如闻其声，“镊子突然静止不动了”则几乎使人窒息。这种文字“特技”功夫真正使特稿阅读成了语言享受。

（三）精神的力量

特稿的特性，决定它必然承担着一种人文关怀，一种社会责任。它关注人类面临的困境，关注身边的弱势群体和边缘人群，由此把新闻的“视点”引向被主流新闻（一般为重大、重要事件报道）忽视的边缘地带。从大量的经典特稿来看，记者更倾向于将笔触伸向社会很少关注的领域或人群，从关注个体生命而延伸到对整个群体的关注，深切地体现出一种人文精神。特稿《土地上的生活：一个美国农场家庭》通过5篇系列报道，按时间顺序生动详实地反映了美国一农户一年来的生活，突出展现了美国农场在经济萧条的时代背景下的困顿与惨淡。《亚当和梅根》写了一个被丙烷爆炸摧毁的家庭和这个家庭中两个因爆炸而毁容的孩子的康复生活，讲述了他们如何从朋友和陌生人那里获得力量和勇气的故事。

优秀的特稿会让读者感受到一种向上的力量，一种当人们在面对生活中许多不如意或困境时表现出来的勇气。它始终散发着一种人性之美。例如上文《凯利太太的妖怪》，尽管凯利太太脑部手术是以失败告终，“妖怪胜利了”，但从文中我们看到了一个不畏困难、不倦探索的脑科医生形象。而《策普的最后一站》，记者向人们展示了一个用60年时间向政府证明当时拒绝服兵役“不是出于怯懦”的人物形象，显示出超人的坚毅品格。在《艾滋病在哈特兰》中，艾滋病患者汉森面对疾病和社会对他的歧视，以死抗争，以一种平静的方式离开了世界，而他的伴侣汉宁森则选择了活着，仍坚强地面对人生。汉宁森说的那句话“牵牛花的根扎得很深。它会长得很好的”，似乎也给人类以很多启示。在《中毒性休克》中，记者南·罗伯逊就是中毒休克的当事人，虽然她经历了一段极为痛苦的过程，截断了8个指头，但记者忍着剧痛，以每天打200～250个字的速度写出了这篇特稿。这篇特稿反映的并不是什么重大的社会事件，而仅仅是记者私人生活的一部分，但由于人格的光辉，透射出了向上的不懈精神，同样深深吸引读者，成为不朽名篇。

特稿如果离开了深刻的人生启示，就失去了它存在的理由。我国目前部分特稿作品却缺少精神层面的追求，纯粹在玩弄文学手法，他们青睐于那些绯闻、暴力事件，肆意地、大篇幅地记述性侵害、凶杀案件过程，进行各种赤裸裸的描绘，这都是走入误区的表现，事实上也不可能成为优秀的特稿作品。

（四）“真实”的呈现

“真实”是任何新闻报道必须遵循的准则。对于文学性、创造性都很强的特稿来说，如何真正呈现“真实”呢？

首先，要有一种追求真实的态度。对于特稿记者来说，坚持真实写作仍然是必须坚守的新闻道德。《洛杉矶时报》的记者索尼亚·纳扎里奥对新闻真实性的要求近乎苛刻，以她获得的2003年的普利策特稿奖作品《恩里克的旅程》为例，评委会对这篇特稿的评价是“动人、详尽地报道了一个洪都拉斯男孩寻找已经移民美国的母亲的惊险之旅”。为了详细而真实地报道一个偷渡孩子的惊险之旅，纳扎里奥和摄影记者像偷渡客一样，趴在火车顶上，经历了被强盗抢劫、被当地警察围捕的过程。从洪都拉斯首都特古西加尔巴，经过南洪都拉斯，穿越危地马拉和墨西哥一直到美国，重走了恩里克的寻母路程。《恩里克的旅程》共有3万字，纳扎里奥经历了两年时间的调查、写作，文章记录了恩里克长达8 900英里、耗时120天的寻母历程。长达3万字的《恩里克的旅程》中有7 000余字是关于正文内容的注释。这些注释足以证实文章中每一个细节的真实性，其详尽和可核实性令人叹为观止。譬如，恩里克丢失了母亲的联系方式与地点，就有可以证明这一事件的当事人的姓名、地址；恩里克给人洗了两周的车才挣到打往洪都拉斯的电话费，就有他洗车赚取电话费的数额、证明人。还有一连串可证明的细节：恩里克悲惨童年的见证人以及对这些人的访谈；证明恩里克染上毒瘾的人的姓名，甚至恩里克曾经说过的一句话都有具体的人来证明。“即使是恩里克亲口告诉我的事情，我也尽量去找别人核实。”①除了对各种细节力求最大限度的真实外，记者在亲身经历的途中始终牢记记者的职责，她说：“作为记者，你不得不接受这样的事实，你将看到许多人间惨剧。但我不能帮助他们，我只能是个旁观者。否则我将看不到事实。”正是在这样的严格标准下，纳扎里奥给读者呈现的是一段真实而可信的故事，同时也让读者看到了一个优秀特稿记者是如何来采写特稿的。

---

① 杨晓白编译：《美国媒体是带着面具的伪君子吗?》，《青年记者》2003年第6期。

其次，也要有表现真实的技巧。在特稿写作中，最难把握的是描写人物心理活动和感受，如何准确、客观地表现人物的内心活动，是许多记者都面临的问题。这个环节能否处理好，会影响特稿的真实可信度。戴夫·柯廷在写作《亚当和梅根》这篇特稿时，随时都在关注这两位因丙烷爆炸而毁容的孩子的情感变化，将孩子们内心世界的活动通过记者这个"他者"来真实地表达出来。柯廷在这篇特稿中始终坚持新闻记者的职业准则，力求客观写作。正如他所说："有时候，晚上我回到家里会为所听到的而流泪。到了写作的时候，我力图把自己拉开一点距离，并努力避免把它变成一个催泪器。"戴夫·柯廷为了获得详实的资料，以便能够更好地进入被访者的内心世界，非常注意采访的方式，以避免可能对被访者带来伤害，所以他不使用录音机。"有几次真正动感情的时候，谈了一些感人肺腑的事。我不打算在房间里乱动并拿出笔记本。我从很小的闲聊式的话题谈起。但我们开始进入沉重的话题时，我会问他们是否介意我做一些笔记。很快，他们甚至忘记了笔记本。"①

为了表现真实，柯廷通过细节描述来反映人物的内心活动，极力避免个人主观情绪的过多介入，保持了特稿真实的本质。例如，在描述亚当和梅根自烧伤后第一次和小伙伴相聚时，记者通过描写观察到的一连串细节来反映梅根的意识流动。"她注意到其他的小女孩都有一头飘逸的长发。他们的皮肤像丝一样，脸上放着光，穿着星期天的礼服。""孩子们都看着她。眼泪从梅根那布满疤痕、凹凸不平的面颊上流了下来。"又如治疗专家卡西问梅根过生日想做什么时，记者抓住了梅根的话："在我受伤前，我还用唇膏呢！"说起洗澡时，梅根说："但是我不能用香波了。""我过去的头发比我的小妹妹多得多……我要长好长好长的头发。在我烧伤之前，我的头发到我的背那么长。"虽然记者没有直接写梅根的内心感受如何，但通过客观描写记者的所见所闻，抓住人物的行动细节，使读者自然能感觉到梅根此时的复杂心情。这就很好地处理了如何通过"他者"来表达当事人内心活动的问题。记者凭借自身扎实的采访技巧和良好的文学功底，以及对新闻真实的准确认识，才会如此成功地叙述了两个受伤的孩子在父母、医生和周围人的帮助、鼓励下，克服烧伤给他们心灵和身体带来的双重伤害，最终重新融入社会的过程。

---

① 戴维·加洛克：《普利策新闻奖（特稿卷）》，第451页，新华出版社1999年版。

# 第九章 组合文体的深度报道写作

## 第一节 连续报道的写作

连续报道也称追踪报道，是新闻媒体根据社会事件本身的发展进程，连续、及时作出报道的一种操作方式。它常用于报道重大题材、突发事件或正在发展的事件。连续报道作为深度报道的一种形式，已经被广泛运用在实际的新闻报道中。

受众心理研究表明，当人们接受媒介传播的新闻时，往往并不完全是被动的，而是"随动"和介入的，他们急切地希望知道事件的起因、经过及结果，并且会提出质疑，表达自己的意见。连续性报道可以看做是媒体为了满足受众急切期待了解新闻事件的进程，而适时地对某些新闻事件作追踪报道，从而调动受众的"互动"，并在互动过程中使新闻的信息层面得到扩充与增值。应该看到，连续性报道这种报道模式本身也符合事物发展的客观规律，因为事物是运动着的，变动不居的，新闻媒体的报道当然要随着事态的变动而迅速作出自己的反应。

马克思关于报纸的"有机运动理论"又进一步告诉我们："在有机的报纸运动下，全部事实就会完整地被揭示出来。最初，这个完整的事实只是以同时发展着的各种观点的形式出现在我们的面前，这些观点有时有意地、有时无意地揭示出现象的某一方面。但是归根结底，报纸的这种工作只是为它的一个工作人员准备材料，让他把材料组成一个统一的整体……一步一步地弄清全部事实的。”①换言之，在马克思看来，报纸或其他媒体在反映事物的“有机运动”过程中，往往最初的报道是就一个局部、某一个侧面展开的，而且报道中可能会存在误差；但是后续的报道应该不断地纠正以前报道的偏差，最终使事实完整地、真实地展现在受众面前。连续报道可以看做是报纸“有机运动理论”的生动、具体的体现。

连续报道之所以被认为是一种深度报道模式，主要是因为它通过连续跟踪事件，为受众组构了一幅完整、清晰的全景画面。它的每一次报道都是相对独立的，但将所有报道串联在一起，就呈现出一个完整的新闻事件流程。这好比是珍珠与项链的关系，一颗珍珠也许并不十分美丽，但一串珍珠就能连成一串动人的项链。

## 一、“连续”的形式

在第一章中我们已经作过分析，认为媒体中的连续报道意味着主体（记者）受客体（新闻事实）的支配，主体按照客体的变化过程“随动”。我们需要进一步分析的是，新闻报道是如何根据事件运动而“随动”的，这种“随动”通常有哪些方式？

根据新闻事实的不同性质，连续报道一般采用以下几种“随动”形式。

### （一）平行式随动

这种随动显示，新闻报道与事件进程基本保持同步，即随着新闻事件的发展，新闻以一种持续不断的进行时态，保持与事件平行发展的跟随状态。

我们知道，有些新闻事件随时都在变动，媒体为增强应变力，唯有紧贴事件才能在新闻时效的竞争中先发制人，如战争报道，战场上的动态是任何记者都无法十分准确地预测到的，只有以最快的速度、连续不断地报道最新动态才能满足受众的需要。2003 年伊拉克战争，打响了媒体之间无硝烟的战争（在很大程度上打的是时效战）。以《潇湘晨报》为例，它“开了国内报纸‘滚动出报’的先河，在战争爆发仅 1 个半小时，就出版了两彩两黑 4 个版的号外……下午 4 点 50 分第二份号外上市，次日 11 点，第三份号外再次出现在各个零售报摊上。如果加上正常刊出的两份报纸，28 个小时内《潇湘晨报》共出版 5 期报纸，如此密集的出版，弥补了发行时段上的时间差，

① 转引自陈力丹：《精神交往论》，第 269 页，开明出版社 2002 年版。

把留给对手的市场空间逼到了极限。"①虽然特刊一般都归在整合报道领域中讨论，但以特刊形式出现的连续、密集报道在广义上也可归在连续报道的范畴。

（二）断点式随动

有些新闻事件时间跨度长，如果用平行式随动，不仅记者耗时耗力，而且也不符合媒体的工作业态。因此，这时连续报道对事件的随动往往是断点式的，即抓住事件进程的重要"节点"，有变则报，无事则无，不是紧贴，而是关键时贴紧，因此出现了多篇幅、长时间性的连续报道，有些甚至前后跟踪数年之久。前几年苏州《姑苏晚报》记者对"沈昌人体科学"的连续报道，从1996年起沈昌气功被质疑直至2001年沈昌被判刑，前后将近6年时间。这组以首篇《气功大师搞奠基竟有"警车"开道》为开端的连续报道，前后有40多篇揭露沈昌事件的一系列违法行为，通过一个个真实事件的披露，最终让迷信者们觉醒，直接推动了当地有关部门对沈昌的"伪人体科学"进行立案侦查。

（三）策划式随动

随着报道形式的多样化，各种深度报道的形式有时也会相互融合。在许多连续报道中，新闻媒体不仅跟随事件，而且在不改变事件走向的前提下，将策划性议题穿插其中，构成策划式随动。例如，上海《解放日报》为了做好申博报道，在申博结果揭晓的前一个月就开始做一系列的申博报道，除了以消息的形式对有关申博的最新动态给予多方关注外，还以侧记、评论等形式，将整个申博过程的前前后后给予完整的全方位的透视，最大程度地满足了读者的多种信息需求。这里，不妨罗列《解放日报》在申博冲刺前主要报道的标题，以更好地把握连续报道的特点：

2003年11月25日头版："满怀信心的期盼"；人民日报社论"全力支持上海申办2010年的世博会"；

26日热点追踪版："申城学子举办各种活动，热情支持中国申博"；

27日热点追踪版："触摸世界级城市"；

28日新闻版："上海将让发展中发达国家双赢"；

---

① 龙奔：《伊拉克战争报道激活整合传播策略》，《中国记者》2003年第5期。

热点追踪版:“远眺摩纳哥——世博会扫描之一”;

29日新闻版:“蒋以任昨启程赴摩纳哥出席国际展览局会议”;

热点追踪版:解放论坛“从细微处入手”;

30日新闻版:为“申博作最后陈述”(配静安区活动图和期盼男孩图);

12月1日头版:图片“上海洋溢申博热情”;

“申博日记,向着阳光飞行”;

3版热点追踪版:“回望大西洋——世博会扫描之二”;

12月2日头版:“申博日记,平静中的较量”,图片“万人长跑,支持申博”;

5版:瞩目中国龙——世博会扫描之三;

12月3日头版:“国际展览局第132次大会开幕,2010年世博会主办国今选举”;

5版热点追踪要闻版:“申博今晚揭晓”。

从上文所列标题中可以看出,《解放日报》从2003年11月下旬进入了申博报道的最后冲刺阶段。由于11月8日正是党的十六大召开,几乎所有报纸报道的重点都是围绕党代会,《解放日报》当然也不例外。除了11月4日在头版有篇题为“市长咨询会议全体成员致信国际展览局主席,联名支持中国申博,完全相信中国有热忱、有能力、有实力举办精彩的世博会”和11月6日在“热点追踪”版发表题为“老谋子‘深算’申博片”外,就没有更多涉及申博内容的报道。可见11月上旬整个申博报道并没有进入热点范围,更多的是对申博工作的某个方面的零星报道。但从11月的下旬起,《解放日报》除了连续追踪申博方面的情况外,还策划了一系列的新闻报道的亮点,如11月25日在新闻版刊发了记者陈春艳的《满怀信心的期盼》;11月26日、27日、29日又分别在“热点追踪”要闻版上发表“申城学子举办各种活动,热情支持中国申博”和“触摸世界级城市”报道及在解放论坛上刊登“从细微处入手”评论。所有这些报道,都很好地使用了媒体的议题设置功能,把上海市民的视线从全国的党代会转向了和上海人民关系更为紧密的申博上来。连续报道中有涉及规范市民行为的,有彰显上海申博主题的,有展示上海这个新兴的国际大都市的整体形象的,对上海给予了全方位的报道。在随后的几天,“热点追踪”版又不断推出《远眺摩纳哥》《回望大西洋》《瞩目中国龙》和《申博，今晚揭晓》的系列报道，通过这种循序渐进的报道，不断地吸引受众眼球，并且做到步步升温，没有给读者带来遽然的急促感。而在中国申博代表团凯旋之际，《解放日报》在头版显著位置刊登了《长风破浪会有时》的述评报道，成为上海欢迎申博代表团凯旋的唯一一篇重要报道。该文分“中国奇迹上海硕果”“中国决心·上海行动”“中国承诺·上海创意”三个层次加以分析，独到而又精辟地概括了申博三年来艰难而光荣的历程，简要评析了2010年上海世博会申办成功的根本原因，从而进一步拓宽了庆祝申博成功的报道广度，加深了理性的深度。可以看出《解放日报》在报道过程中，注意点和面相结合的报道手段，连续报道与申博有关的动态新闻，结合世博会的有关背景资料、社会各界的评论，以高清晰、高密度的信息，彰显主流大报深度报道的力度和广度。

## 二、连续报道的写作

《江南时报》于2003年对江南名湖阳澄湖水污染一事进行了连续报道。它采用最常见的连续报道形式，从5月20日到5月25日连续发表6篇关于阳澄湖水污染的报道，使广大读者对阳澄湖水污染有了一个更加清醒的认识。

2003年5月20日，《江南时报》发表了第一篇报道《谁在向阳澄湖排放污水？》：

> 河水受到污染颜色泛黄，养在船舱里的鱼都死了。昨天，苏城相城区一居民给本报打来电话称：“这条被污染的三家村河直通阳澄湖，对渔民围网养殖十分不利，我们赖以生存的母亲湖可不能受到污染！”
>
> 昨天上午，记者来到相城区太平镇渔业村南侧的三家村河，看到河水泛黄，黄中透着黑，河面上漂浮着已经腐烂发黑的水草，透着一股难闻的气味。据渔业村的村民张德红介绍，三家村河里的水有时候浑浊，有时候好一点。这次河水变黄是从上个星期开始的，一直到现在，污染很严重。他称，现在还不是污染最严重的时候，前一段的河水比现在的颜色还黄还臭。
>
> 张德红提起河水污染，气呼呼地告诉记者，这条受污染的三家

村河直接通往阳澄湖,靠近三家村河河口的湖水也被污染了。张德红称,渔业村130多户人家祖祖辈辈是渔民,阳澄湖是他们渔民赖以生存的“母亲湖”,原先,湖水很清澈,他们用湖水洗菜烧饭,靠养殖甲鱼、螃蟹、鳜鱼、鲈鱼等特种养殖生存。现在,连靠近河口的湖水也受到污染,他们只能养殖一些生存能力较强的草鱼、鲢鱼等水产品种,养殖效益受到了很大的影响,只够养家糊口。

据渔业村的渔民称,三家村河的上游有化工厂、印染厂和电镀厂,这些厂的废水排到哪里去了?而渔民张德红却告诉记者,他一直怀疑这些工厂有排污的可能,但是,他又称没有确凿的证据。究竟是工厂排污还是其他原因导致河水受到污染,本报将继续给予关注。

第二天,《江南时报》刊登了第二篇报道《地下“污龙”正在吞噬阳澄湖》:

本报昨天刊登了《谁在向阳澄湖排放污水?》一文,引起阳澄湖沿湖渔民的极大关注,有多位渔民给本报打来电话,为寻找污水源头提供线索。昨天,记者再次来到苏州市相城区太平镇渔业村,在当地渔民的配合下,终于找到了一家排污企业,而排污点却是地下“暗流”。

昨天上午,记者来到太平镇渔业村张德红家,讲明了前来查找向河中排污的企业以及排污点,希望张德红能够将记者带到排污现场。不料,张德红却推脱称,由于反映了事情,得罪许多部门的领导,不方便带领我们去。

几经周折,终于找到了渔民所说的“百灵印染厂”,现在已经改名为苏州申亚印染有限公司。据该公司附近的居民介绍,这家印染企业已经往河里排污十多年了,排污管道埋在地下,通过横江河流入阳澄湖。记者在横江河南岸看到,一条直径足有30多厘米的管道埋入地下两尺多深,往外“噗、噗、噗”地流着黄色的工业废水,河面上飘着一层白色的泡沫。据居民称,往河中排污的不止这一家企业,还有的企业排污方式更隐蔽,根本看不到。

相城区环保部门的朱先生告诉记者,太平镇渔业村的村民并没有向他们反映过此事,他们看了本报昨天的报道后,已经引起重视，并安排环保执法部门前往太平镇，清查几家重点排污企业。对此，本报将继续给予关注。

第三天，《江南时报》又刊登了第三篇报道《投放300斤蟹苗只收上3只》：

大闸蟹作为阳澄湖的“名片”，靠阳澄湖为生的一些渔民却不敢养殖大闸蟹了！昨天，苏州市相城区太平镇渔民唐先生看到本报连续报道后，给本报打来电话称，由于阳澄湖受到污染，现在养蟹连年亏损，太平镇渔业村的渔民不得不养殖其他水产品种，已不敢再养殖螃蟹了！

据唐先生称，大概在五六年前，由于湖水受到污染，唐先生在湖中养殖的蟹苗、蚬子经常死亡。后来，阳澄湖的水质污染越来越严重，投放的蟹苗基本上没有了收成。在1999年，唐先生和另一渔民投放了300多斤、价值7万多元的蟹苗，到收获季节，仅仅打出3只萎缩的螃蟹。在这两三年内，他养殖螃蟹共计亏损20多万元。

据附近渔民介绍，唐先生所说的情况确实存在，养殖螃蟹需要水质好，螃蟹才能快速生长，而阳澄湖受到污染，湖里的螃蟹就生长缓慢，甚至会壳厚肉少，卖不出去。他们只好养殖容易存活、生长的鲢鱼、草鱼、扁鱼等廉价的水产品，靠这些收益只能勉强度日。

渔民们对阳澄湖的污染极为恼火，渔业村的渔民曾多次寻找污染源，并发现了好几家企业往通往阳澄湖的河里排放污水。每向有关部门反映一次，企业排污就有所收敛，可好景不常，企业仍旧大量排放废水。

此外，本报的连续报道已引起了相城区环保部门的关注，一位朱姓工作人员称，他们已经对涉嫌污染阳澄湖的企业进行调查，并对三四家企业排出的废水采样，不过化验结果尚需时日。

第四天，《村支部书记为污染企业“喊冤”》：

企业排放废水并不是污染阳澄湖的“罪魁祸首”！昨天，苏州市相城区太平镇渔业村党支部书记陆福元为企业排污水污染阳澄湖喊冤。他称，内河漂浮的水草和白色垃圾等才是污染阳澄湖的“罪魁祸首”，而制造这些污浊物的正是渔民自己。

据陆福元称，阳澄湖的污染并不是太平镇一条三家村河的问题，其他许多地方的内河都往阳澄湖排污水。他告诉记者原因是：首先是流往阳澄湖的河道上游会漂浮来水草、白色垃圾等，进入阳澄湖后会腐烂发臭，污染水质；其次一些住户到处排放生活用水，湖岸上的一些渔民胡乱挖厕所，粪便会从地下渗到湖里；对于企业排放工业废水污染阳澄湖，他称是最轻微的，在上述原因之中，应该放在最末位。对于渔民养殖的水产品经常死亡，他称渔民投放饭食喂鱼，就会导致鱼死亡。而渔民不敢养螃蟹的原因则是因为风险大、捕捞率低，与污染无直接关系。

第五天，《环保局喝停排污超标工厂》：

排污招标的企业被紧急叫“停”！昨天，记者在苏州市相城区环保局了解到，排放工业废水超标污染阳澄湖的一家电镀厂已经被勒令停止排污，限期整改排污设施，并受到了应有的经济处罚。

相城区环保局环保监察大队负责人朱成东介绍，本报刊登的《谁在向阳澄湖排放污水?》连续报道引起了苏州市环保局和相城区环保局的高度重视，环保监察人员在5月20日就前往阳澄湖附近的重点排污企业进行排查。据介绍，涉嫌排污超标的印染厂、电镀厂等3家企业同用一条排污管道，环保监察人员对印染厂、电镀厂等3家企业排放的工业废水进行单独取水采样，经过化验，该电镀厂排放的工业废水排放重金属超标。朱成东称，电镀厂排放污水不达标的原因是把铜、锌、铬等重金属混在一块进入污水处理设备，而本该单独存放，分别处理才能达标。对此，他们根据《太湖水污染防治条例》，对电镀厂给予了罚款，限期整改，停止超标排污等行政处罚。

据朱成东称，保护阳澄湖是一项系统的综合工程，阳澄湖的污染也是多方面的，工业废水污染占了相当大的比例，农业污水排放、生活污水排放、盲目扩大养殖规模、循环养殖和沿湖养牛、猪的养殖场也是污染源。他称，作为环保部门，首先要保证企业排放工业废水达标。他们已经关停了一些排污严重超标的小企业，经常对企业排污进行清查，并开通了有奖举报电话；再者，他们还搬迁了沿湖的23家饲养牛、猪的养殖场。去年，政府还整改了湖区的围网养殖，相城区目前的养殖面积由以前的12万亩压缩到现在的4.8万亩。此外，阳澄湖周边乡镇还建起了集体污水处理厂，这些举措对阳澄湖的保护都会起到积极的作用。

第六天，也是此次连续报道的最后一篇，记者从制定新法规入手，进一步深化了主题，写出《保护阳澄湖需要新法规》：

本报刊登的《谁在向阳澄湖排放污水?》连续报道提高了人们保护阳澄湖的意识。昨天，苏州市相城区环保局有关人士接受记者采访时表示，保护阳澄湖不是一个环保部门就能解决的问题，而需要多家部门互相配合、支持，并且一并完善相关法规。

一位不愿透露姓名的人士称，环保部门作为一个职能部门，对排污超标企业只能经济处罚和限期整改，而不能强制企业停产。在保护阳澄湖上，环保和工商、公安、卫生、交通、水务等部门的配合、协调，要从保护水源水质和渔业生态环境出发，加大管理力度。沿湖乡镇在发展经济的过程中，企业必须保证排污达标，控制污染源头，不能为了发展经济，忽视了保护阳澄湖；严格管理生活污水，加快建设生活污水集中处理厂；控制农药、化肥的用量；控制禽、畜养殖的规模和数量。这些因素都会对保护阳澄湖起积极作用。

据称，现有的《苏州市阳澄湖水源水质保护条例》是在1996年制定、颁布实施的。在当时，该条例对保护阳澄湖十分适用，而现在，经过七八年的经济发展，根本没有重新修订、完善，有些章节已经和现在的保护要求有差距。因此，从某种意义上说，制定或完善法律法规，对保护阳澄湖更起到现实而积极的作用。

环境保护在当前已经成为一个棘手的问题，许多地方在发展经济的同时往往会忽略对自然资源的可持续利用。阳澄湖因盛产品质优良的大闸蟹而闻名海内外。《江南时报》的连续6篇对阳澄湖水污染问题的报道，在一定程度上再一次敲响了环境保护的警钟。

像这类时间跨度较短，在数天时间里对事件发展态势展开连续不断的报道，在写作过程中有其鲜明特点：

（一）每一篇报道既各自独立，又相互联系

对于单个事件的连续报道，每篇报道一般从不同的角度给予切入，最终多点合力地形成一幅完整的画面。从标题中我们就能看到,第一篇主要揭示了一个问题:谁在向阳澄湖排放污水? 引起读者注意。第二篇、第三篇通过实例来证明湖水污染的程度。第四篇重在对污染原因给予揭示。第五篇则是主管部门采取的措施。第六篇呼唤新的更有效的法规出台。显然,每篇报道都独自成篇,单独阐明一个问题,而且每篇报道的篇幅也不是很长,但将之串接起来,这6篇报道却构成了对如今阳澄湖水污染现状的深度报道。从报道中,我们还能看到这样的表述:“究竟是工厂排污还是其他原因导致河水受到污染,本报将继续给予关注”,“本报刊登的《谁在向阳澄湖排放污水?》连续报道……”,“本报的连续报道……他们已经对涉嫌污染阳澄湖的企业进行调查,并对三四家企业排出的废水采样,不过化验结果尚需时日”。这些语句将那些本来看似独立的报道给予了有机的串接,并在随后的报道中进一步去解释和补充前面报道中所遗留的问题。这样的报道使内容更趋完整,而且能使新闻价值在事件延展中得到增值。

(二) 重要的是报道,而不是结论

在连续报道中,事件的发展进程一般不会以记者的主观意识为转移,如法庭庭审过程,或者战争进展、疾病疫情扩散趋势等,都有自身的嬗变规律;所以记者只能随着事态的发展进程而进行报道。在连续报道中,记者不必掺杂自己主观预测性的结论,而应尽量用事实说话,如在“阳澄湖水质受污染”这组报道中,记者调查湖水污染的原因,就引用村支书对污染原因的分析、判断,以及随后环保局的测试结果,分别在两篇报道中给予展示。通过层层深入的调查报道,读者自然知道了湖水受到污染的真正原因。

(三) 寻找理想的切入点

连续报道不是流水账,也非仅仅对事件作一般叙述,而应该将事件发展过程中最有价值的部分予以充分展示,突出重点。这就需要寻找好的切入点。一般来说,记者应该在每篇报道的开端将最新的事件动态给予揭示,在随后的几个段落中,记者则可以根据需要适当地对之前的情况给予一些回顾,然后以一两个过渡的句子重新引到最新的动态中。

(四) 调整连续报道的走向

在事件进展的过程中,记者是作为第三者客观地“再现”事件的进程。但也有一种情形,记者对事件特别感兴趣,试图通过自己的努力挖掘,把掩埋的事实暴露出来。许多调查性的连续报道就可能出现这种情况。例如,在衡阳特大火灾的连续报道中,记者一开始仅仅对火灾进行一系列的跟踪报道，“截止到今日”等表述，在前期的报道中时常见到。但随着事态的发展，报道逐渐转向，记者开始对大楼竟在如此之短的时间内倒塌产生怀疑，进而着手对大楼的建筑质量提出质疑。于是，中央电视台“经济半小时”的记者再次赶赴衡阳，围绕大楼质量问题进行更为深入、全面的调查。此时的后续跟踪，实际上已进入另一个层面的报道，进一步引起了社会对这一事件背后的故事的关注。由此可见，在连续报道中记者对新闻事件不是一味地线性展开，而应有足够的新闻敏感度，随时从新发现的线索或其他媒体的报道中获取新的开拓方向。这也是采写优质连续报道的一个重要指标。

（五）增强互动效应

报道社会各界对已刊播新闻的反响，已经成为许多媒体连续报道的一个重要组成部分。如果媒体进行连续报道，纯粹只是基于自身需要去报道事件，而听不到来自社会群体的声音，这种报道必然是“单向度”的，缺少互动的成分。记者应理解，报道与受众的互动不仅是新闻的看点，而且关涉媒体的品格。例如，《解放日报》在 2003 年 9 月 7 日刊发了一篇题为《给无力者力量》的文章，主要报道一群长期深受肌肉疾病折磨的群体的生存状态，呼吁社会伸出援助之手，不料报道在患者中间引发了强烈的反响。《解放日报》有感于这个现象，在随后的日子里集中将那些患者的心声作为对以前报道的一种后续报道，刊发了《肌病患者倾吐心声：要做勇敢的战士》一文。一位患者这样写道：“尽管这不是最早报道我们的文章，但却是最贴近我们的心声。每个病友都是勇敢的战士，虽然没有治愈的希望，但我们一直在抗争，感谢你们的报道给了我们巨大的鼓舞。”这些反馈体现了一家大报的人性关怀，也在读者心目中树立了自身服务公众的社会形象。

## 第二节　系列报道的写作

系列报道是一种从多侧面、多角度透视同一重大事件或主题，由若干独立篇章构成的组合报道方式。作为深度报道的一种形式，系列报道具有稳定的时空表现形态，在一定时间内对人们比较关注的某个问题或某些重大的新闻事件，进行多角度、多方位、多层次的分析和解剖，以形成报道合力。一次完整的系列报道通常由多篇与主题相关的子报道组成。

在第一章中，我们已经将系列报道与连续报道作了区分。这里仅以中国社会科学院新闻研究所彭朝丞研究员在参加第七届中国新闻奖作品评选之后，发表的《系列报道应有科学规范》①一些观点，帮助读者拓展思路。他认为："系列报道以紧凑、系统、全面见长，较之连续报道有两个最为鲜明的特点：一是着手组织报道时，所要报道的主要新闻已经发生，并为报道者所重视；而连续报道是进行式、跟踪式的报道，其走向、结构均无定论，尚属未知数。二是系列报道的报道行为，主要是按预先计划的依次展开；连续报道则完全受新闻事件发展的制约。系列报道属于非事件性新闻，是一个'化整为零'到'集零为整'的群体。其中各个篇章既是统一主题的影子，又是各个分主题的相对完整、独立的'个体'。"这个见解有助于人们进一步理解系列报道的本质。

## 一、实例分析

《燕赵都市报》记者于2003年8月22日召开中国妇女第九次全国代表大会前夕，将目前社会上比较关注的对妇女性骚扰和家庭暴力的问题纳入了自己报道的视野中。从2003年8月20日起，该报连续刊发了4篇关于家庭暴力的系列报道，题目分别为《"家务事"有法可依》《受虐妇女综合症》《杀人不见血的冷暴力》《谁来保护受虐妇女》。从标题看，该组系列报道是从不同的侧面来反映家庭暴力这个社会问题，让读者全面而深刻地了解到目前家庭中妇女的生存状况。

第一篇，《"家务事"有法可依》是这样报道的：

> 2003年7月上旬，宁晋县法院一审以故意杀人罪判处刘栓霞有期徒刑12年。
>
> 刘栓霞，1990年经人介绍认识张军水，并嫁到宁晋县东马庄村。从结婚第一年开始的12年里，她一次次地遭受丈夫的毒打，她一次次地选择了忍让和迁就。在这12年里，丈夫用尽了家里可以使用的工具来打她，包括木棍、铁棍、皮带、椅子、铁锹、斧子、搓板、叉子、擀面杖等。2003年1月15日，刘栓霞再次被丈夫用斧

① 《第七届中国新闻作品选》，第407页，新华出版社1998年版。

头砍伤。刘栓霞终于忍无可忍了，17 日，她在给丈夫做饭的过程中投入毒鼠强，张军水吃后不久就咽气了。

——这是一起典型的由家庭暴力而引发的家庭悲剧。

不久，家庭暴力将从“家务事”中分离出来，纳入我省的法律范畴之内。目前，我省《预防和制止家庭暴力条例》的制定工作正在紧张有序地进行中。7 月 14 日，该《条例（草案）》提请省人大常委会审议，17 日，省人大常委会组成人员分组进行了审议，估计年内可以出台。日前，记者就该《条例（草案）》的有关情况采访了省妇联权益部部长杜爱荣。

“家庭是社会的细胞，家庭和睦是社会稳定的基石，但有关调查显示，我省家庭暴力问题日益突出，1998 年至 2002 年，省妇联在接待婚姻家庭类信访中，家庭暴力问题占婚姻家庭类上访案（事）的比例分别为 4%、17%、19%、13.6% 和 17.9%。同时，因家庭暴力导致的刑事案件也居高不下，家庭暴力的存在已严重地侵扰着家庭和社会的安宁和稳定。我省《预防和制止家庭暴力条例》就是在这样的背景下酝酿的。”省妇联权益部部长杜爱荣介绍说。

早在 2001 年 10 月，省妇联就向省人大提出请示报告，建议将制定《预防和制止家庭暴力条例》纳入立法规划。2002 年 1 月召开的省九届人大五次会议上，李玉珍等 13 名代表联名提出关于制定预防和制止家庭暴力暂行条例的议案。

《条例（草案）》突出了预防，在宣传教育，对家庭暴力的劝阻、调解和对家庭暴力受害人的救助等 3 个方面作了具体规定。草案还规定“公安机关、司法行政机关和妇女组织可以与乡镇人民政府、街道办事处、居民委员会、村民委员会协调配合，建立预防和制止家庭暴力维权机构”。

另外，该《条例（草案）》对家庭暴力的法律责任更加明确，强化了有关机关的法律责任，对司法机关和有法定义务单位不依法履行职责和义务，或者违法办案的，追究其相应责任。

**新闻链接**

家庭暴力主要指肉体上的伤害，如殴打、体罚、捆绑、行凶、限制人身自由等行为。一些法律界人士认为，家庭暴力也包括精神上的折磨，表现为以威胁、恐吓、咒骂、讥讽、肆意凌辱人格、不与对方说话等方法，造成对方精神上痛苦、心理上压抑、神经极度紧张等。

虽然家庭暴力在社会上早已存在，媒体也不断地关注这个问题，但本组系列报道结合了全国第九次妇女大会召开前夕以及记者所在省《预防和制止家庭暴力条例》出台这个社会大背景，本身就体现出很强的新闻敏感性，也使新闻价值增值。记者通过报道发生在2003年初的一起因长期的家庭暴力而引发的投毒致死案，以一件个案作为问题的引子，从“点”推到“面”，引出家庭暴力这个社会普遍关注的焦点问题。随后通过具体的采访对即将颁布的地方性《条例》给予介绍，使读者对问题有了一个初步的了解。报道中记者还通过“新闻链接”这种方式，提供了有关“家庭暴力”的具体概念。

第二篇，《受虐妇女综合症》：

刘栓霞案发后，全村400名村民联名上书，说“张军水罪孽深重，死有余辜”，请求法院开恩。更引人注意的是，在此案的审理过程中，一个陌生的名词——“受虐妇女综合症”首次在法庭上出现。在此案中，刘栓霞“受虐妇女综合症”的辩护虽然没有被法官采纳，但这一名词在法庭上出现，不能不说是我国在反家庭暴力方面有了更深层的关注。

据记者了解，“受虐妇女综合症”原是社会心理学名词，20世纪70年代在国际上开始成为法律概念，现已有许多国家的法院依据这一理论，将受虐妇女在极度恐惧下杀死施暴人的行为认定为受虐妇女的正当防卫，国外许多以暴抗暴的受虐妇女也因此得以无罪释放。

由于观念的原因，很多妇女认为家庭暴力是自己家的事情，遭受丈夫的虐待、殴打后很少与侵犯人身权利及犯罪联系在一起。很多妇女也不愿意让别人知道自己挨打的事实，一个人忍受着肉体上和精神上的双重痛苦。同时，女性的忍让和迁就也纵容了丈夫，使他们变得更加肆无忌惮。当受害女性的忍耐力达到一定限度，即“受虐妇女综合症”达到一定程度时，很容易走向极端，进而发生以暴抗暴的悲剧。

省妇联权益部杜爱荣部长介绍说，家庭暴力如果不及时解决，极易导致“以暴抗暴”恶性事件的发生。1999年以来，我省发生的妇女以暴抗暴的案件中，80%以上的妇女是在忍受暴力多年，且反抗无效、求助不成、离婚未果、走投无路、精神极度崩溃的情况下愤而制造“杀夫案”的。省妇联在对我省三个监狱近千名服刑的重型女犯的调查中发现，发生犯罪行为与家庭暴力有关的占20%以上，她们中的大多数也是长期忍受丈夫的暴力之后，以暴制暴的。

20世纪70年代以来，家庭暴力问题日益受到国际社会的关注。30年来的各种调查和研究表明：家庭暴力是一个跨越国界、意识形态、阶级、种族和少数人群体的全球问题，家庭暴力的施暴者主要是男性，妇女、儿童是主要受害者。有些妇女蒙受家庭暴力后，没有通过有效的途径解决问题，来自肉体上和心理上的痛苦，使她们产生以暴制暴的想法，这就是所谓“受虐妇女综合症”。有关法律人士认为，受虐妇女在这种特殊的心理困境下，施暴人的人身安全随时都可以受到威胁，“受虐妇女综合症”的存在，已严重地影响着家庭和睦和社会安定。

记者抓住各案审理中对于大部分受众并不十分清晰的特殊概念——受虐妇女综合症，予以深度剖析。在这篇报道中，记者通过采访专业人士和查阅有关资料对这个专业名词给予了较好的解释，从而使读者明白前例中家庭暴力导致的案件背后，究竟是什么原因导致了这个悲剧的发生。同时记者对“受虐妇女综合症”概念作出的解释，会使更多的人去关注和思考家庭暴力中的妇女所处的现状。与此同时，记者在系列报道中还结合解释性报道的手法，对问题进行聚焦分析，这种互为融合的报道形态，说明深度报道的模式具有“兼容性”。

第三篇，《杀人不见血的冷暴力》：

某高校一位知名教授在上山下乡时与妻子认识并结婚，妻子是个乡下人，没什么文化。回城后丈夫苦心钻研，终于学术有成，这时他感觉到与妻子之间的差距越来越大了，没有共同语言。为了让妻子主动跟自己离婚，老教授采取了长期对自己的妻子不理不睬的态度，甚至还当着妻子的面把自己在外面找的情人带回家。这些无声的刺激行为使教授妻子的精神几近崩溃，曾3次上吊寻死被人及时救下，教授依然无动于衷。最后他的妻子还是趁人不注意自杀了。

这也是一起家庭暴力，即精神冷暴力。家庭暴力主要指家庭成员之间肉体上的伤害，同时也包括精神上的折磨。精神冷暴力是指夫妻双方在产生矛盾时，不是通过殴打的暴力方式处理，而是对对方表现得较为冷淡、轻视、放任和疏远，而恶语中伤、漠不关心对方、将语言交流降到最低限度、停止或敷衍性生活，是隐性暴力中比较常见和隐蔽的做法，而这也是现代家庭暴力中的一个易被人忽视的问题。调查发现，一般的家庭暴力大多发生在文化层次不高、经济条件不如意的家庭里，而精神暴力却频频出现在知识分子家庭里。专家分析说，知识分子往往自尊心强、爱面子，不善于宣泄和表达，但对感情和精神的要求比一般人更加细致、更高一些，“冷暴力”所造成的精神伤害也就更加突出。

事实上，精神冷暴力并非新生事物，而是随着人类家庭的产生而来，只是近几年人们更加关注生活的质量，更加关注精神的健康和人文的状态，“冷暴力”才逐渐受到法律界和社会的重视。记者在石家庄市人民医院心理科了解到，接受心理咨询的患者中，有很大一部分就是因为在家庭中受到“不公平”的待遇而导致心理压抑、神经极度紧张，进而以躯体上疾病的形式表现出来。

有调查显示，中国夫妻冲突多以“精神暴力”形式出现：其中65%的家庭丈夫不理睬妻子，20%以上的家庭中丈夫使劲关门或摔东西，28%的家庭中丈夫辱骂妻子，20%左右的家庭中丈夫会威胁要打妻子。

“从调查方式和调查结果可以看出，妇女作为弱者，受到了更多人的关注，事实上，男性也是受害者，他们的精神世界也是很痛苦的，只是男性更不愿表达出来而已。由于社会大环境和自身的因素，夫妻之间发生了‘冷暴力’，说明双方的心理上都有需要完善的地方，他们都是受害者。如果要改变这种现状，也需要双方共同调整。”石家庄市人民医院心理科秦大夫在接受记者采访时说。

秦大夫还说，人们心理上长期的压抑、忧闷必然会导致神经衰弱、高血压等躯体上的疾病。由此可见，精神冷暴力这个“隐形杀手”，已经和正在严重影响着人们的身心健康和家庭幸福，应该引起社会的高度重视。

记者以具体事例进一步解释家庭暴力现象，引出新概念"精神冷暴力"，让受众对冷暴力有了一个具体可感的认识。在第二篇报道中，记者主要解释了以肉体上的暴力行为为主要特征的家庭暴力。而第三篇报道则详细阐述了精神层面的家庭暴力行为，并且借助具体的数据来证明目前中国夫妻冲突多以"精神暴力"这种形式为主，"65%的家庭丈夫不理睬妻子"；并且，记者在本文中还通过采访心理医生进一步说明，以精神冷暴力为主的家庭暴力行为的受害者已不仅仅局限于妇女，"事实上，男性也是受害者，他们的精神世界也是很痛苦的，只是男性更不愿意表达出来而已"。这个逻辑延伸，就将家庭暴力这个问题的讨论范围进一步扩展了，体现出记者对问题认识的全面与客观。

最后一篇系列报道，《谁来保护受虐妇女》：

> 在现实生活中，家庭暴力是客观存在的，并且不可能马上消除，那么，又有谁来保护那些蒙受暴力的妇女呢？
>
> 省妇联权益部部长杜爱荣介绍说，目前，我国宪法、刑法、婚姻法、妇女权益保障法、治安管理处罚条例等法律法规，虽然对家庭暴力行为都有禁止性规定，但缺乏明确的认定和制裁条款，可操作性较差，对家庭暴力惩治不力。另外，执法机构的干预是制止家庭暴力的最有效手段，而现在因家庭暴力的执法主体不明确，也造成了对家庭暴力的制裁不力，致使家庭暴力总是游离于法律之外，受虐妇女也得不到有效的保护。
>
> 据悉，为了维护妇女的权益，到2002年12月，我省已初步形成了以省妇女法律援助中心为中枢，上下贯通、纵横交错的妇女法律服务网络。其中包括市级妇联建立的妇女法律服务（援助）中心11个，县（市、区）建妇女法律服务所136个，乡镇（街道办事处）建妇女法律投诉站1 969个。其中成立于1993年的唐山市玉田县妇女庇护所，依托于企业救助家庭暴力中的受害妇女，受害妇女在这里寻求庇护的同时还可以学技术。到目前为止，先后有七八十位受害妇女来这里寻求庇护。
>
> 妇女庇护所的成立，无疑给受害的妇女提供了一定的帮助，但它不能从根本上解决问题。有关人士认为，应尽快制定相关法律，为家庭暴力受害者提供有效保护，预防暴力的再次发生，并确保相关机构落实防治措施。反家庭暴力，一方面要提高妇女的维权意

识，同时要提高男性的综合素质，让他们尊重妇女，爱护妇女。

到目前为止，我国已有十几个省、市制定了相关的法律，7月25日，湖北省人大常委会第四次会议通过了《关于预防和制止家庭暴力的决议》，我省《预防和制止家庭暴力条例》也正在紧张有序的制定中。

结束语：反家庭暴力任重道远

关注家庭暴力系列报道到此就结束了，但记者的心情依然很沉重，我们所了解到的家庭暴力情况，是受害者通过上访、投诉等方式说出来的，露出来的只是冰山一角。由于受“家丑不可外扬”等传统观念的影响，很多人并没有把自己所经历的家庭暴力说出来，依然默默地独自承担着来自肉体上的和精神上的痛苦。调查显示，很多人还不知道“家庭暴力”这个词语，更不知道实施暴力是违法的。

只有让反家庭暴力的观念深入到每一个家庭、每一个人，才有可能制止和预防家庭暴力。反家庭暴力依然任重而道远。可喜的是，我省《预防和制止家庭暴力条例》将要出台了，《条例》将使反家庭暴力能够有法可依，为更好地维护家庭和社会的稳定提供法律保障。

末篇报道中，记者立足于社会的高度，着力探讨如何解决家庭暴力这个社会问题，使整篇文章的结构层次趋于完整。记者着重从制定法律、条例、如何执法、设立各种形式的援助服务机构以及提高妇女自我保护的意识等多层次网络来保护妇女权益。记者在文末的结束语中，还对反家庭暴力提出了自己的看法和希望。

## 二、操作方式

通过上述实例分析，我们已能够归纳出系列报道的写作特点，以及操作中需要注意的有关事项：

### （一）首篇即摆出问题

系列报道的开篇十分重要，决定着整个报道的走向。一般来说，首篇就应摆出问题来，不必拐弯抹角。另外，首篇中还应适当照顾到后面的报道，预先埋设一些话题，以便后续展开。

（二）注重“上下文联系”

系列报道是一种钩连式报道，而钩连主要靠“意脉”建构上下文联系，贯通全文。因此记者要始终把握报道的总体走向，围绕一个总主题分布次主题的位置，而不能须臾偏离。每篇报道都是报道总主题下的一个分支，同时又通过对总主题的不断细化来达到深化主题的作用。

（三）叙述方式多样化

系列报道是一种有长度的报道，如何能长久地吸引受众的兴趣，使报道的话题能够在受众心中留下痕迹，或者能够成为社会生活中共时性的重要议题？借助多种叙述方式，变换各种话语技巧就显得尤其重要。譬如，在“编者按”中将主要问题先给予一个阐释，或通过生动详实的例子，或通过具体的数据等方式来引出话题，并在今后的报道中力求多视角、多方位、多层面去分析这些问题。

（四）解释和评论相结合

系列报道经常会涉及一些新的概念、新的现象，这就需要记者提供相关事实、背景资料或以新闻链接的形式来对所涉及的概念或现象作出有深度的解释。另外，必要时记者还可以在文中将自己对问题的看法表达出来，或者通过引用权威人物的言论来达到发表意见的目的，将普遍的现象提升到更为理性的高度和深度。

（五）文章篇幅结构的相对统一

每篇报道在标题、篇幅和行文的结构、用语上尽量保持一致，做到内容均衡，形式一致，给读者一种整体统一的感觉，通过近似的风格形式来强化读者对这组系列报道的印象。

## 第三节　整合报道的写作

当前，新闻媒体竞争日益激烈，各种信息特别是十分重大的信息资源已很少有所谓的“独家”。鉴于报道资源日益共享，以及新闻越发“同质化”的现状，如何整合各种形态的资讯，以在“同质”报道中体现出深度和特色，从而更好地发挥媒体自身的影响力，已经成为媒体竞争的战略性问题。

这种战略性思考,催生了整合报道的出现,一种以规模报道组构世界的方式已经成为传媒运作的新"亮点"。

整合报道与连续报道、系列报道这两种连载形式不同,它是一次性的报道。它把某新闻事件的各方面的报道和相关的新闻背景组合在一起,对新闻事件进行深入的透析;它有效地将各种零散的新闻报道整合为一个报道整体,从而形成有一定报道规模和报道效果的新闻整体。整合报道中的每一篇报道构成了网状结构的一个环节,是一个独特的篇章,同时又呼应着其他报道。整合报道可以由消息、评论、背景资料、图表、图片或其他深度报道形式组成;可以由相同、相近的观点、主题的同类报道组成,也可以由观点、主题、叙事风格完全相左的报道组成。可见,整合报道较之其他单一的深度报道模式更具开放性和兼容性。

同时,整合报道较好地处理了新闻要素的分合关系,它在很大程度上避免了其他深度报道模式篇幅冗长、节奏缓慢、头绪复杂的弊端,将冗长的篇幅分割成一个个精悍的报道个体,使报道节奏进一步明快清晰。从编辑角度看,有的整合报道可能是由多组系列报道、预测性报道、调查性报道或解释性报道等深度报道组成,所以往往需要多个版面(通版)来达到整合的功能。可以这样说,整合报道已不是某个记者或编辑所能独立完成的,整合报道在本质上是媒体集团化运作能力的综合体现。

整合报道通常以重大事件作为报道对象,经常以"特刊""特别报道""号外"等形式出现。特刊、特别报道等作为一种特殊的报道样式,已经成为整合报道模式的极佳载体,它通过将零散的信息有机整合,使之成为一个整体,拓展了新闻报道的深度和广度。至于网络媒体,其整合功能更是强大,它的无缝连接特性足以把整个世界的新闻整合成 个超级新闻库。

## 一、整合报道之一:"号外""特刊"

为了说明"整合报道"的样式,我们将结合《解放日报》和《文汇报》的"申博特别报道"以及部分报纸对"伊拉克战争""神舟5号"载人飞船的特别报道进行分析。这些报道一般以大容量、多版面的形式出现,也就是人们常见的"号外"和"特刊"。

(一)规模优势形成报道强势

从最近几次规模比较巨大的整合报道来看,大版面、大篇幅报道事件目前已成为许多纸质媒体在整合报道中的一个显著特征。由下述例子,可见一斑。

申博成功当日,文汇新民联合报业集团、解放日报报业集团都出了号外。《解放日报》30年来第一次出号外,其新闻版也做成了强势新闻,它的32个版面中,从头版到第5版,全部刊登的是庆祝申博成功的新闻和图片。

在伊拉克战争的特别报道中,2004年3月20日《南方都市报》发了16个版的号外,《信息时报》发了40个版,《广州日报》《南方日报》则各自有12个版。3月21日《齐鲁晚报》做了40个版的战争报道,上海《外滩画报》48个版全部为伊拉克战争报道,《京华时报》33个版,《北京青年报》也有16个版。

在神舟5号报道中,《人民日报》从15日到17日共开了7个专版2个专栏,《北京青年报》开了22个专版和1个专栏。

（二）图表(片)成为重要的表现形式

《解放日报》8个版面的"庆祝申博成功特刊",突出了大标题、大照片的运用。《文汇报》运用图表的手段来回顾历史,如5版的"世界博览会一览表"、8版的"盘点部分世博会",将历史上的世博会呈现给读者,一目了然,使人们更好地了解了世博会的昨天;它还将申博成功当天,上海各区(街道)庆祝活动的路线图展现给读者,让静止的文字活动起来。在伊拉克战争的特别报道中,《齐鲁晚报》于2004年3月21日通版刊登了"美军攻伊兵力部署图",《北京青年报》"战争沙盘每日推演",向读者直观演示战争的进程。而在神舟载人飞天报道中,各报都不约而同地将神舟飞船的运行轨迹或杨利伟的大幅照片刊登在报纸的显要位置。

在图表的运用中,有句话叫"一图胜千言"。对如今的媒体来说,如何能让读者在最短时间内得到最直观、最丰富的信息资源,大照片、图表的运用,无疑起到了迅速抓住读者注意力、提供高质量信息的效能。

（三）强化版面特色,方便读者阅读

《文汇报》2003年12月4日5版上用红色标题标明"选择上海就是选择未来——中国申办上海2010年世博会纪实",从"曾经是一个悠远的梦"到"中国会有一份幸运"到"世界会添一份异彩",纵横古今,展望未来。除此以外,还竖排许多珍贵的历史图片,如"首届世博会上,记录徐荣村得奖的报告书""1938年11月12日《文汇报》消息'中国停止参加世博会,这是一段无奈的历史'""中国重新出现在世博会场"到"中国第一个正式递交举办 2010 世博会申请书”；在第 8 版上“世界博览会：人类进步的舞台”“中国：20 年 10 次参加世博会”，读者在感受历史深度和厚重感的同时，也畅想着一个满好的未来。《文汇报》第 6、第 7 通版分“祝福上海 2010”和“世博会，撬动上海经济发展的新杠杆”两部分，刊登体育明星、商界名人、作家、音乐家等社会各行各业的代表对上海今后发展的祝福话语，以及上海一批经济学专家分析世博会给上海经济带来的影响，从微观和宏观多角度对申博成功进行了展望和剖析。这种整合在保持足够的信息量的同时，也使每个版面拥有了自己的鲜明特色。

《解放日报》在特刊第 2 版发表“为祖国骄傲——中国申办 2010 年上海世博会成功之时”，则回顾了全国各地如北京、杭州、南京支持世博的动人场景。第 5 版则刊登了《解放日报》5 位从事申博报道记者的采访札记，向读者全方位、多层次、多角度地展示了申博的全过程。第 6 版上的“翻开通往成功和梦想的每一页每一幕”，回首“三年前拉开申博帷幕”到“中国第一个递交申请”，以及上海世博会申办大事记等申博过程中的点点滴滴。

在神舟载人飞船的报道中，《解放军报》在 2003 年 10 月 15 日第 9 版以“中华民族的飞天之路”为通栏标题，以“古代篇”“近代篇”“现代篇”“未来篇”4 篇稿子对中华民族飞天梦想进行了一次纵向的梳理，而第 11 版“世界载人航天大扫描”栏题下的 3 篇文章则通过横向的梳理，介绍世界载人航天的历史，这一纵一横使读者更加清晰地了解了载人航天事业。该报第 12 版则刊载关于“月球基地”“火星登陆”等 4 篇文章，对未来航天发展的走向予以预测。

《科技日报》则在“神舟飞天”特刊中分“神舟篇”“神箭篇”“发射篇”“人物篇”“纪录篇”“回顾篇”“国际篇”，进一步细化版面的内容，突出版面特色，体现整体深度。

通过以上版面分析，可以看到传媒进行整合报道的一些思路：凸显版面，强化特色。每个版面集中围绕事件的一个部分深入地展开，强化版面的特色内容，读者阅读了所有版面的内容，就是对整个事件的一次全面而深刻的认知。

（四）体裁多样，内容丰富

《人民日报》在“神舟 5 号”特刊报道中，除了消息、通讯、社评、评论、图片、专家访谈、国际特写外，还在“飞天赞歌”版上刊登了诗歌、漫画，以及指挥室与杨利伟之间的“天地对话”；同时将各种背景资料和那些新闻背后的故事加以整合，丰富了新闻事件的内容等。

## 二、整合报道之二：新闻拼盘

新闻拼盘是将新闻稿件组合成一个版面、专栏，从而构成整合报道形态。

这种类型的整合报道，其报道对象也通常是社会关注的热点和焦点，但媒体一般不采取特别报道、特刊、号外等多版面形式，而只是以栏目、少量版面出现。例如每年12月1日的“世界艾滋病日”，这是一个世界关注的焦点，媒体一般都在12月1日前陆续对这个焦点话题给予报道，但这类话题很少有媒体以很多版面来刊登报道，往往是集中于一个版面将有关这个话题的最新动态新闻和各种背景资料进行整合。例如《扬子晚报》在2003年11月29日A3版中有6篇报道，其中“我国已有84万人感染艾滋病毒，每年以30%的速度递增”这篇报道，主要报道目前艾滋病在我国的蔓延情况；另外又转引《南方日报》的“一项调查触目惊心——明知染艾也不通知性伴”的调查报告，以及《新快报》的“面对新性伴侣，七成国人不用安全套”。还有两篇分别是对南京本地艾滋病毒感染情况的报道和对本地人群的一个调查报道。同时还刊登了3张新闻照和1篇关于艾滋病的背景资料。从整个版面的报道内容来看，编辑更多的是以这种“新闻拼盘”来呼吁社会重视艾滋病，突出了预防艾滋病的重要性和紧迫性。通过这样的整合报道，使读者在获知有关艾滋病知识的同时，更多地去反思自身平时的那些不科学的行为方式。

《文汇报》在2003年11月30日“科技文摘”版刊登了中科院药物研究所研究员的文章“关爱生命，迎战艾滋病”。该文以“艾滋病：肆虐全球，威胁人类”“中国：艾滋病预防刻不容缓”“艾滋病的征服和治疗”“全球抗艾新药研发”四个部分展开，涵盖了有关艾滋病方面的主要内容。另外，《文汇报》还刊载鸡尾酒疗法发明者何大一博士的报道，让专家给读者解释HIV（艾滋病病毒）与AIDS（艾滋病患者）的区别。同时在这个版面上，编辑以图表的方式列出了1999年至2003年全球艾滋病患者的总数，并在版面的醒目位置将有关艾滋病的相关国内和国际网站一一罗列。由此可以看出，编辑在整合这些报道和组织版面时考虑更多的是对艾滋病知识的普及和宣传。不仅如此，阅读这种版面的报道，读者不仅可以获得权威人士的分析和解答，而且还可以从报纸提供的权威网站了解更多的信息。

上述整合性报道，都只是一个版面性的“新闻拼盘”，而不再像“特别报道”那样，把数个版面做成一个主题的全面报道。它更多地关注信息内容的联系和互补性新闻的组合，篇幅也比较简短，信息覆盖却是多层次化的。由此可见，制作新闻拼盘的关键是，特别要注重编排内容的策划，报道的每一个“点”，都要经过“主脑”的统一构思，从而使各篇报道各司其位，各谋其职，合力形成新闻的深度。

# 第十章 广播电视和网络媒体的深度报道写作

## 第一节 广播深度报道

广播，出现于20世纪20年代。在今日报纸、电视、网络等主流媒体纵横的传媒市场中，广播的声音似乎越来越弱化，以致出现了诸如“广播是弱势媒体吗”“广播的出路在哪里”这样的疑问，有人甚至还提出了“广播是否还能继续存在”的质疑。当然，经过一个轮回的争讨和摸索，人们已经认识到在当今社会日趋多元化的潮流中，广播和其他传媒一样也能找到自己的生存空间，而多元并存的格局正是广播再次发展的平台。

综观整个国内的广播媒体，大到中央电台，小到地方电台，都开始了新一轮的改革与创新。这，不仅表现在广播媒介遵循了“频率专业化”的趋势，开辟出诸如经济、音乐、交通等广播电台；在新闻广播的形式上也做了很多新的尝试，其中非常重要的就是将深度报道的形式引入到了广播媒体中。

有趣的是，深度报道一开始是以与广播、电视对立面的姿态出现在纸质媒体中的，但是最后也为广播、电视所用，并且产生了巨大的影响。这一现象的根本原因：其一是传媒的市场化。市场经济的着眼点是受众，在我们不断推广传媒产业化经营的同时，受众的需求无疑是最为正确的市场导向。其二是传媒功能的再认识。即认识到传媒并不是单向度的“告知”，而必须满足受众广泛的“知情”需求，并赋予他们发表意见的权利。在现代传播环境下，人们已不再满足于信息的获取，他们开始带着很多疑问来看事件：“为什么是这样？”“怎么会发生的？”“有什么影响？”这样，一方面是受众对深度报道的需求，另一方面是广播媒体的发展也需要新鲜血液的注入，所以广播深度报道在这样的双重需求下登场了。

## 一、重要元素：声音

简单地说，广播的传播特性可以归结为：一是快捷迅速，二是稍纵即逝。仔细分析这两点，不难发现它们都涉及了一个重要的因素：声音。

广播是与声音息息相关的，它的传播方式也完全通过声音来实现。一方面，新闻广播的内容传送靠的是"声音"，所以按照这个特性，我们通常要求广播新闻稿件必须口语化，用以区别于报纸杂志上的书面语；另一方面，广播的传播方式是单纯的，它不同于电视中除语言、声音外还配有图像，而仅依靠电波传输的声音符号来表达内容。这就决定了广播必须充分发掘"声音"内在的丰富性，使之单纯而不单调。以广播语言系统为例，它除了拥有一整套自身独有的传递语义信息的手段以外，还有传播所谓的"非语义信息"的要素，如语言的速度，声音的力度，音调的高度、节奏、停顿、重音和音色等，它们的有机结合汇成了广播的"动听世界"。由此看来，广播传播方式的单纯性，也使广播"声音"的多样性得到了体现，它注定是单纯和丰富的统一。

在《广播新闻业务》①一书中，声音符号系统被划分为两个部分：有声语言和音响。在这两个部分中又有细分，作者用图例给予了明确的提示（见图 10-1）：

- 声音符号系统
  - 有声语言
    - 叙述语言
    - 采录的语言
      - 采访对象的言语
      - 记者的言语
  - 音　响
    - 采录的语言
    - 事物的声音

**图 10-1　声音符号系统图**

从图中可以看出，在广播传播方式相对单一的情况下，必须寻求"声音"表现形式的多样化，以此避免给听众带来单调、刻板的印象。

由此看来，声音符号系统是广播传播特性的一个重要基础。在此基础上，许多学者对广播的传播特性进行了归纳。王珏在《新闻广播电视概论》

---

① 曹璐、吴缦：《广播新闻业务》，第 5 页，北京广播学院出版社 1997 年版。

中指出，广播具有传播的及时性、广泛的群众性、强烈的鼓动性和功能的综合性等优势，同时也伴随着转瞬即逝、节目排他性等弱点。① 刘志筠认为，广播具有报道迅速、先声夺人，生动传真、感染力强，渗透力大、受众面广，顺序广播、转瞬即逝等特点。② 另外，苏联的两位学者认为，时效性和包罗万象是广播特有的长处，同时，节目的“瞬间性”与不可选择性是广播的局限所在。③

理解了广播的传播特性，我们才能依据这些特性更好地进行广播深度报道。

## 二、广播的“深度”呈现

任何一种传媒的发展，都必须充分挖掘自身的优势，在寻求“特色”的基础上进行目标定位。由此我们不妨追问，在深度报道方面，广播进行深度报道的优势是什么？又怎样利用广播的传播特色在“深度”上做文章？

首先，广播具有“交互性”优势。广播深度报道的交互有主持人与受众的交互，一般体现在新闻节目播发的过程中可以让多位受众当场发表自己的意见，而这些评论意见构成了深度报道的组成部分；还有主持人与采访对象的交互，表现在主持人通过电话连线或现场采访一些专家、学者与权威人士，以此延展深度报道的深刻性。④

除此以外，我们认为广播传播还存在另一种交互，即演播室主持人与现场记者的交互。既然深度报道需要记者对事件进行深入采访与调查，那么在广播节目尤其是直播节目中，就可以适当加入记者与主持人的交互，凭借这种交互不仅可以使调查报道更具现场感，同时通过双方的交流、探讨也可以使报道更深一层。一般的模式是，记者可以对现场的所见所闻进行描述，而主持人作为“局外人”可以对事件进行即时而深层次的分析。应该说，这一形式对记者、主持人的专业要求很高，他们必须反映迅速、思辨力强，能够一下子切中要害进行深度报道。目前，利用广播的交互性进行深度报道已

---

① 王珏：《新闻广播电视概论》，第130～138页，北京广播学院出版社1996年版。

② 刘志筠：《电子新闻媒介》，第88～109页，中国人民大学出版社1988年版。

③ 巴基罗夫、鲁日尼科夫主编：《广播新闻学基础》，许恒生、赵水福译，第35～38页，中国国际广播出版社1989年版。

④ 杜骏飞、胡翼青：《深度报道原理》，第257～258页，新华出版社2001年版。

经有很多广播电台开始尝试了。

下面是广州电台播发的录音述评《与时俱进话模范》:

(播音员:)在今日(2003年4月30日)举行的广东省劳动模范颁奖大会上,上台领奖的近300位劳动模范中,有一位日本友人格外引人瞩目,他就是广州本田汽车有限公司总经理门胁轰二。

外国人士荣膺省级劳模称号,这大概在广东省,甚至在共和国的历史上也是破天荒的第一次,如此在社会上引起轰动的新鲜事,发生在广东这个我国改革开放的前沿阵地决非偶然,这是广东人民在多年改革开放实践中积聚形成的务实创新观念与江泽民同志"与时俱进"理念相结合的又一实践结晶。下面请听本台记者采制的录音述评《与时俱进话劳模》。

(记者:)62岁的日本老人门胁轰二是广州本田汽车有限公司的"领头羊"。他从1998年起任广州本田汽车有限公司总经理后,面对激烈的市场竞争,与中方人员一起,短短5年,使广州本田汽车产销量连年翻番,2002年产销量达5.9万辆,利税合计50亿元人民币,为广州本田乃至广州汽车工业的发展作出了重大的贡献。

(记者:)手捧"广东省劳动模范"大红证书、刚刚步下领奖台的门胁轰二是这样对记者说的:(出录音)"我感觉这是一件非常荣誉的事情。广东省劳动模范的称号不仅仅是对我们个人的评价,这是我们广州本田全体员工应该接受的评价。我个人非常荣幸。对我们所有员工来说是非常大的激励。"

一位外国人士获得我省劳动者的最高荣誉,这首先需要在广东形成这样一个社会群体和基础:就是有一批成功的外资、合资企业和为我省经济发展作出贡献的外籍人士。

正是上个世纪80年代初启动的改革开放热潮,使广东成为外商投资的热土,外商在广东投资的规模和数量是全国最大最多的,不少外籍人士也把家搬到中国,在广东工作和生活,他们为自身企业的发展、间接为企业所在地的经济发展勤奋工作。有了这个"量"的基础,才能萌发"质"的飞跃,从中产生出类拔萃的佼佼者。

我们应当怎样评价在发展经济方面作出突出贡献的外籍人士?能否打破历来被视为不可逾越的国界和民族的局限给予实事

求是的评价？

按照几十年的传统界定，受雇于外资或中外合资企业的外籍人士通常一律被视为老板而不是一般的劳动者，对他们的评价甚至不能等同于内地的个体劳动者和私营企业家……各级政府独具匠心地为他们特设了诸如“南粤友谊奖”和“外国专家友谊奖”等象征性名誉。

其实，世界经济发展至今，特别是我国加入世界经贸组织以来，地域经济的发展往往融合了地域外众多经济实体和经济界人士的集成浇灌，在对经济发展作出贡献这一客观事实面前，再没有地域和国界之分；按照邓小平“知识分子是我国工人阶级的一部分”和“科学技术是第一生产力”的论断，受雇于外资或中外合资企业的外籍人士所从事的企业管理，毫无疑义是表现生产力的高级脑力劳动。因此，把“劳模”“五一劳动奖”等荣誉给予优秀的外籍人士，实际上只不过是时代发展对他们劳动实事求是的认可和鼓励。正如广东省总工会副主席廖文正所说的，是对劳动价值论的全新认识。（出录音）“不要以为外籍人士就都是老板，其实，他们也是企业管理者，是受雇于总部，代表总部来这里进行生产管理的，严格来说他们是高级的‘打工’，也是一种劳动。江泽民同志在党的十六大报告中就谈到，在华工作的外籍人士，支援我们国家建设的专家学者，他们的劳动我们也应该尊重，对他们作出的贡献，我们也应该给予肯定和奖励。所以说，我们通过这次评比也是对劳动价值理论的一个重新的认识。只要是合法的劳动，都应该受到尊重。”

广东省首次将在粤工作的外籍人士评选为省劳模，更显示出在全球经济一体化进程中一个开放的大国应有的胸怀和视野。中山大学政治学教授郭巍青认为，假如考虑到广东省社会发展中对外经济的依存因素，以及外商或外籍人士在广东经济社会发展中所起的作用，这种做法的意义和价值就更加重大。（出录音）“把门胁轰二评选为劳动模范，也反映出广东在经济开放的背景下，具有比较宽容的心态。或者说是一种新的文明。不以国籍为区分，而以实际上在经济领域的贡献大小为区分。这样一种比较开放的观念，也是我们经济进一步走向国际化、全球化非常需要的一种心态。”

曾荣获全国劳模称号、被评为全国十大杰出工人的老劳模刘铁儿对“老外”当选劳模更是拍手称道。(出录音)“世界在发展。劳动模范一样与时俱进。‘三个代表’的精神已经说得很清楚了,围绕这个目标,谁的贡献大,谁就是我们学习的榜样。”

我们再听听一位法国友人对这件事的感受:(出录音)“我觉得这样很好啊。我在中国十年,一直都听到有劳动模范评选的情况。以前一直都是给中国人的一个奖励。现在给一个日本人,我觉得很好啊。外国人和中国人现在得到一种平等的待遇。作为一个法国人,我觉得这个日本朋友得到劳动模范,这是中国社会对他的工作、他的贡献的尊重和肯定。”

这次我省把外籍人士评选为劳动模范的确是一次符合社会发展趋势的非常有益的尝试,这是以广东这片改革开放的前沿热土为背景、体现了广东人民在多年改革开放实践中积聚形成的务实创新群体观念与江泽民同志“与时俱进”理念相结合的又一社会实践结晶。我们有理由相信,今后将会有更多的外籍劳模出现在我们的身边,广东的经济建设一定能“增创新优势”“更上一层楼”“当好排头兵”!

从整个文本来看,电台较好地利用了记者与采访对象的交互性,通过记者对当事人——日本劳模的采访,体现新闻报道的现场感;同时,报道还通过适时地插入专家(中山大学教授)、领导及其他外籍人士的评述,将这一事件所显示的深刻意义进行了揭示。这篇报道通过外籍人士被评选为劳模这一事件,揭示了我国在发展对外经济的过程中,该如何更好地发挥外商的作用,从而更好地促进国家的改革开放。文章最后指出,“与时俱进”的理念是我们作各种尝试的指导思想和关键,这使得报道已不再停留在单纯的事件上,而是上升到了观念与理论的层次。同时,报道还利用了广播“原音重现”的功能,不仅增强了现场感,而且还达到了更好的互动与交流,这可以说是广播电台对深度报道的一次成功的尝试。

其次,广播具有拓展联想的优势。广播以“声音”诉诸人的听觉,借助话语创造语境,凭借语言建构情景,并以语言符号和声音在“情感”和“认知”两个层面上拓展听众的联想。可以说,联想使广播的深度报道成为可能,也增添了文本内容的“域外”信息。

北京新闻广播台曾播发一篇报道《中国人在日犯罪调查 日本媒体炒作的背后》。这则报道以日本报纸上经常报道中国人在日本犯罪为由头：“最近一段时期，几乎每周都能够从日本的报纸或电视上看到中国人犯罪的消息。仅以日本共同社为例，从9月1日到5日五天之内，关于旅日中国人犯罪并被捕的消息就多达10条，被捕原因不一而足：抢劫、盗窃、非法经营、非法打工、造假护照……在日本，看到日本媒体报道在日中国人犯罪并不稀奇，但最近一段时间的报道密度之大令人在担心这种‘集中式’负面宣传可能对中国人总体形象产生极为不利影响之余，更对其背后的炒作动机表示怀疑。”

接着，记者对日本媒体的报道进行了分析，总结这些报道的共同特征是“有闻必录+恶意炒作”。在此基础上，记者对日本媒体记者进行了采访，并且通过《读卖新闻》上的民意调查来揭开日本媒体炒作中国人在日犯罪的真实原因：

> 据《读卖新闻》一项民意调查表明，日本70%以上的人观点受媒体左右。因此有人担忧，日本媒体对中国人形象的负面报道过多(尤其是关于中国人犯罪的报道)很可能引发日本国内的排外浪潮。最近日本政府抬高赴日留学生门槛，更加剧了这种担忧。“日本不会锁国”，日本法务省有关人士向记者表示，通过调整和整顿可进一步提高留学生质量，使日本国际化走上健康之路。但此间分析家认为，虽说“走向锁国”可能有些牵强，但对外国留学申请者采取严格审查的措施，至少与日本人心态趋向保守的变化有关。

同时，通过专家的分析，并插入历史背景的叙述，将这一现象产生的原因提升到了历史、心理的深层层面：

> 分析人士指出，1983年，日本正处在泡沫经济时代，日本人当时信心十足，他们认为，如果进一步努力，在经济上有可能超过美国，成为世界第一经济大国。经济的实力增强了日本人处理其他问题的自信和气度，“接受10万名外国留学生”的计划在这一年提出，就是这种自信和气度的体现。进入90年代以后，日本经济泡沫开始破灭，日本经历了“失去的十年”，持续低迷的经济只是在近几个月来才切实出现了恢复的迹象，虽然日本实际上仍是世

界第二经济强国，但在自信方面和1983年相比大大下降。因此，在1983年提出的接收10万名外国留学生的计划在2003年达成之后，难以出台促进留学生交流的更有力的措施……

这篇报道及分析鞭辟入里，而且该题材对所有中国人，特别是有亲戚朋友在海外留学的人来讲，很容易引起听众的警觉"联想"，从而产生强烈反响，引发更多的人对这些事件的关注与讨论。当然这则深度报道由于受地域等因素的限制，无法体现广播的交互性、以声夺人等优势。不妨说，这种报道用在报纸或杂志上，同样是一篇出色的深度报道。由此看来，广播报道如何找到真正属于自身的表达方式，以区别于报纸、杂志、电视的深度报道仍有待探索。显然，广播深度报道的目标定位尚未完成。

## 三、制作原则

优秀的广播深度报道不仅要有理性的分析、深层次的探究与调查，还要能够运用广播的特性为深度报道服务。面对当今传媒环境中广播的传播效果弱化这一劣势，我们该如何将广播深度报道制作成内容深刻、形式多样又为听众喜闻乐道的报道？这牵涉到广播深度报道的制作问题。

广播新闻的制作，首要问题是新闻来源。广播深度报道的来源一般有三个：第一来源，也是最主要的来源，即广播电台的记者或是特派记者网；第二来源——通讯社，广播电台有很多新闻稿往往由通讯社提供，如新华社；第三来源——报纸、杂志，正如前面所提及的，很多广播的深度报道都是从报纸或杂志上"复制"来的报道。我们认为，广播要充分体现广播的特性，应该有属于自己的深度报道，藉此区别于报纸和电视的深度报道。从制作一篇质量上乘的优秀的广播深度报道来看，一般应遵循以下几个原则：

第一，要充分发挥广播的"原音重现功能"。"原音重现"不单是对记者与采访对象的声音或录音的播发，现场音响也在"原音"的范畴之内，而且这些现场音响必须是那些最能反映新闻事件特定环境的音响。正如特德·怀特所说的："无论作者和播音员有多大的本事，也不可能通过文字或播音员的语言描述完整地再现现场音响中各种细微之处。"①前文所列举的两篇

① 特德·怀特：《广播电视新闻写作与报道》，第58页，新华出版社2000年版。

报道，稍作比较就可以看出：有“原音重现”的报道往往比较生动形象，现场感的加强丰富了报道的内容，使在传播过程中的“所指”也得到了深化。这里还有个例子：1999年在科索沃战争中，中国国际广播电台两位奔赴前线的记者曾在“六一”儿童节前夕发回一篇文字稿——《防空洞里迎六一》，编辑在审稿时发现稿子里有很多对音响的描写，如“这时空袭警报突然响了”“远处传来导弹爆炸的巨响”。他们意识到，报道用文字来描写声音不如用同期声来体现，于是这篇报道被改编成了一篇录音报道，当空袭警报、导弹的爆炸声传出，听众自然就明白南联盟的孩子们是在一种什么样的气氛下过节日的。[①] 音响对于广播新闻报道的作用由此可见一斑，深度报道应充分挖掘属于广播自身的优势。

第二，要充分激发广播听众的“活性功能”。所谓“活性功能”，就是要调动听众参与节目的积极性。听众是决定广播传播效果的主导因素。为了牢牢锁定听众的“耳朵”，一方面要在深度报道的内容上下功夫，另一方面也要在形式上有所创新。在制作深度报道的过程中，主持人或编辑可以让听众通过电话参与到节目中来，对报道的事件发表自己的看法或者提出自己的疑问。这种传播主体与客体之间的互动，既可以活跃听众的思维，抓住听众的心理，又可以使报道更加深入，增强新闻的信息内容，可谓“一举两得”。

第三，要真正回归广播的本质。我们知道，深度报道的本质是“求是”。由于深度报道不仅需要在社会空间的横向度上延伸探索，更需要在事件的背景、连续性与过程性这些纵向度上开掘；所以深度报道的采访过程不可避免地比其他的新闻报道更复杂，所花费的人力、时间都要多于一般报道。如果按照传媒产业化经营的观点，将新闻看做“产品”，那么“深度报道”的产品成本无疑高于一般消息。为节约制作成本，现今许多广播台的深度报道大多从报纸中改写而来，有的索性原封不动，照搬稿子。这样的深度报道虽然省事，但根本无法体现广播的特色和优势，甚至不能算做是真正的广播深度报道。

因此值得反思的是：广播该如何在节约制作成本的同时，在较短的时间内制作出高质量的深度报道，以抢占传媒市场之先机？我们认为，广播台的记者、编辑应该走出对报纸、杂志上的深度报道进行改写的误区。广播与报

---

① 彭丽：《把听众带入现场的“国际纵横”》，《新闻与写作》2002年第5期。

纸、电视是在同一起跑线上的，做新闻也好，做深度报道也好，同样需要按自家的传播规律，进入新闻策划、采访、编辑等流水线式的过程。广播记者们还是要走进事件的第一现场，用自己的采访机收录真正吸引广播听众的“声音”。对于任何媒体来讲，深入的采访是进行深度报道的前提，广播深度报道也不例外。

## 第二节 电视深度报道

电视节目中的深度报道是通过电视手段以视听符号对新闻事实所作的包括背景介绍、调查研究、分析解释、归纳预测的深层次传播。电视深度报道最早产生于美国，其前身是爱德华·默罗在二战时主持的节目“现在请听”，后来，深度报道被带进了 CBS（哥伦比亚广播公司）的电视新闻节目，名为“现在请看”。在此之后，电视深度报道在美国越来越多见。1968 年，CBS 推出“60 分钟”节目，为电视深度报道的历史翻开了新的一页。直至今日，“60 分钟”、ABC（美国广播公司）的“20/20”等节目为各国电视媒体所效仿。深度报道已不再被认为是纸质媒体用来对抗电子媒介的产物，而渐为电子媒介所常用，甚至电视深度报道的发展态势已开始对平面媒体构成威胁了。

我国的电视深度报道出现于 20 世纪 80 年代。当时，中央电视台创办了第一个具有深度报道性质的评述性电视新闻栏目——“观察与思考”。在此之前，电视新闻报道主要都是以动态消息出现的，但这一栏目延伸了观众的视听，开始对新闻事件、人物、现象等进行有深度的评述和分析。接着，上海电视台开辟“新闻透视”栏目，中央电视台则推出一系列深度报道栏目——“东方时空”“焦点访谈”“新闻调查”“今日说法”等，深度报道如雨后春笋般涌现。《纽约时报》记者伊丽莎白·罗森沙尔以观察者身份曾这样评价“焦点访谈”：“每天晚上 7:38，3 000多万人将电视调到这个 15 分钟的节目，这个节目深入的调查和采访展示了中国媒体已经有了很大的进步。”①这一切无疑显示了深度报道在电视媒体领域的无限潜力。

① 转引自李希光：《畸变的媒体》，第 279 页，复旦大学出版社 2003 年版。

深度报道不是某一媒介属性的产物，也不是某一栏目或某一节目的结果。因为，每一个栏目都有自身的策划与定位。这些栏目在制作报道的时候，并不是先存在"深度报道"这一概念，再用新闻事实或分析结果去套用它。任何深度报道都是由具体的事实为基础而引发的调查、评论或访谈。在第一章我们已经论述过，深度报道本身不单纯是一种文体或报道方式，深度报道也没有任何一种具体的形式来规范它。它是一种旨趣，强调的是"深度"。所以我们在谈及这些栏目的时候只能说它们具有深度报道的特质，这就避免了概念泛化的倾向。

## 一、电视的传播特性

电视给人们最直观的印象即它是一种声画结合的传播媒介。电视新闻首先具有多符码的传播特性，它综合运用多种画面语言、声音语言，视听兼备、声形并茂，实现了信息的全息传播。电视的符码包括很多，其中最重要的两个要素就是画面和声音。下面将一一进行阐述。

### （一）电视的画面特性

有学者认为："电视新闻画面，是许多可视性非语言符号集合而成的总体形式，是信息传播的直接中介。电视新闻画面能使受众获得有价值的信息，消除对可靠信息的疑惑，对画面内容产生认同心理。"①画面可以为受众提供原生态的新闻事实，也容易让观众接受，画面辅之以听觉语言的配合，使得传播更加有效。这是其他报纸、广播媒体所不能做到的。在深度报道中，事实是对"深度"的最基本诉求，画面是唯一能够完美体现这一诉求的载体。当然电视画面也有很多缺陷，比如画面情节的残缺性和画面内容的即逝性。很多时候记者最担心的就是画面捕捉不到，使得新闻报道失去应有的价值。"焦点访谈"有一期名为《"罚"要依法》的节目，记者对山西交警在公路上乱罚款的行为进行了调查。由于是隐性采访，记者专门对设备进行了包扎，用了20片邦迪胶带，而且在路上不敢卸设备，为的就是随时都能拍到有价值的画面。有时候一个镜头拍摄的时间很长，用上的却不到几秒。

① 张亚华：《电视新闻画面传播特性研究》，《声屏世界》1997年第4期。

（二）电视的声音特性

电视新闻中的“声音”也分为许多种，如对话、解说、现场音响、同期声等。我们认为，要充分发挥电视声音的特性，就要充分利用好各种声音符号，使听的语言变得丰富生动而富有质感，这其中对现场声音的捕捉尤为重要。

对于现场的捕捉，上文提及的《“罚”要依法》就是较为经典的案例。记者对于山西省境内国道上的交警乱罚款的现象进行了深入的采访调查。在整个报道中，不仅有记者对被罚款的司机、群众的采访，还有记者亲身经历的几次“罚款”事件。这些事件都被摄像机拍摄了下来。由于是现场抓拍，声音语言比较简短，但是画面把警察在先说了“20”之后一怒之下就说“40”的全过程，包括警察的表情神色都事无巨细地抓拍下来，生动地表现出个别民警的恶霸形象。记者将民警强取豪夺、蛮横粗暴的一幕捕捉得淋漓尽致，摄取到了违法警察的“原生态”。这一段也成为深度报道中的经典镜头。生动的画面使整个深度报道都充满张力，而这篇报道中声音符号的运用也相当出彩。除此以外，节目最后的演播室议论，即方宏进的评论也完美地展示了语言的魅力。

## 二、深度的展现

由于电视的传播特性，其展现深度的方式也与报纸、广播等媒体有所不同。电视深度报道的展现理念，主要体现为以下几点：

（一）事实的“再现”与“示现”

综观优秀的深度报道节目，可以发现深度报道一般不离开“演播室中心”的报道模式。无论是“新闻调查”还是“焦点访谈”，所有的采访、评论，或是分析都有一个集合点，那就是“演播室”——在演播室里，记者的采访内容、采访画面得到了展示，专家的观点与建议得到了汇总，主持人需要延伸的问题与疑点也得到了聚合。

深度报道是一个综合体或者说是聚合体。它需要深入调查原生态事实，需要不夹带记者倾向的纯理性、科学化思考，还需要对事件的发展趋势与意义进行剖析或预测。这其中，深度报道对“事实”的依赖更胜于其他新闻报道的模式。孙玉胜在《十年》中写道：“深度来源于事实。”同时，深度报道的事实与一般消息所用的事实又有所不同，短新闻所要求的五要素对于深度报道来讲是远远不够的。深度报道的事实是撩开一切浅层或是表层事实之后所呈现的本质性的原生态。一般来说，电视中完全可以通过画面的“再现”功能来表现“深度事实”，使事实中的每个细节都囊括在内。电视深度报道要发挥电视自身的优势，就应该通过画面语言“再现”。

但仔细分析，深度报道的再现有时是有难度的。深度报道需要一个浅层事实的牵引，由浅入深，而记者则要展开“层层剥笋”、步步追问式的调查，由此进入事实的深处。这其中，必然会遇到一个“时间”问题：挖掘报道越深入，所花费的时间也越多，时间不断延长，再现也就越困难。比如“今日说法”的记者就遇到这样的问题，一场车祸、一例案件在许多情况下，是无法再现当时当地的情景的，这时候怎么用画面来体现？于是，有的学者提出了“示现”的概念。

所谓“示现”，就是对于一些早已过去的信息，或是新闻人物抽象的想法、情绪，由于难以拍摄到实际的形态及其变化，传播者就根据实际调查的情况，进行合理想象，构造并摄取与该信息形态相似的场景（意象）。① “示现”不仅可以逼真地再现事件发生的过程，营造现场的气氛，对于事实的“补充”交代也能够使得报道更趋完整。例如，中央电视台“社会经纬”播出的《三菱帕杰罗事件始末》，讲述的是一长沙女子在离家300米处被一辆行驶中的三菱帕杰罗撞倒的事件。报道这样开头：

> 解说词：2000年12月25日，圣诞节夜晚，湖南长沙市，一辆三菱帕杰罗V31越野车行驶途中，发现有人横过马路，司机忙打方向，踩刹车，但刹车失灵。刹那间，车撞向行人。
>
> 画面：（黑白、跟进、微晃）前景是车驾驶室右半边玻璃窗，中景是车灯灯光及车灯照射着的地面，远景中出现一个背着提包行走的女子；车子前窗与女子之间的距离缩短，女子左拐，车子左拐；驾驶室的玻璃窗和女子身体左半边的腰部特写；黑屏（伴随一女子责骂和尖叫的声音）。

这一段“示现”攫取了最能体现新闻事件的，也是最典型的场景，不仅增强了现场感，还使得表达意义的综合符号单位的信息流量扩大了，拓展了电视深度报道的信息空间。

---

① 滕慧群、熊忠辉：《示现：拓展电视深度报道的信息空间》，《声屏世界》2002年第12期。

然而,新闻中对于场景的示现尽管能够再现新闻的立体动态,但有时候给人缺少真实感的印象,前述报道就有这样的缺憾。因此在当今的电视深度报道中,记者一般采用"适度示现",就是并不一定要体现新闻的立体动态,只需要对事件发生现场的环境进行"白描",同样也能达到传达信息与展示事实的目的。中央电视台"新闻调查"播出的《逃亡日记》中有这样一段解说:"在逃亡途中,赵军非常想念父母,几次想给父母打电话,但又不敢。"此时的画面则拍摄了街头行走的老人(慢镜头)和书报亭中的电话机(特写)。在这段画面中不出现新闻当事人,也没有替代人,而是描绘了当时的环境或者说场景(街头),然后再通过老人以及电话机的特写展现新闻人物内心的情感变化。这是作为对客观存在过的场景与情感的客观"示现",目的达到了,也没有破坏真实性。

利用电视画面表达新闻人物的情绪或情感,这种示现是被允许的。仍以"新闻调查"为例,2003 年 7 月的深度报道《双城的创伤》。这篇报道主要是源于在甘肃武威发生的一起少年连续服毒事件,6 天时间中 2 名死亡,4 名获救。记者为了探访服毒事件的原因到甘肃进行了调查采访。在报道的最后,有一段记者对一个小朋友的采访:

解说词:小孙将我们带到了家门口一个十几米高的大土台子上,他说他经常一个人坐在这里想事。

记者:你喜欢这儿啊……别人看不见你,但你什么都能看见……刻的什么呀?疼吗?

小孙:不疼。

记者:已经退了,是刻的 5 月 19 号吗?

小孙:是。

记者:什么时间刻的呀?几号刻的?

小孙:20 号。

记者:拿什么刻的呀?

小孙:刀刀。

记者:刀刀啊,刻的时候出血了吗,流血了吗?

小孙:流血了。

记者:如果妈妈打你,但是苗苗没出事,你会有这个念头吗?

小孙:没有。

记者:你把那个药都吃了,身体难受吗?

小孙：难受。

记者：哪儿难受啊……

画面（孩子中途离开了，记者在原地坐了下来，眺望着一望无际的有些荒凉的田野。）

记者：在这样的谈话当中，看着孩子离开，你知道他的内心世界里还有很多谜没有解开，还有很多话很难说出来给我们听。我们只知道在这些孩子的内心深处有很多从来没有被人了解到的东西，这些东西也许就是他们后来相继服毒的原因。其实在整个双城少年服毒的事件调查过程中，到最后我们才发现最大的谜其实就是孩子们的内心世界。怎么样去打开它，可能是每个人都需要面对的问题。

这段采访中的画面“示现”表现的是记者的一种无奈情绪。其实，这种情感在前面的采访中已有所体现，而荒凉的田野是一种对事实无奈的隐喻，这画面和记者画外音的配合深化了这个深度节目的主题。

总之，在电视深度报道中无论是“再现”还是“示现”，一个最重要的前提是新闻的真实性。报道的事实是无论如何不能有任何想象或改动的。记者不能滥用“再现”和“示现”，更不能胡编乱造。电视的特性必须得到正确的认识才能对深度报道起作用。

（二）画面“蒙太奇”

爱森斯坦的蒙太奇理论中指出，单个画面是没有意义的。而巴赞提出的长镜头理论驳斥了这一观点，认为用长镜头拍摄得到的画面不但有意义，而且有很深刻的意义。有些人认为在电视深度报道中，画面不能表现事件的完整性，有时候不同的组接会导致意义的含混与模糊。电视深度报道不应该运用蒙太奇手法。

我们认为，深度报道也可以用蒙太奇。众所周知，在叙事学中，文本的时间与故事的时间是不尽相同的，但是它们所表达出的故事只有一个，叙事时间的前与后、叙事结构的差别不会影响故事的本质结构。同样，在深度报道中，虽然运用了蒙太奇手法，但是画面文本的框架是事实的结构，这对事实的“真实性”并没有任何影响，只是表述的方式不同而已。有时候运用蒙太奇反而更能体现事实的深度。在“今日说法”“新闻调查”节目中，往往在交代事件的时候就运用蒙太奇的手法。这样一方面可以增强事件的故事性，吸引观众对节目保持兴趣，另一方面，还可以突出事件的矛盾和冲突，戏剧化地展现事件，同时也可以使后面的分析更有针对性，轻重有别、重点突出。

例如，“今日说法”2003年12月10日的报道——《母腹中的受害者》，报道在一开始谈到了曾禹胜本人以及他全家人的悲惨遭遇：

曾禹胜今年20岁了，20年来小禹胜从来没有说过一句完整的话，也从来没有系好过一次鞋带，小禹胜的不幸从出生时起就伴随着他。那么，究竟是什么原因造成了小禹胜现在这个样子呢？原来，事情还得从20年前说起，曾家富和梁自莲都在广西北海市港务局工作，1981年两人结为夫妻，婚后第2年，妻子梁自莲生下了一个儿子。（画面是禹胜呆滞的表情及其父母痛苦的表情。）

初为人父的曾家富完全沉浸在幸福之中，他给儿子取名叫曾禹胜。然而，就在小禹胜出生后的第3天，夫妻俩觉得儿子有些不对劲，小禹胜既不会哭，也不会吃东西，就是父母给他喂奶，他也不知道吞咽，连单位的同事也觉得小禹胜的情况有些异常。

看到儿子不会吃奶，不会哭，夫妻俩急坏了。他们马上带着儿子，来到北海市人民医院诊治。经过医生检查，小禹胜被确诊为先天性大脑发育不全，俗称痴呆儿。这样的结果对夫妇俩无疑是晴天霹雳。他们从医生那里了解到，这种病的发病率很低。这种病是出生前到出生后大脑发育时期脑损伤所致的综合症。主要表现为智力低下，行动异常等。能够造成这种病有很多原因，如遗传、脑缺氧、意外事件等。曾家富认为，妻子梁自莲怀孕期间一直很注意饮食，从来不抽烟、喝酒，也没有发生什么意外伤害，夫妇俩家里都没有得这种病的人。所以，不可能是遗传。那么究竟是什么原因造成儿子一出生就残疾呢？突然，曾家富想起来儿子的残疾很有可能和妻子梁自莲怀孕时错打的那一针有关。

那么，梁自莲怀孕时错打的一针到底是怎么回事呢？原来，1981年12月29日，已经怀孕5个月的梁自莲觉得左脚有些痛，于是她到单位港务局医疗室就诊，医生诊断后给她开了$B_1B_{12}$的针剂。维生素$B_1B_{12}$的作用是促进神经末梢循环。梁自莲觉得打一针不会有什么问题，她还是听了医生的话，拿着$B_1B_{12}$的药到注射室打针。可是刚打到一半的时候，意外的事情却发生了。梁自莲突然间呕吐不止，随后昏倒在地。

故事到这里已经进行两次倒叙：小禹胜的出生与他妈妈怀孕时错打一针。画面也进行了多次的切换，同时也给观众抛出了一个疑问：小禹胜的痴呆和他妈妈怀孕时错打的一针有直接关系么？故事由此也得到了展开，接下去事件的发展慢慢明朗化了，矛盾由医院和禹胜一家两方转为医院、禹胜及其父母单位三方，事件最后还牵扯到了法律官司。画面的一次次转接，不仅使故事更为曲折、更为戏剧化，而且整个报道的深度也得到了体现。由于矛盾和牵涉问题的复杂性，使报道必须通过深层次的调查将其中的复杂关系理清理顺，这个整理的过程也就是深度体现的过程。

（三）理念信息的传播

所谓理念信息，是一种相对不具有冗赘性的思想信息。冗赘性是指信息中可以预测、易于理解接受和约定俗成的部分。① 说得通俗点，就是在深度报道中，记者除了报道事件，还必须运用科学方法对事件进行分析，使整个报道具有理性和思辨性，而报道中所涉及的理性与思辨性的内容就是理念信息。从表面来看，冗赘性应是传播的大敌，实际上它在传播中极其重要，没有它受众无从解码。这在中央电视台的“今日说法”“央视论坛”中经常会出现。这两个栏目通常采用的叙事结构就是以比较复杂的事实为基础，在此基础上记者提出疑问，专家进行解答。当然，“今日说法”的内容主要是法律问题，对事实的叙述比较详尽。“央视论坛”体现的是思辨性，谈话过程通常在主持人和评论员之间展开。主持人的主要职责不是发问，而是对话。他必须预设各种不同的观点，并对特约评论员的表述提出质疑，从而给谈话过程赋予辩论色彩。

专家的介入使理念信息的传播显得更为客观，也更为权威。以前，新闻报道要以事实说话，而深度报道则不仅以事实说话，而是“将观点隐藏在事实背后”，还直接表达观点，公开大胆地进行科学的、理性的分析。当然，一个节目的时间毕竟是有限的，每个深度报道的侧重点各有不同，或以事实为侧重，或以分析为侧重，但无论侧重点在哪里，理念信息的传播是深度报道不可或缺的因素。比如，在“今日说法”共 15 分钟的节目中，大部分时间是用来“查明事实真相”的；但是每次在“故事”叙述完成后，主持人都要向专家询问一些法律问题，然后请专家进行解答。专家在解答的同时也就传送了理念信息，它是对我国法治进程的记录。从这个角度来看，节目的深度实

---

① 陈向阳：《理念信息的视觉化处理》，《中国广播电视学刊》1999 年第 5 期。

际上反映出制作者在制作这一栏目时的策划深度与理性思维的深度。

理性思维强调的是客观，是一种排斥主观色彩的思维方式，而电视深度报道还需要具有思辨性。从字面来理解，思辨性似乎注重体现个体的观点，较之理性更为主观，这不可避免地成为一对矛盾。其实不然，以“央视论坛”为例，专家与主持人常常是针锋相对的，好像一场辩论（所谓“辩论”，本质上是一场讨论），但评论员提出质疑的目的不是为了瓦解对手，而是让最终的结论更加无懈可击。2003 年 12 月 12 日央视有一期题为《尴尬的角色》的报道，新闻由头是这样的：一家民营企业把四川省资中县政府告上了法庭，理由是他们履行了与县政府签订的协议，投资改扩建大桥，但是他们却无法按照合同收取过桥费。主持人在一开始就点明了问题的所在：“这是一起民营企业投资公用事业的典型纠纷，官司暴露了政府和企业双方的哪些问题，怎样才能找到消费者和投资者利益之间的平衡点？”接着，记者就“政府应该解决民营公司的困难么”“政府在作出引进民营资金投资公用设施这样的决定之后，后续的措施有没有跟上”“对民营的贴补方案在现实中能行得通么”等问题和评论员作了辩论式的探讨。通过这些问题的提出和分析，使问题的矛盾更加突出、清楚，也使未来所需采取的措施显得更加明朗，它实际上如同一篇透彻的解释性报道。

理念信息同那些个人观点与意见是大不相同的，它必须运用科学思维的方法，通过客观的、理性的分析，综观全局得到一种非浅泛化的信息。理念的渗透，保证了电视报道对“深度”的追求。

## 三、电视深度报道的操作

电视深度报道如何操作才能体现深度呢？我们认为可以从两个方面着手。

### （一）事实的探究

在制作深度报道的时候，首先要探求事实。如何在探求事实的过程中体现深度？孙玉胜认为，“有一个简单而实用的操作方法，就是对已知信息进行证伪”①。他认为，好的记者不会对一般意义上的浅表事实按图索骥，更不会走到这些表层事实面前就停止脚步，把别人交给他们的说法作为结

① 孙玉胜：《十年》，第 97 页，三联书店 2003 年版。

论向观众交代。

对于事实的探究，应注意以下几个方面：

首先，挺进事实深处。在新闻采访的过程中，记者不是一个单纯的接受器，别人丢给他什么他就原封不动地丢给观众。这种做法既是对受众不负责任，同时对节目本身来讲也失去了挺进事实深处、获得节目深度的机会。记者对事实要有追问的能力，这时就要体现一个作为调查者的主体作用。许多时候记者扮演的角色就像警察一样，要探询案件的真相，尽管两者之间的工作方式和切入点不尽相同，但是都把摸清深度事实看做是最终目标。另外，我们强调报道需要客观，需要平衡，但是并不是说记者不需要有自己的角度与观点。一篇不带任何倾向性的报道可能是一篇好的客观报道，但决不是一篇出色的深度报道。有时候在深度报道中记者可以通过画面，或者采访对象的话语和行动，或者通过主持人的评论表达自己所要传递的信息。

其次，追寻事件之间的联系。就是要用联系的眼光与发展的眼光来看待事实。深度报道所报道的事件都不是一个独立的个体，它可能有一定的新闻背景，可能在报道之后又有新的发展，这些都是深度报道需要涉及与考虑的问题。“焦点访谈”曾在2003年11月28日的节目中，播出了题为《弄虚作假　责任难逃》的报道，这是对同年8月25日播发的《无影工程　何以竣工》的追踪报道。它进一步报道了于节目播出之后，各个部门采取的有关措施以及处理结果，并进行了跟踪采访，将原来的报道进行了延展性的调查与分析。这可以看做是对原有报道的再深入，是深度报道经常运用的手段之一。因此，深度报道必须有联系与发展的理念，在此基础上，受众才能更全面、深入地理解事实的进展和状态，也才能建立深度报道在观众中的公信力。

（二）其他技巧

除了对事实的探究要讲求技巧之外，在进行电视深度报道过程中还有很多的技巧。这里想提三个注意点：

第一，“故事化”叙事。前文提及，电视深度报道可以通过画面的蒙太奇来加强事件的深度。其实，利用画面的组接也好，将整个事件的结构重新安排也好，目的都是为了使报道更具有“故事性”。受众总是对情节复杂、矛盾冲突激烈的事件感兴趣，作为传播者就要学会“讲故事”。当然这一切都是在尊重事实、保持报道应有的新闻性的基础上所采用的方式。“今日说法"的由头每期都是一个案件,但是编辑并没有对它进行平铺直叙的白描,而是将每一个案件做成一个有情节、有矛盾冲突的故事;观众在对故事感兴趣的同时,对节目所要传播的意义等深层次信息都一并接受了。当然,有的时候画面的组接或是单个的画面很容易产生多义或模糊的理解,在这时,编辑、记者应该本着"求是"的精神,在画面中以字幕显示或旁白的方式加以说明。

第二,多"点"互动。电视与广播一样也有互动性,它包括主持人与记者的互动,主持人与专家、评论员的互动,主持人与观众的互动。当然,一般的新闻类节目主持人与观众的互动不是很多,但是在谈话类节目中,就可以进行尝试。像"实话实说"的某些节目,也有事实作为基础支撑,观众与嘉宾的交流则可以表现深度。在发挥互动性的时候,既要注意语言符号的互动,如谈话、辩论、讨论等;又要注意非语言符号的互动,如身体语言的运用,座位的安排等。有的专家指出,在"今日说法"中,专家和主持人同时面向观众,坐在同一水平线上,这传达了制作者"平等"的观念;而在"央视论坛"中,主持人与评论员也都面向观众,但是他们并不在同一水平线上,位置的设置有了一定的角度,可以看出编导人员想在节目中体现一个"辩论"的场态;在"面对面"节目中,主持人与被采访对象就是两个相对独立的个体,人是这个节目的主体,在"人"独立的基础上人们才可能有交流。另外,主持人的身体语言、表情也能够传达一些信息,这对于整个报道的传播有辅助功能。

第三,理念信息的视觉化处理。前文提及理念信息是深度报道不可或缺的因素,但理念信息往往是抽象的,所以我们要尽可能使理念信息形象化。作为电视来讲,就要将理念信息进行视觉化处理。例如,中央电视台王利芬采访世界粮食首脑会议时,针对美国在会上宣扬中国威胁论的情况,王利芬向美国代表问道:"作为研究粮食问题的专家,有没有看过中国最近出版的关于粮食问题的白皮书?"美国代表答:"没有看过。"王利芬马上评论道:没有完全占有材料的结论是不是有说服力的结论呢?在报道的结尾,王利芬站在大会主题宣传画面前(画面上是一把饭勺)说:"中国愿意和其他国家共同实现联合国农业会议罗马宣言的承诺:人人都有饭吃,这样,每个人面前的饭勺都是满的。"这种表达方式就充分利用了现场的视觉因素来对理念信息(记者的意见等)进行了形象处理。

# 第三节　网络深度报道

当人类迈向21世纪的时候，一种新型的媒介——网络已成为全球最大的信息库、交易场以及娱乐中心。犹如在全世界范围内铺天盖地撒下的一张巨网，网络以不容人拒绝的姿态全方位地编织着人们的日常生活，同时也使全球化传播成为可能。在受众需求的不断刺激下，网络已开始从单纯的信息传播媒介衍生出更多的功能。可以说，人类有多少种生活情景，它就有多少种网络虚拟的情景画面。

网络新闻，概而言之，是指以互联网为介质而传播的新闻。网络媒体也就是以互联网为传播平台来报道新近发生的足以吸引大多数人共同兴趣的新闻的传播机构。① 自1994年我国接入Internet以来，网络新闻就以其即时更新、从不间断的传播行为在网络信息传播活动中占据着主导地位。自2000年国内第一个新闻网站千龙新闻网宣告启动，到不久之后东方网的开版，网络新闻的制作走向了专业化道路。目前大部分新闻网站中，不仅新闻的分类细致，而且新闻的传播方式也日渐多样化。以中国新闻网为例，在网站首页中就有按照新闻内容细分的各个新闻栏目，如国际、国内、社会、经济、体育、文娱等分类新闻栏目，还有专题、热点、时评等特色新闻栏目，另外网站还与传统新闻媒体形成了互动，不仅有很多的报摘新闻，还与一些权威媒体有紧密链接。不仅新闻网站如此重视新闻的"主打"作用，在其他一些门户网站中，新闻板块也被看做是"兵家必争之地"；许多网站不满足于新闻单以文字方式的发表，还开辟图片新闻、滚动新闻、视频新闻等多种报道样式的新闻栏目。与此同时，由于互联网络技术和手段日益成熟，传统媒体也借互联网之势另辟天地。众多的报纸、杂志、广播、电视媒体近两三年来纷纷在互联网上建立自己的节点，并已经产生了广泛的影响力。我们认为，在当前传媒纷争天下、多元并存的格局下，如若各种媒体都能客观地认识自己，准确地分析其他媒体，逐渐在媒体之间建立一种有序、规范的竞争机制，那么就会有和谐共荣的传媒界。

---

① 仲志远：《网络新闻学》，第1页，北京大学出版社2002年版。

## 一、传播特性

美国传媒专家小鲁道夫·恩里克曾就全球范围内不同媒介从诞生至拥有5 000万受众的时间,作过一番比较:收音机38年,电视13年,有线电视10年,而互联网络只用了5年。作为一种新兴的媒介,网络为什么能如此迅疾地成为强势媒介,并对传统媒介的发展构成巨大的冲击?宏观地分析,其原因有二:首先,网络媒体集报纸、广播、电视之优势于一身,它比报纸快,视听兼备,图文并茂,又比广播电视多了文字表达上的优势;其次,它还有自己独特的传播优势——网络的传播空间要远远大于其他媒体,其互动的准入条件也不如广播电视媒体那样苛刻。

不仅如此,随着各种新技术的不断发展,网络媒介的优越性还在不断地显现和丰富。

第一,从传播渠道来看,网络突破了原有的线性传播方式。“网络”就如同一张网,每个节点既是信息的发送点又是信息的接受点,而且从每个点输送出来的消息可以立即传遍整个网络,这也就是所谓的“零距离”传播。原有的一方传、一方受的模式被彻底打破了,传统媒体所能延伸到的传播势力范围得到了无限制的扩张,甚至可以实现全球化传播。网络的信息来源遍及社会生活的方方面面。权威传统媒体消息的再度整合传播,传播个体从各自位置发出的个人声音,利益集团的“众志成城”或不可调和的意见和喧嚣,政府或党派的政策和规避,等等,这些不同路向的话语都奔流在网络上,使信息的来源异常复杂多样。网络构成了一个超大容量的信息库,同时又是 个信息交流的平台。网民可以通过免费邮箱在网上自由地收发信件,还有各种电子信息公告板(即BBS)。在这种虚拟社区里,人们可以较为自由地发表言论、看法。信息量大、传播渠道多是网络最基本的特性。

第二,网络传播的速度快。每一秒钟,网站都可以因为信息的增多而更新。1998年中国驻南联盟使馆被炸,网络比其他媒体先拔头筹,抢先发表了这一轰动性消息。网络的传播相对于电视、报纸来说更为简便快捷,从信息的采集到写作、编辑、加工、审阅、签发、上传等,每一道工序都是在网络上进行流水作业,新闻事实的报道与传播远比一张报纸上同样的报道所运作的过程来得方便。由于网络空间容量大,也使网络传播的时效性非比寻常。对于一则电视新闻或是报纸新闻来讲,总要安排好播出和发布的时间、位置等，其中发排、胶印、运输等都要耗费时间，而且广播电视都是转瞬即逝，很难保存；但网络没有这方面的限制，信息可以随时随地进行发布与传播，对于过去的信息也能够随时进行检索。

第三，从网络的传播方式来说，它图文并茂，视听兼备。由于网络技术的支持，网络的表现手法具有多元化的特点。网络既可以通过文字符号发布信息，又可以通过视频、音频等传递信息。简单地说，我们可以在网上看电视、读报纸、听广播。在今天的央视网、中国广播网等网站中，我们就可以搜索到很多视频新闻以及音频信息。网络的多媒体表现手段是传统媒体无法匹敌的“杀手锏”。

第四，网络具有互动性的特点。网络信息的反馈机制强于传统媒体。网络信息的反馈是所有媒体中最为及时的，它打破了传统媒介中传受双方不平等的格局，将网民摆在同等的位置，而且由于网络对参与者的准入条件低，基本不受任何限制；只要你是网民，就可以随时对传播者反馈自己的意见与看法。美国“9·11”事件以后，网民在网络上进行了范围广泛的大讨论，对霸权主义、恐怖主义等问题进行了深刻的评论。讨论之后，很多人都能够更为客观地认识“9·11”事件，不再抱有狭隘的民族主义情结。网络的参与性所发挥的传播效果由此得到了充分体现。

网络天然地拥有作为传播媒介的优势，网络的任意一种或几种特性又能够交错地繁衍出种种其他的性质来。譬如，交流的平等性可以衍生出反馈的即时性、信息的多源性与内容的广容性，又可以生发出信息的复杂性等。① 对于网络深度报道来讲，网络的这些特性既有其优势所在，同时也存在着先天的缺陷。

## 二、网络拓展的深度

让我们回顾一下网络新闻的历史。脱胎于传统新闻而来的第一代网络新闻，最初局限于带宽的技术障碍，主要还是以文字新闻作为主打方向；换言之，它只是媒体新闻的文字形态在网络虚拟空间的延续，整合来自各地媒体网站的新闻。对于深度报道来讲，这样的“新闻整合”是远远无法达到应有的深度的，而转载其他媒体的深度报道，也不能看做是网络媒介所带来的

① 仲志远：《网络新闻学》，第63页，北京大学出版社2002年版。

深度。因此值得探讨的是,网络深度报道的立足点(本质)是什么?网络的传播特性又给深度报道带来了哪些新的方式?

第一,网络的超大信息容量为深度报道提供了丰富的资讯来源。深度报道强调各个事件的联系性与发展性,所以它需要大量的资讯作为报道的基础,而网络正好可以满足深度报道的这一基本需求。例如 2003 年底,新浪新闻中有一个专题《温故 2003》,它是对 2003 年所有重要新闻事件的一个年终盘点,这其中重要的新闻事件包括孙志刚之死、SARS 风暴、繁峙矿难、衡阳大火,还有北大的改革、女排的夺冠、“神五”上天,等等。这一专题的构筑本身就需要很大的信息量,包括每个新闻事件的来龙去脉,以及从发生的背景到人们的反思甚至包括各种各样的评论。如此宏大的叙事形态以及对信息量的全面要求,也许只有在网上才能实现,其他媒体往往由于版面或时间的限制而无法做到。网络的超大信息量由此可见一斑。

第二,网络的超文本链接技术的递延性特征,使网络深度报道不断挖掘“深度”的宗旨得到了充分体现。超文本链接是网络特有的一项技术手段,网民通过点击特定文本获取相关文本信息,超文本链接就是其中的连接纽带。由于深度报道在文本上会根据受众习惯的思维模式,采取层层深入、步步拓展的办法:从事件本身拓展向复杂的内部、外部关系,以帮助受众获取新闻认知,网络的超文本链接技术就为深度报道提供了一种新的结构化的表现方式,即把最关键的信息作为第一层次,这是报道的骨干层次,一般放在网站的首页中,然后将第二层次及第三层次等作为链接文本,通过[详情请进]、[更多]等文字点击进入。

例如,新华网 2003 年 12 月 25 日的一篇头条新闻——《法航惊魂:基地劫机?航班取消》,在标题下有这样的一段文字:“法国航空公司在得到美国提供的恐怖威胁的情报后,取消了往返巴黎与洛杉矶的 6 个航班。美国官员说,恐怖威胁与法航班机乘客有关。美国正在与几个国家就‘基地’可能计划使用飞机袭击美国一事紧急磋商。”这是报道的第一层次也是最为关键的信息,而在这段文字的下方有四个字:“深入报道”。点击这四个字就可以看到一篇题为《法总理应对美国恐怖威胁情报　法航紧急停飞洛杉矶》的深度报道,而在这篇报道下面还有一些相关新闻的链接作为补充。深度报道的递延性正是在这一次次的点击链接中得到了体现。

第三,网络的交互性以及多媒体化的特点,使深度报道的写作形式越发多样化。一方面,视频、音频技术在网络中的应用,萌生了视频新闻、音频新闻、图片新闻等新闻样式。这些新闻样式以众星托月之态，为文字版深度报道增添了视听信息。央视网站很多新闻栏目如“新闻调查”“央视论坛”等都有视频点播的项目，同时也有文本可以查阅。另一方面，网络的互动性特点使交互性写作成为可能。网民通过在网上发表对事件的看法，使记者可以进行更为深入的采访调查，而网民之间的讨论，由引领事实而逐步朝理性“深度”迈进。

新浪网评论栏目于12月刊登了一篇题为《换个角度看新华社记者被打》的时评。文章就新华社发表的记者被打事件的新闻为由头，分析了事件产生的原因、背景并得出舆论监督也需要法律依据的观点。在文章的评论栏里，网民纷纷发表了自己的看法：

> 新浪网友 发表评论　向新华社记者致敬！
>
> 新浪网友 发表评论　什么叫采访权？可以凌驾于法律之上吗？人家不让你采访，你硬要拍照录像，你凭什么？哪条法律规定你有这些特权？
>
> 网友：cbagy 发表评论　不管是什么原因，为什么不能让记者去报道，向人民真实地说出所见所闻？作为记者来说，看到事件去报道应该是他们的职责，警察抓人也是他们的职责，不能说是谁的素质低的问题。问题在哪呢？

解构主义哲学认为，任何试图对真理的阐释都能够成为众多话语体系之一，很难有一种话语进入绝对中心。这也许是对网络舆论结构最生动的注脚。网民所发出的“声音”都是不同个体的声音，不同意见在评论栏的舆论空间中得到了交换与融合，逐渐形成比较一致的看法。传媒与受众、受众与受众之间的多方面互动，可以使报道更为深入，并达成共识。

当然，网络的传播特性也限制着深度报道的发展。目前，由于网站记者的身份还没有得到正式认同，网络的采访功用始终得不到充分体现。网络报道只能通过编辑手段得到实现。许多网站的报道都是通过编辑报纸、电视中的信息，对其中的新闻进行“再加工”（常常是修改一个标题，再配以一些图片），最后形成一篇所谓的网络深度报道。有时网站对其他媒体的报道进行再加工，还有负面影响。例如，新浪网2003年7月13日发表的深度报道《温州最大国企东方集团副总经理自杀事件揭秘》，它摘编自《21世纪经济报道》，原文题为《温州最大国企东方集团副总自杀事件》，原文的主旨是通过事件反映温州国企改革中的利益格局调整，重点并非是自杀事件本身，而新浪将题目加上“揭秘”二字，则将读者的眼球吸引到自杀事件上来，反而消解了报道的主旨和深度。

## 三、网络深度报道的操作

2001 年 7 月 31 日，人民网刊发揭露广西南丹事故内幕的第一篇报道——《广西南丹矿区事故扑朔迷离》以及系列评论，产生了广泛的社会影响，揭开了南丹事故背后的重重黑幕，该文也因此获得了《南方周末》当年度评选的“2001 年十大传播突破奖”。由此事件，人们有理由相信，网络媒体绝对拥有足以推动社会进步、整顿腐败吏治的力量；同时，网络媒体也有足够的能力传播产生重大社会影响的报道。研究网络新闻的学者们认为，揭露南丹事故正是网络媒体成熟的一个标志，它标明网络完全有能力制作自己的深度报道。

单就网络深度报道来说，网络记者还需要利用网络的传播特性进行写作。

### （一）利用网络的多媒体优势进行多媒体写作，利用网络强互动性的特点进行交互化写作

网络的多媒体性兼容了信息传递的种种手段，如文字、声音、图片、影像等都能够在网上被充分利用，并能调动最充分的叙事功能，使事件在不同的意义坐标中得到多方位、立体性的展示。此外，同类或相似的专题之间还常常被网站以链接的方式相联系，受众可以很方便地了解同类事件的最新进展和相关评论。显然，网络的多媒体优势无疑为深度报道的写作提供了契机，关键是要摸透网络传递信息的规律，并在制作上为受众提供最大的便利。

网络的交互性特征提醒人们，网民不仅是信息的接受者，而且是信息的传播者。深度报道写作应充分尊重所有网民的话语权，并倾听来自各个阶层的声音——从某种角度讲，它还能防止新的网络霸权的产生。在互联网上，目前正悄悄形成一种强大的传播联合力量——民间力量。除了众所周知的对孙志刚案的网上报道和讨论，促成我国废除实行了几十年的收容遣送制度以外，日本人珠海买春案、海城豆奶中毒事件、刘涌提审改判案也正是因为互联网上互不相识却拥有相同主张与意见的网民能量的积聚，才引

起了现实社会中政府的高度重视，并促成了事件的透明化和在法律程序内的合理解决。当然，人们也注意到，网络的强互动性也不可避免地存在问题，我们在提出尊重所有网民话语权的同时，网络的噪音也越来越多。有学者认为："网络深度报道中由互动形成的许多信息噪音，并没有在正面效果上加强深度报道文本。"①在现实中，对于因众声喧哗而夹带的各种杂音，以及限于受众的文化素质，其表达能力与思想水平参差不齐，这都造成了目前网络报道深度的不足。

（二）利用网络的超文本链接，不断深化网络深度报道

关于超文本链接，这里需要强调的是，必须具有递延性的链接才能为深度报道所用。那种仅将所有信息汇总在一起的"串串烧"不是人们所期待的深度报道。以人民网为例，在报道关于两会的专题时，它设置了16个栏目：议程、直通两会、文件报告、领导活动、代表委员建言、新闻发布会、图说两会、花絮、评论、音频视频、议案提案、热点关注等，报道的题材重大，信息量巨大，涉及面也非常之广，但是庞杂的内容没有一个明确的便捷的"向导图"。除非有极大的新闻欲求，否则无法吸引在网上"游移"的"眼球"，更没有办法长时间吸引受众的注意力。这也是当下许多网络深度报道存在的通病。网络深度报道需要通过一个事实的牵引，链接层层相关的更为深入的事实，从而真正了解事物的真相和本质，这才是深度报道的主旨所在。

（三）网络的议题设置功能对深度报道的操作影响

麦库姆斯和D. L. 肖认为，大众传播具有一种为公众设置"议事日程"的功能，传媒的新闻报道和信息传播活动以赋予各种"议题"不同程度的显著性的方式，影响着人们对周围世界的"大事"及其重要性的判断。② 网络作为大众传播媒介的一种，同样也具有为网民设置议题的功能。网络在设置议程时往往通过专题新闻的形式来凸显媒体的设置意图。这个专题是一个不折不扣的组合文体深度报道范例：有简明消息，用以报道事态进展；有图片，用以直观地展示原貌；有背景介绍，用以交代事件发生的缘起和历史渊源；有专访、特写，用以详尽描述事件的前因后果，以当事人的亲述使受众身临其境；还有评论，从不同的角度探究事件发生的原因、后果和意义等。有些专题甚至还有视频，以最直观的方式向受众传递现场信息。例如，中国

① 杜骏飞、胡翼青：《深度报道原理》，第289页，新华出版社2001年版。

② 郭庆光：《传播学教程》，第241页，中国人民大学出版社1999年版。

新闻网2003年12月的深度报道专题《温家宝总理美、加、墨、埃四国行》,专题的头条位置是对这一事件概貌性的描述:“应美国总统布什、加拿大总理克雷蒂安、墨西哥政府和埃塞俄比亚总理梅莱斯的邀请,国务院总理温家宝于12月7日至16日对上述四国进行正式访问,并出席在埃塞俄比亚举行的中非合作论坛第二届部长级会议开幕式……”然后依次为——新闻背景:“中国、加拿大两国高层今年主要交往”;最新消息:“李肇星谈温家宝出访成果 称是一次成果丰硕之旅”;观点荟萃:“香港时事评论人士评析:用利益绑实中美脆弱联盟”;图片报道:“温家宝参观加拿大著名的北电网络”等新闻条目。通过这种分层报道模式来编辑的文本改变了传统媒介线性传播造成的信息堆砌或信息易逝带来的传播时效不理想的状况;同时这一结构搭建了一个错落有致的整体,从而提高了受众对报道事实的认知程度,达到了拓展文本深度的最终目的。

总的来说,目前网络深度报道还处于初级阶段,尚待开发网络自身的传播快捷、信息多源、多向互动等传播特性,发挥网络的技术、传播效果等优势作用,还需要克服混杂其中的信息噪音等方面的缺陷,通过不断的实践才能真正拓展网络的深度空间。

# 编 辑 篇

# 第十一章 深度报道的编辑

2003年7月7日，上海文新报业集团与《南方日报》报业集团21世纪报系合作的《东方早报》在沪上啼声初试；同年11月11日，《光明日报》报业集团和《南方日报》报业集团连理共结的《新京报》在北京横空出世。非独纸质媒体的竞争如此，其余皆然。2003年7月，上海文广推出“第一财经”，力图实现广播与电视在人力、信息、品牌三大资源上的整合与共享，并计划推出面向全国的同名财经类日报；继中央电视台二套整体改制为央视经济频道，11月24日，以“覆盖全国，辐射海外”为目标的上海东方卫视也以全新的面貌登场；而中国三大门户网站之一的搜狐网也继收购Chinaren.com之后，于11月25日收购了国内最红火的房地产专业网站焦点网和国内著名的游戏网站17173.com……媒体大势可以说是“分久必合，合久必分”，但唯一不变的法则则是不断提高“核心竞争力”——对于已经融入市场经济的媒体来说，这一点认识可谓弥足珍贵。

所谓“核心竞争力”，对媒体来说，具体表现为新闻报道的社会影响力。而新闻报道影响力的构成，应该包括新闻事件和报道水平两个基本要素。新闻事实作为一种客观存在，其发掘固然和新闻发现力有着莫大的关系，但和报道水平相比较而言，后者更能发挥新闻工作者的主观能动性。在这一“能动”过程中，编辑对新闻事件的把握与操作规划是最为重要的一环。换言之，各个层次编辑的策划水平之高低，直接决定着“核心竞争力”的强弱。

## 第一节 深度报道的宏观策划

在本书第五章“策划选题”一节中，我们已经指明：新闻策划作为一种设计、一种决策和组织手段，贯穿于整个新闻传播过程之中，大到整个报、台的风格定位、宗旨确立、栏目设置，小到单个专题的报道思想、采访思路、人员安排、采访手段的使用，都属于新闻策划的范畴。也就是说，"策划"既指记者确定报道题材、报道角度的微观层面操作，也指编辑着眼于媒体风格、公众议题、资源配制等宏观层面的运作。前者，对于深度报道的策划，我们已经从记者"策划选题"的角度切入，作过比较详尽的分析。在这一节中，我们主要从编辑层面，探讨深度报道该如何进行宏观把握。

如果说记者的选题策划主要是从"事实"的价值出发，考虑可不可做、如何做出"深度"报道等微观层面上的问题，或者说主要着眼于一个"点"的思考的话，那么编辑的运筹则更为宏观，视野也更加开阔。当然，编辑也要思考"点"的可做性，但他的思考主要是立足于"面"的，或者说是点面结合。

就深度报道而言，编辑的宏观策划是不可或缺的，它的重要性可以从新闻的"市场论""效果论"和"资源论"三个方面进行考察。

（一）"市场论"

如前所叙，媒体间的竞争愈演愈烈，新媒体层出不穷，读者面临着越来越多的阅读和视听选择。可以说，传媒业已经进入了一个不折不扣的"买方市场"。"优胜劣汰，适者生存"是市场竞争的无情法则；各种媒体为了争取读者，争取"活着"且"很好地活着"，就必须真正地做好新闻策划，特别是对深度报道的策划不可或缺。

英国《金融时报》首席记者詹姆斯·金奇 2002 年 4 月 3 日在清华大学国际传播研究中心演讲时提出"信息过剩时代"这一概念，并进一步指出，"在一个信息过剩的时代，所谓的专家和新闻的数量每分每秒都在不停增长，为读者过滤新闻是很重要的。将真正的内容挖掘出来，予以彻底分析并准确描述"①。从某种程度看，深度报道的选题策划正担负着对"专家和新闻"进行过滤的职责。对编辑的考验，就是看其能否通过策划工作，把最有价值、最值得读者阅读和思考的新闻推介出来。

（二）"效果论"

互联网的迅猛发展，使信息呈现出网络化的趋势。"信息的网络化带来的是信息传播的分散化和分众化。"②所谓"分散化"，即读者获悉信息和

---

① 李希光、孙静惟：《下一代媒体》，第 229 ~ 230 页，南方日报出版社 2003 年版。

② 李希光、赵心树：《媒体的力量》，第 11 页，南方日报出版社 2002 年版。

了解新闻的途径较之以前又多了一种——网络。但是,途径的增多是否就可以推断:读者对于“地球村”的不确定性会相应地减小甚至消除呢?或者从传播媒体的角度来讲,传播效果是否就能达到最佳呢?答案是否定的。原因很简单,即无效信息的充斥以及无效信息对有效信息的遮盖。

那么,如何才能实现传播效果的最大化?这就牵涉如何理解传播效果含义的问题。“所谓传播效果,是指受传者在接受了传播媒介传递的信息后,在思想感情、立场态度、行为举止等方面所发生的变化。从传播者角度讲是指传播者通过媒介发出信息以后对受众产生的作用和影响。”①由此可以看出,传播媒体应该在传播效果方面发挥主观能动性,起主导作用。

在单一的舆论控制日益转变为“舆论引导”和“受众导向”相结合甚至越发侧重后者的今天,以充满智性的深度报道引领受众的重要性就显得日益突出。新闻报道,尤其是深度报道必须考虑“潜在的受众”的偏好,注重“前馈”。只有高度重视“前馈”和“反馈”,花费大量精力和财力制作的深度报道才可能引起受众的兴趣和共鸣,从而实现新闻传播效果的最大化。

(三)“资源论”

和自然界的矿产资源一样,新闻资源也是有限的;此外,按照麦克卢汉在《理解媒介》一书中提出的“地球村”概念,世界的变“小”,必然造成信息的拥挤,信息资源的类同和短缺已经成为不可逆转的现实。因此,如何利用相同的新闻资源(新闻事实),为读者提供与众不同的新闻报道,实现传播效果的最大化,同样离不开媒体的智力投入,其中关键是新闻策划。这个问题在前面有关章节中已经作过阐述,这里不再展开。

## 一、策划原则

任何策划都是创造主体的智力反映,但同时也不能摆脱客体的限制、规律的制约和效果的检验。编辑的策划也有“法则”在起作用,一般来说须遵循以下一些原则。

(一)忠实原则

所谓忠实原则,也就是说编辑的报道策划必须忠实于新闻事实或者新闻素材的原样,必须忠实于整个事件的自然进程。在2003年美伊战争中,

① 陈龙:《现代大众传播学》,第201~202页,苏州大学出版社2002年版。

美国女兵林奇被军队和媒体合力塑造成英雄般的偶像。《华盛顿邮报》、福克斯电视台等都曾充当了这样的角色。直到2003年6月中旬媒体才开始慢慢反思事实的真相，陆续有记者返回伊拉克找寻新的线索。直到最后，正如人们所看到的，林奇拒绝成为宣传傀儡，捅破了"皇帝的新装"。这是一个在全世界都有典型意义的、违反"忠实原则"的报道策划。

相对于纸质媒体而言，电视新闻中重要的深度报道形式之一的新闻调查，其报道策划尤其需要规避因为镜头的出现而引起事件当事方心态微妙的变化，从而修正甚至转变原有或者既定的立场，并使形势的发展偏离事件的自然进程。

在电视新闻调查类节目中，报道策划的实施过程通常伴随以下两种过程："一种是新闻事件自身的发展过程；一种是记者对新闻事件进行调查采访的过程。"①中央电视台的"新闻调查"栏目曾经做过一期名为《大官村里选村官》的节目，节目的内容很简单，展示给读者的就是基层农村选举的过程。这个报道策划的实施过程就是选举过程，这两个过程是重叠的。从节目中我们可以看出，记者的出现并没有使选举本身异化为"矫情"。"新闻事件自身的发展过程"得以完整而真实地呈现。

"新闻调查"栏目的另一期节目《流入境内的假钞》，反映的是广东警方破获的一起数额巨大的假钞案。节目在摄制的时候，这起案件已经被侦破。所以，我们通过节目并不能看到整个假钞案的发生、发展以及侦破的过程，而只能通过记者的摄像机镜头对整个案情进行"情景再现"；而"情景再现"的过程，就是记者对新闻事件进行调查采访的过程。在这一过程中，记者只是充当了"中间人"的角色，其作用主要是把走访获得的信息有机地串联起来，并最终实现"情景再现"，从而使观众得以完整地了解这个事件的来龙去脉和它所反映出来的深层次意义。从以上分析，我们很难回避深度报道策划的"忠实原则"，它强调对新闻事件的"不作为"，追求呈现新闻事实的一种原生状态。深度报道策划首先要规避"不忠实"的风险。

（二）创新原则

在报道策划已经成为各家媒体的统一认识和自觉行动的今天，如何才能使自己的策划方案最终脱颖而出并牢牢吸引读者的"眼球"呢？毫无疑问，独家新闻（只有一家媒体报道或一家媒体率先报道的新闻）可以最大限

① 高世明：《实用电视新闻》，第406页，中国广播电视出版社2000年版。

度地满足读者对于未知事物的好奇心，但是随着各家媒体在采访能力以及技术支持层面的趋同，以及消息源愈加透明和公开，只有一家媒体报道或一家媒体率先报道的可能性越来越小。

那么如何才能独辟蹊径，在新闻不是“独家”时能收到良好的报道效果呢？答案只有一个——创新。创新果真能达到出奇制胜的效果吗？让我们以新华社对“郑百文”的报道为例加以说明。新华社分社的记者在较早的时候就注意到“郑百文”，但分社和总社编辑部并没有即时报道，而是精心策划，制订了周密的报道计划，确立了全新的主题，选取了最佳的角度，通过记者两年的观察、一年的调查采访，把“郑百文”案放到市场法治化进程中去剖析，该组9篇文章取得了良好的社会反响。

通过考察近年来出彩的深度报道，不难发现它们的策划都具有以下的创新特征：

（1）旧闻新意。即在挖掘旧闻历史蕴涵的同时，赋予其现实意义；报道策划的着重点在于历史对现实的借鉴与指导意义。新华社在“迎接新世纪”中策划的名为“世纪旧闻新读”的系列报道就是“旧闻新意”的典型之作。

（2）热点妙炒。即对时下读者普遍关注、媒体重点报道的新闻事件进行报道策划时，独辟蹊径，别开生面，从而从“同质化”竞争中突围以取得最佳的报道效果。1999年女足世界杯赛期间，《人民日报》《工人日报》等各大媒体从体育产业、体育文化等方面对世界杯赛进行了详尽的报道，但《北京青年报》则从文化与社会风情的角度推出了名为“走马美利坚”的专栏。

（3）异化时效。即对新闻追求时效性的反叛，它以牺牲时效性为代价，重在对新闻事件作理性探讨，追求的是一种后发制人。以“安然事件”为例。早在2002年8月美国安然公司“东窗事发”以来，各家媒体一路跟进；时至今日，随着“安然案”尘埃的落定，相关报道也就偃旗息鼓。但《21世纪经济报道》却在此时用整整两个版面、共组织了5篇文章策划了主题为“后安然的阴影和生活”的报道，深刻反思造成安然“过度求新、过度傲慢的大公司，被野心和贪婪腐蚀乃至最后毁灭的故事”的深层次原因。[①] 在相当多的人“好了伤疤忘了痛”的今天，重新审视“安然案”，无疑更具有警醒意义。

---

① 《21世纪经济报道》2003年12月1日。

（三）开放原则

这里的开放原则主要体现在策划及策划实施过程中的时事洞察、信息采集、内部协作、媒体合作等四个方面。

（1）时事洞察。1992年，在改革开放的关键时刻，邓小平南方谈话，时任《深圳特区报》副总编的陈锡添作为唯一一名文字记者全程陪同。但是，有关视察的新闻却被有关方面通知“暂不作公开报道”。陈锡添和《深圳特区报》都没有放弃，而是充分认识到邓小平的南方谈话一旦发表肯定会对改革的全局产生深刻的影响，并同时精心整理有关材料。终于有一天，《南方日报》刊发了相关报道《小平同志在“先科”人中间》的新闻。根据这一积极信号，报社决定将该纪实作为近期最重要的报道推出。为抢时效，他们采取边写、边发排、边由社长审阅的特殊运作方式，就这样11 000字的通讯《东方风来春满眼》当晚写成，第二天在头版头条的位置见报。全国几乎所有省、市、区的主要报纸都在一版显要位置进行了转载。新华社也正式向全世界播发了该文。该文之所以能够面世并产生如此大的影响力，是与《深圳特区报》编辑和记者紧绷“讲政治”这根弦、勇闯“禁区”的精神分不开的。这也是策划的开放原则在思想认识上的具体体现。

（2）信息采集。我们以美国《科学》杂志2001年1月12日刊登的由4篇特稿组成的、有关古生物学的专题报道为例来进行分析。早在2000年5月，《科学》杂志新闻部副主任就开始对中国古生物研究的专题进行策划。在策划过程中，《科学》的编辑不仅向中国的同行征求意见，更就有关问题向世界一流古生物学家进行咨询；同时整个资料的收集与整理工作也有条不紊地进行。可以说，《科学》杂志这期的专题策划之所以无论是对成就的记叙还是对问题的批评都中肯到位，并受到了广泛好评，是和前期开放式的信息采集密不可分的。

（3）团队协作。仍以上述例子说明。《科学》杂志这么多年以来第一次开辟出这么多的版面，对中国科学的某个专门领域进行如此深入的报道，信息的详实采集固然必不可少，但整个团队的协作更加重要。虽然专题的四个部分是相对独立的，但是各个部分的编辑却体现了强烈的团队协作精神。各个部分的编辑都会把自己的方案以及适时的实施情况及时通报给其他编辑；而其他编辑也会把自己所了解的情况以及合理化的建议及时传递和反馈给对方。正是这种互通有无，使整个报道计划的进行能够始终没有偏离主题，并最终取得成功。

(4) 媒体合作。媒体合作指的是传统媒体之间以及传统媒体和新媒体之间的联合。这种联合不仅体现在资源的共享上,也体现在采访手段、采访途径等各方面的优势互补上。“这种联合符合媒体自身生存和发展的需要,符合受众接受多种媒体信息的需要,符合时代的发展,特别是中国‘入世’的需要。”①1999 年,在北京、上海、广州三地同时举行的中国首届“72 小时网络生存测试”中,四大媒体围绕生存测试的联手合作,使这次新闻活动的影响力和传播效果都实现了最大化;而媒体之间的首次全方位合作本身也成为一时的新闻热点。

(四) 应变原则

所谓应变原则,有人将其称做“机变性原则”——“它是指在策划进程中及时准确地掌握对象及其环境变化的信息,以对其发展的调研预测为依据,调整策划目标并修正策划方案。”②这种修正包括报道主题的修正、采访内容的修正、报道时机的修正等方面。下面就是这几个方面的例子:

(1) 报道主题的修正。《华西都市报》做过一次有关被拐儿童的“孩子回家计划”。但是活动进行到一半的时候继续不下去了,原因是有些孩子无法被认领。在“山穷水尽疑无路”的时候,策划者提出报社将孩子接回四川的点子,从而不仅使活动得以继续,而且使新闻追踪再次得到关注。

(2) 采访内容的修正。2003 年 11 月,江苏苏州广电总台社会经济频道策划了“话说新长江行”大型新闻活动。可是在扬州遇到了问题,原定的采访官员因故不能前来,采访项目随之取消。策划者偶然听说扬州市长季建业是苏州人,于是灵活地把采访对象改成这个曾在苏州昆山担任过市委书记的现任扬州市长。凭着老乡的关系,几经周折,联系并采访到了季市长,从而有惊无险且更好地完成了采访任务。

(3) 报道时机的修正。2003 年 8 月,木子美公开了和音乐人王垒的关系。从那时起,广州《新快报》便开始酝酿“木子美现象”的报道策划。因为《新快报》是一个典型的“白领媒体”,而木子美的某些气质和观念正代表了一个社会群体,因此以“木子美现象”为中心议题、有较强新闻冲击力的报道,不久就在《新快报》的策划下问世了。经过相当长时间的操作,包括一则简短消息、一篇长篇报道和一篇调查在内的组合报道采编完毕,本准备在

---

① 赵振宇:《新闻传播策划导论》,第 269 页,华中科技大学出版社 2002 年版。

② 赵振宇:《新闻传播策划导论》,第 68 ~ 69 页,华中科技大学出版社 2002 年版。

11月初推出，但那时恰巧广东有几件重大时政新闻，报道的时机不太合适。于是，《新快报》在此之后的11月11日适时地推出了这组报道。搜狐网和新浪网在第一时间进行转载，并引发了网上的大讨论，“木子美现象”成为热点话题。

## 二、策划类型

深度报道所体现的是一种新闻旨趣。虽然这种“新闻旨趣”无法脱离深度报道的操作方式和报道形式而独立存在，但是无可否认，它只能从报道的具体内容中被挖掘出来。所以，我们讨论深度报道策划的类型，只能以其内容为标准来划分。基于这种前提认识，我们可以把深度报道策划的类型分为突发性事件的报道策划、重大战役性事件的报道策划以及日常生活事件的报道策划。

### （一）突发性事件的报道策划

所谓突发性事件，通常是指对社会和人们生产、生活产生较大影响的变故和灾祸。这类事件因难以预测而给报道策划增加了难度。

在我国新闻理论界，长期以来由于没有明确地划分标准，从而使突发性事件的分类一直很混乱。譬如，有的学者把突发性事件划分为“政治性突发事件”“涉外突发事件”“自然灾害类突发事件”“灾难性事故”以及“经济方面的突发事件”。① 这种划分方法尽管把我们平常所接触的突发性事件基本罗列在内，但它的不足之处也是显而易见的，即概念交叉。

这里，我们提供两种划分突发性事件的标准：一是按照事件的归属来划分；一是按照事件的性质来划分。所谓按照事件的归属来划分，即考察这一事件的发生地在哪里，直接牵涉的利害各方分别是谁。参照这一标准，我们可以把突发性事件划分为国内突发性事件、国际突发性事件以及涉外突发性事件。国内突发性事件是指某个事件的发生、发展以及直接影响都局限在一国之内，如1999年的綦江虹桥倒塌事件；国际突发性事件是指发生在国外、与中国没有直接的联系和利害冲突的事件，如“9·11”事件；如果某一事件直接关系到中国的国家安全、国家利益或者国家形象，同时该事件又和第二国有着密切的联系，就是所谓涉外突发性事件，如以美国为首的北约

① 徐学江：《提高突发事件报道总体水平的关键》，《中国记者》2000年第2期。

对中国驻南联盟大使馆的轰炸。按照事件的性质来划分,可以把突发性事件划分为政治类突发事件,经济类突发事件,以及社会、文体类突发事件。当然,上述两种划分标准并不矛盾,它们在实质上是有机统一的。因为,在运用第二种标准来给突发性事件分类时,也必须参考第一种分类方法。再举中国驻南联盟大使馆被炸事件来说,按照第二种划分标准,它无疑被归于政治类突发事件之中;但是,如果我们要对其进行进一步、更具体的考察时,又必须"考察这一事件的发生地在哪里,直接牵涉的利害各方分别是谁",从而明确这一事件是具有涉外性质的突发性政治事件。

鉴于突发性事件的不可预测性,突发性报道在某种程度上成为检验一家媒体包括应急机制、采编水平以及技术能力在内的综合实力的试金石。那么,如何才能在突发性事件的报道上脱颖而出呢?

由于"事出突然",这类报道留给决策者进行组织、策划的时间非常有限,不能"慢工出细活",只能凭"急智"——当然,这种"急智"也不是一拍脑袋就出来的,而是历经实践总结出来的。这种"急智"的策划在报道上直接反映为"时效性""独家性""准确性"以及"前瞻性"。

(1) 所谓"时效性",在这里有两个层面的意思:一是指关于突发事件的新闻报道能在第一时间与读者或观众见面;二是指对某一突发事件的报道能够即时和持续,并且这种即时和持续能使读者或观众对该报道——甚至是该媒体保持一种持续的关注热情。

(2) "独家性",指的是在突发性事件的报道上能够做到"人无我有"。在这方面有个很突出的例子就是卡塔尔半岛电视台。在"9·11"事件之后,该台俨然成了本·拉登及基地组织的"新闻发言人"。在传达基地组织的声音方面,半岛电视台有着包括 CNN 等在内的西方老牌媒体所无法比拟的独家性,也因此"十年寒窗无人问,一举成名天下闻"。

(3) "准确性",这是一切新闻报道所追求的一种共性的东西,并非只适于突发性事件的深度报道。为什么要在这里着重提出呢?因为随着竞争的日益激烈和残酷,很多媒体为了抢在第一时间发布新闻,通常仅仅根据有限的采访材料,或者仅仅是道听途说一些东西,就展开"丰富"的想象,结果这样炮制出来的深度报道通常噱头十足,但往往被随后的事实证明是彻头彻尾的假新闻。

(4) 与"准确性"有联系的,是所谓"权威性"。这两个概念有交叉,但并不一致。有些新闻是准确的,但并不是人们想象中的那样有"权威性”——因为有的新闻事实的得来，并不是通过所谓的权威人物或权威部门；而另一些新闻信息来源虽然有“权威性”，但未必十分准确——因为权威人物或权威部门披露的“事实”也可能是文过饰非。

（5）所谓“前瞻性”，是指对事件走向的预测。如今的媒体，不仅要向受众提供新闻事实，而且还应该向受众表明自己的判断和看法。这个表达的过程，就是依托新闻报道进行评论的过程。“评论是意见的直陈，事理的剖析，对现实具有极大的指导作用。”①这里所说的对现实的指导作用，就是所谓的前瞻性。在组合文体的深度报道——特别是政治性突发事件的深度报道中，这种前瞻性的评论显得尤为珍贵。因为通过它，我们可以对事件的发展有一个相对清晰的认识，从而透过现象抓住本质。

“台上一分钟，台下十年功。”一家媒体要想在突发性事件到来的时候有良好甚至优异的表现，除了组织策划、采访编辑等业务水平方面的积累之外，足够的技术设备支持也是必不可少的。中央电视台近年来在国内外重大突发事件不期而至的时候，之所以屡屡有上佳的表现，和他们已经具备了对突发事件报道完备的技术保障有着重要的关系。由于海事卫星电话、数码相机、笔记本电脑、卫星传送B站等先进电视设备的采用，记者在任何恶劣条件下采制的新闻都可以及时传送到台里播出。目前，中央电视台正考虑建立一套应急电视设备保障体制，将一套录制、编辑、传送设备完整地包装，全天候待命，遇到突发事件可以迅速随同记者赶往现场。

（二）重大战役性事件的报道策划

和突发性事件的报道不同，重大战役性报道具有可预测、可组织以及相对容易控制等特点。称得上重大战役性报道的，往往是全社会公认的新闻事件，各媒体会抽调精兵强将全力以赴。一般来说，重大战役性报道包括如下三个领域——政治、经济和社会生活的内容。

国内外各种政权变更、政局动荡、政治人物、政治事件等从来都是新闻媒体报道的重点。“许多具有深远影响的重大新闻事件，无论是经济的、军事的、文化艺术的或是教育的，其新闻价值的根本点就是政治。在一切重大新闻事件的深处，都隐藏着政治的巨大投影。”②

考察当今一些知名媒体，它们中的很大一部分之所以能够有现在的规

---

① 郑兴东等：《报纸编辑学》，第123页，中国人民大学出版社1999年版。

② 杜骏飞、胡翼青：《深度报道原理》，第147页，新华出版社2001年版。

模和影响，往往与其在关键时候打了一场漂亮的“战役”有着莫大的关系。譬如，广州火车站的“乱”一段时间以来全国闻名，《羊城晚报》就结合市政府的专项治理工作，进行了扎实有效的系列报道。这些报道和整治工作互相配合，使广州火车站的面貌在不长的时间内就有了显著的改观，受到了广泛的好评。类似在社会生活领域策划的重大战役性报道可以在最大程度上吸引“眼球”、提高知名度和美誉度以及聚敛持久的“人气”。尔今，与市民生活息息相关的都市报经常进行这样的策划，并且大多能取得不错的反响。

虽然重大战役性报道较之突发性事件的报道，在时间和空间上相对从容，但是以下几条原则在组织、策划报道过程中还是必须加以注意的：

首先，重大战役性报道的选题都比较重大，报道面世后的影响也比较深远，而报道涉及对象的状态也会相应地发生改变。鉴于此，我们必须“讲政治”。在现阶段，我国最大的政治就是要保证一个安定团结的局面，以推动经济建设和政治体制等各方面的改革。要创造安定团结的社会氛围，并不意味着只报喜不报忧。新闻媒体既要报喜也要报忧，报喜是为了树立典型，起模范带头作用；报忧是为了让社会、让党和政府重视我们生活中存在的问题，并群策群力解决它。报忧绝对不是惟恐天下不乱，报忧要有报忧的策略与方法，不能激化矛盾，不能传递悲观情绪。我们在策划重大战役性报道时，必须清醒地认识到讲政治的重要性。在组织正面的重大战役性报道时，要谨慎而稳妥；在组织非正面的重大战役性报道时，更要积极而有艺术性。

其次，在策划重大战役性报道的时候，要注意统筹部署，反对单打独斗。古人这样形容智者对一场战役的把握：“运筹于帷幄之中，决胜于千里之外。”对于策划重大战役性报道来说也是如此，必须高屋建瓴，不仅对策划本身所要达到的目标以及如何达到这一日标要有明确的认识，而且还要置身于整个传媒业界来审视自己的优势和劣势所在，以期扬长避短。具体说来，这里所说的统筹安排，主要包括以下几个方面的内容：

（1）报道角度的选择。面对同一选题，不同的报道视角往往能体现不同媒体的新闻操作水平，也直接影响报道的效果。

（2）报道时机的掌握。在选择报道时机时，通常会经历预测、观察、跟进以及快速决策、迅速启动等几个过程。①

（3）采编力量的优化和组合。简言之，就是把最适合参与该次报道计

① 钟大年：《电视评论深度报道策略》，《中国记者》2000 年第 2 期。

划的编辑和记者有机地组织起来，成立一个临时的“编辑部”。

（4）技术保障的及时到位。这是不让媒体在激烈的竞争中输在起跑线上的一个前提条件。

（5）反馈机制的健全和完善。只有建立健全通畅的报道效果反馈机制，才能使自己的报道水平不断提高，更好地被市场和受众所接受。

再次，对重大战役性报道的推进要循序渐进，反对急功近利。作为深度报道的形式之一，受众要接受重大战役性报道所反映出来的“旨趣”是需要一个由肤浅到深刻、由表面到实质的过程的，为配合受众的这一认知过程，报道在推进的过程中就必须循序渐进，反对急功近利。坚持循序渐进的报道方式和方法，能在一段时间内形成强大的宣传声势，既可以反映新闻事件“面”的广度，又可以跟踪“点”的深度，还可以把报道和评论结合起来，多层次、多视角地解决一个或一类问题。而急功近利地组织报道，不仅会弱化该报道的新闻价值，严重的甚至会引起受众的反感，与报道的初衷背道而驰。

（三）日常生活性事件的报道策划

日常生活类深度报道因其与受众的生活息息相关，备受关注且容易引起共鸣，被越来越多的都市报视为“看家法宝”。这类深度报道的策划，在很大程度上可以反映一家媒体的价值取向和新闻趣味，因而在策划中必须围绕这一点来展开。

（1）关注民生与彰显人文相结合。关注社会民生和对作为社会细胞的个人的关怀，是媒体应坚守的使命，而呼唤“人性”回归、弘扬人文精神也是媒体的职责所在。2003 年 3 月 20 日，湖北青年孙志刚因未带证件，在广州被收容并致死，其家人多次找有关方面反映未有结果。《南方都市报》在获知这一情况后，极为重视，经过精心策划和多方采访，从 4 月 25 日开始以较大的篇幅、以深度报道的形式连续对这一重大恶性事件进行报道，引起媒体和公众的广泛关注。舆论和公众的声音，很快引起了各级政府的重视，均批示要正确对待案情，坚决严惩凶手。在此后一个星期时间内，13 名涉案人员纷纷落网，并最终受到了应有的惩罚。同时，以孙志刚案为由头，中国政府废止了运行 21 年的《城市流浪乞讨人员收容遣送办法》，并出台了新的《城市生活无着的流浪乞讨人员救助管理办法》（草案），为我国城市化和现代化扫除了障碍，影响极为深远。

（2）内容鲜活和形式创新相统一。日常生活包罗万象，而每个特定的受众群所关注的东西也不一样；但对新事物了解的渴望、对不确定性的排除却是一致的。“神五”的成功升空和如期回收是2003年中国航天史上的一件大事，也是老百姓生活中的一件大事。我国航天事业的水平怎样？“神五”成功发射的意义何在？欧美等国的反响如何？人民群众对这些都有着浓厚的兴趣。“神五”实际上已不仅仅是航天事业上的一个名词，而且是深入到日常生活之中的大事。这些对老百姓有着强烈兴趣的鲜活新闻自然成为各家媒体追逐的重点；也只有这类鲜活的新闻，才能使日常生活的深度报道做出来有“看头”，也有“嚼头”。

除了内容的鲜活之外，报道形式的创新也是此类报道的重点所在。报道形式的创新涉及报道文体以及版面编辑诸多方面的内容，其中大有文章可做。

（3）感性叙述和理性分析不悖离。深度报道和一般报道的区别之一，在于它不仅反映问题，而且提出自己的观点，并试图解决问题。从这点上来说，既有感性叙述又有理性分析是深度报道的应有之义；而日常生活类深度报道反映问题的直接性和具体性，更显得由感性上升到理性这一过程的不可或缺性。回到上面的“孙志刚事件”，如果《南方都市报》只是对其进行泛泛的“记录”，而不是分析隐藏在这一新闻事件后面的深层次原因——诟病已久的收容制度的话，它的新闻价值肯定不会体现得那么充分和明显；与此同时，如果仅是记者客观的叙述，而看不出记者隐在新闻纸后面的浓浓深情，那么也不会激发读者的热情。新闻的辩证法告诉我们，感性的叙述会让人们感动，但是并不会让社会体制变得更加完善和人性化，也不会推动社会的进步；唯有在感动之后，多一份反思，提出理性的分析与恳切的建议，才会促动更深层次的社会变革。

## 三、策划方式

作为规模报道的重要形式之一，信息量的丰富和旨趣的深刻是深度报道的追求。那么，如何将众多信息有机呈现而不是胡乱堆砌，让深刻的旨趣水到渠成地表露而不是面目可憎地说教呢？这就需要凭借科学的方法对报道进行策划。一般来说，深度报道的策划主要有下面三种方法：

### （一）依托特定新闻点，以报道的实施方向为标准，纵向推进或横向组合，抑或二者兼而有之

简言之，就是把单则新闻事件进行衍生报道。这里所说的单则新闻必

须有较为深刻的现实意义和价值；衍生后的深度报道不仅要有量的提高，而且要有质的升华。

纵向推进和横向组合都是报道实施的方向。前者是指抓住某一新近发生、尚在发展的新闻事实，按事实发展的脉络直线跟踪、顺序推进，展开连续报道或系列报道；后者是指将不同报道对象的同题新闻横向地、并列地组合在一起。在追求"集束轰炸效应"目标的驱动下，各媒体深度报道的实施手法大多把纵向推进和横向组合相结合，单一手法的采用已越来越少。

2003 年伊朗大地震期间，江苏《现代快报》的专题报道"伊朗大地震 人亡城毁"①就是将两种报道实施手法配合使用的典型。先说纵向推进。在此专题中，有一条纵向的线索，即伊朗城市巴姆的现在和过去。首先，在主打文章《睡梦中半城居民被活埋》中对巴姆地震后的状态进行了描述："众多居民梦中被活埋""灾区电话联系全被切断""两座医院在地震中坍塌""伊朗震后请求国际援助"；而在另一篇重头文章《两千年古城完全毁灭》中，巴姆的历史通过文字和图片呈现在读者的面前。至于横向组合在该专题中也有集中体现，例如对于震后外界的援助，该专题用三篇小文章进行了报道，分别是《胡锦涛主席向伊朗总统致慰问电》《国际社会伸援手》《救援工作困难重重》。通过这两种报道实施手法的有机组合，读者想了解的有关信息基本上都能从该专题中了解到；也只有这种组合的报道手法，才能让报道全面、丰富而生动。

（二）根据报道文体的样式，实施单一文体报道或组合文体报道

独立文体的深度报道主要有三种，分别是解释性报道、调查性报道和预测性报道。根据内容的特点，深度报道需相应采用不同的文体进行报道。

一般来说，如果深度报道是为了"呈现出关于某一事实的有关意见的多种可能性"，并且需要"依据事实一一加以解释"时，就采用解释性报道。这一文体的报道需要把握好资料呈现与评论展开之间的平衡：如果片面追求信息量而不注意对资讯的扬弃，就会陷入资料堆砌的陷阱；而如果不全面占有相关资料，只是抓住有关新闻事实的凤毛麟角，并在此基础上泛泛而论，就不免有"空谈"的嫌疑。只有两者的有机结合，并保持一种叙述的"对称性"，才能真正与"解释性报道"这一文体的内涵相吻合。

在采用调查性报道这一文体时，必须首先考察新闻事实是不是"新闻

---

① 《现代快报》2003 年 12 月 27 日。

报道主流之外所获得的材料”,即要考虑通过调查而进行报道有没有必要性和挑战性;其次,我们还必须思考这样一个问题:是不是通过艰辛的采访,“一个记者能够写出一些最重要的东西”①?即写出来的调查报道能不能体现出相应的价值。

近年来,国际局势动荡不安,政治事件层出不穷,相应的深度报道也异常活跃。综观这些报道,在介绍某个事件状态和背景资料的基础上,都把大多数的篇幅留给相关问题专家对局势的发展进行前瞻性分析,推测在正常情况下新闻事件发展的可能轨迹,从而使受众对未来有所预测。这就是所谓的预测性报道。譬如,中国驻南联盟大使馆被轰炸后,中央电视台相关专题栏目邀请军事专家张召忠等进行访谈就属于此类。这类报道应该注意有理、有节、有益。有理指的是分析的理智性,避免偏激;有节指的是预测的节制性,避免拘泥于细节;有益指的是报道的裨益性,避免报道的空泛化。

(三)从言论找出报道的切入点和立足点,也即在某种意义上的主题先行

每一阶段都会出现富有代表性的社会现象;围绕特定的社会现象,又会出现不同的声音,此谓“众说纷纭”。在当今“受众导向”的时代,媒体应该“闻风而动”。这里所说的“从言论找出报道的切入点和立足点”,也就是说从受众议论最多的、或者争议最多的某一事件以及事件的某一方面入手,策划和组织深度报道。

从思维方式看,通过这种方法所组织的报道在展开之前,往往已经有了一个相对集中的主题。报道的形成过程,不过是围绕特定的主题进行资料的收集、筛选和捏合的过程。这确实是一种“主题先行”,似乎陷入了形而上学。但仔细分析,这里的“主题先行”和传统意义上的“主题先行”是有着质的区别的。传统意义上的主题先行是指在没有任何材料的前提下先规定出一个主题,然后再去找材料。这是一种违背新闻规律的新闻操作手段,是一种形而上学的思维方法。而我们这里的主题先行,实际是“意在笔先”,即在参考大量外界态度和观点的基础上,提炼出一个相对正确、准确的观点和主题——这个主题和观点是初步且不完善的——并根据观点和主题,再去寻找更加鲜活和生动的材料来丰富主题。

例如,随着新的“圈地运动”的如火似荼展开,关于农民和土地、GDP和

① 沃·福克斯:《新闻写作——报刊记者指南》,李彬译,第153页,新华出版社1999年版。

可持续发展等关联问题越来越受到关注。在不断的讨论与论证中，人们逐渐有了这样的共识：中国的工业化和城市化的进程，从某种角度上来讲，是以牺牲农民的巨大利益为前提的。基于这样的认识，“意在笔先”，2003 年 12 月 29 日出版的《中国新闻周刊》策划了题为《新土地革命》的深度报道，从“GDP 诱惑与失地农民”“土地新政抉择：利字摆哪边”“土地到底算谁的”三个角度组织文章，清晰地剖析了 2003 年岁末征地制度的改革，进而就“在农民——土地原住民获得更多的权益的同时，GDP 是否会受到影响？地方政府的收益是否会下降？工厂主的成本是否会提高？城里人是否将制服更高的房价”等问题给出了一个相对完整的答案。综观整篇报道，给人以说服有力、分析透彻、前瞻合理、主题集中之感。可以说，如果不使用“意在笔先”的组织策划手法，是达不到或者说不能完全达到这样有针对性的效果的。

# 第二节　深度报道的组版计划

## 一、报纸的版面安排

报纸的组版计划，就是指为了实现新闻价值的最大化，调动版面安排稿件的一种空间艺术。这种空间艺术如果运用得当的话，就可以使报纸所承载的内容和外化的形式相得益彰，强化新闻的传播效果。

据杜骏飞在《深度报道原理》中的概括，深度报道的组版表现方式有三类，即“专栏报道”“专版报道”和“专辑”。[①] 其实，专栏报道和专版报道在质的规定性上是一致的，前者只是后者的“具体而微者”。我们观察到，专栏和专版的实质都是在报纸上辟出一个区域——一个版的某个特定位置，一个整版或者几个版（几个版面集中就一个主题进行集中而有深度的报道即为“专题”）——进行稿件的设置；所以，我们可以把深度报道的组版方式浓缩为两种，即“专区报道”和“专辑”。

---

① 杜骏飞、胡翼青：《深度报道原理》，第 311 ~ 312 页，新华出版社 2001 年版。

在这里，我们可以给出两个定义。所谓专区报道，就是在报纸上辟出一个版面的部分空间，或者动用一个和一个以上的版面对一特定的主题进行集中而有深度的报道。专区报道是一个集合概念，下辖"专栏报道""专版报道"和"专题"。所谓专辑，就是在专区报道不足以彻底、深刻或者及时报道某一问题时，更大规模地调用报道资源、更为灵活地调用采编力量、更加及时地调整出版时间来进行报道的一种组版形式。"号外"是我们最为熟悉的专辑样式。

### （一）专区报道

先说"专栏"。郑兴东在《报纸编辑学》一书中认为："专栏就是由若干有共同性的稿件所组成的自成格局的局部版面。"关于专栏的种类，郑兴东认为按照其构成来看，有"单一的"和"集纳的"两种。他还进一步分析认为，"单一的专栏，因为稿件的共同性要在连续中才能表现出来，栏目的设置就必须相对稳定，从长计议，不能临时设置；而集纳专栏，特别是非连续性的集纳专栏，可以根据稿件的具体情况临时组织"①。

在综合上述概括的基础上，我们把专栏划分为"常设性专栏"和"非常设性专栏"两种。

在通常情况下，常设性专栏设置在固定的版面上，面积大小也相对不变。每期都刊发一两篇报道，这些报道在时间和内容上都有连续性。《羊城晚报》的专栏"昨夜今晨"曾为"中国新闻奖"获奖栏目，后来被众多报纸竞相效仿；但是这些栏目都呈现出短小精悍的趋势，容纳深度报道的栏目倒是越来越少。而根据突发事件和稿件情况临时设立的非常设专栏则经常组织一些深度报道的稿件，对传统的专栏进行异化，作为一种临时补救的办法，取得了不错的效果。

其次是"专版"。目前，"专版报道"在很多报纸上更多地体现为"纵深报道"。"纵深报道"有如下三种形式。

一是以《南方周末》为代表。《南方周末》一般在头版放置一篇大文章，并在其余版面辅以相关报道。头版文章一般是对某个事件进行宏观上的叙述，重点是通过这篇报道让读者对整个事件有一个明晰的认识，一般不会让次要文章冲上头版这一最重要位置。其余版面组织的文章要围绕头版文章展开，或者对头版文章中所提出的问题进行逐一阐述、分析和预测。

---

① 郑兴东：《报纸编辑学》，第114～115页，中国人民大学出版社1999年版。

一是以《现代快报》为代表。由于报纸编辑方针和版面风格的特定限制，《现代快报》的头版功能是运用大标题和图片进行本期内容精彩导读；遇到重大的突发性事件或者影响深远的大新闻，《现代快报》的处理方法一般是在头版的头条位置进行标题导读，并在第 2 版与第 3 版的位置进行详细报道，或者在最后一版运用除广告部分之外的全部版面进行报道。这类报道最显著的一个特点就是标题导读（前提是标题要做好，能在最大程度上抓住读者的视线），能够首先让读者的视线停留，紧接着的精彩的“内页新闻”能够让读者“不虚此看”。

还有一种可以《东方早报》为代表。且以有关“苏州新博物馆的选址问题”的报道为例。《东方早报》在收到驻地记者发回的深度报道后，先是编辑出一个浓缩的稿件，在头版的倒头条位置刊发，并把详细的报道放在稍次的版面。这样处理一些大的稿件，体现了媒体为读者考虑的“人本”思想：对于读者来讲，把一份厚报全部阅读过来实在勉为其难，因此把包含事件主要内容的浓缩稿放在重要版面，可以让读者用较少的时间掌握尽可能多的资讯。

在“纵深报道”之前，一些有着固定名称的深度报道版面一度风光无限，譬如，创办至今已经有 9 年历史的《中国青年报》“冰点”版面。以“冰点”为代表的深度报道版面相对固定，其刊登的报道都符合一定的原则，或者是人文关怀，或者是天下时政，一般不会出现界限不清的情况。

再说“专题”。专题报道其实也是一种非常设的报道方法，在遇到重大突发性事件或者重大战役性事件的时候，一些报纸经常采用这样的报道方法。说到底，专题报道是对前两种专区报道的延伸和深化，三者的旨趣是一致的。

（二）专辑

说到“专辑”，我们就想到“号外”。其实，号外只是我们比较熟悉的报纸专辑的一种主要形式，其特点在于报道的彻底、深刻和及时。

为什么专辑形式能够使深度报道阐述得彻底呢？因为它有足够的版面空间进行稿件的配置，为记者和编辑提供了足够的舞台进行发挥。记者在采访写稿时可以充分发挥自己的主观能动性和创造性，调动各个方面的资源，从而使采访进行得深入、写稿进行得酣畅；编辑在编辑时也不必再忍痛割爱，对记者的稿件进行大规模的删减，同时也能采用多种编辑手段（如加编者按、配评论等）丰富报道。

为什么专辑形式能够使深度报道阐述得深刻呢？众所周知，一组报道深刻与否和记者的采写、编辑的剪裁有着最直接的联系。如上所述，专辑形式其实是一个舞台，记者和编辑都能够在上面充分地发挥，把事件的搜罗和稿件的“打磨”提到一个更高的层次和新的境界，从而使原委“水落石出”，凸显新闻最深层次的真相和最深刻的内涵。

为什么专辑形式能够使深度报道及时呢？因为专辑往往是一家报社在集中采编力量、先进的技术设备和后勤保障、动用一切可以利用的资源的基础上形成的。各方面的协调和合作，能够使报道的非业务因素造成的时间损耗降到最低，大大缩短出报时间，在最大程度上成全报纸的及时性。特别是号外，最能体现这一特点。譬如，美伊战争开始后几个小时，一些报纸的号外就几乎与事件同时“新鲜出炉”了。

作为一种规模报道的样式之一——专辑，在实施的过程中也有几个方面的问题需要注意：

一是报道内容“新”和“旧”的关系。这里的“新”和“旧”，实际说的就是时效性和资料性的关系。我们知道，专辑中的内容必须新、旧结合，既要对刚刚发生或者正在发生的新闻有明确的反映，又要对与之相关的背景资料以及他家媒体的报道进行链接，力求客观而全面地反映事件的全貌。但是，对于专辑来说，“新”和“旧”的内容如何搭配，比例怎样？这其实没有定论，一切要从实际出发。以中国申奥为例，对于全国各大报纸来说，除了有条件的特派记者能到申奥现场进行报道之外，新闻媒体其实都处在同一条起跑线上，即都可以掌握相同的历史资料，都能在第一时间获悉申奥结果等。所以，在这种情况下，一份“号外”水平的高低，在很大程度上就看编辑水平的高低，看编辑能不能以申奥结果为切入点，把历史资料有机地串联起来；这时，专辑质量的较量已经异化为编辑水平的较量。

二是报道准备的充分性。所谓充分性，就是要把报道对象的不确定性，预先多估计一些，并准备相应的报道方案。就像上面提到的申奥，中国能否获得举办权，其实“胜负”不掌握在媒体手里，但无论结果如何，媒体总要作出报道。在这种具有不测性的前提下，新闻媒体的“未雨绸缪”恐怕只能体现在两套不同的方案中，即对胜、负两种可能都准备不同的报道预案。否则，完全凭事先的预测，把“宝”押在胜负天平的一端上，那么不测结果一旦出现，媒体必然会陷于被动。历史上不乏这种教训。

## 二、广播电视的节目编排

广播电视有许多相同的构成要素，如都有声音、场景或画面、记者报道、谈话、受众参与等。下面着重谈谈电视节目中深度报道的节目编排。

一般来说，电视深度报道节目有专题报道、电视专访、新闻杂志这几种主要形式。

### （一）专题报道

电视专题报道是对一个新闻题材所进行的有一定深度的报道。它是详尽、深入记录新闻事件或者典型人物活动的电视文体。①

专题报道的特点可表述为“艺术的纪实性”。在实际的新闻操作中，如何准确把握“纪实”和“艺术”殊为关键。我们认为，“艺术的纪实性”可以从两个方面进行把握，即“客观的镜头，艺术地拍摄”；“事件内在真实，节目外在艺术”。

所谓“客观的镜头，艺术地拍摄”，是指电视节目在前期采访拍摄的过程中，借助的媒介是作为客观存在的摄像机抓取的画面，构成节目的内容是一个个客观的镜头；但是，拍摄的角度及内容等则是一种“艺术”的选择，体现了主持人（记者）和摄像师共同的智慧。为什么说镜头是客观的呢？因为无论从镜头的类别——长镜头、中景镜头和特写镜头，还是摄像机的机位以及镜头的长度仅有若干种，但是拍摄却可以扩大到无限，因为艺术是人脑可以无限发挥的。但是，这种无限的艺术拍摄也是有规律可循的，那就是“拍摄有影响力的镜头”②。

所谓“事件内在真实，节目外在艺术”，是指专题报道的依据——新闻事实必须是真实可靠的，而最后呈现在受众面前的“成品”——节目，则是经过艺术地编辑而来的。电视专题报道又被称为电视通讯，是因为它和报纸通讯一样，以真实性为生命，所以不允许虚构、扮演、摆布、补拍与导演；而节目外在的艺术则是指其可综合运用画面形象、同期声现场效果、背景材料以及特技、字幕、图表、动画等视听因素，尽可能调动各种手段和方法为节目的主题服务。

---

① 郑祖武：《电视新闻报道学》，第235页，浙江大学出版社2000年版。

② 安德鲁·博伊德：《广播电视新闻教程》，第314页，新华出版社2000年版。

（二）电视专访

电视专访是指以人物谈话为主要表达方式的一种报道形式。其中必须仔细辨析的是，“电视专访中的谈话内容必须构成独立而完整的新闻，而不仅是表现主题的某个部分”①。

根据划分标准的不同，电视专访可以划分为不同的种类。以访问对象的不同，电视专访可以分为人物访问和专题访问。

人物访问是对新闻人物所作的专访，这类人物一般都为近期内公众关注的“焦点”人物，如重大事件的亲历者、见证人、有争议的人物、明星等。专题访问则是就具体的某个新闻事件或某个社会问题、社会现象进行的访问。以访问内容的不同，电视专访又可以分为事态性专访和问题性专访。事态性专访是指对观众关注的新闻事实作访问，问题性专访则是就被访者的学识、见解提出问题。

（三）杂志型电视新闻节目

新闻业内人士已经形成了这样的共识：要使某个栏目的节目组合优化，其最佳的形式就是“杂志化”。所谓杂志型电视新闻节目，顾名思义就是将杂志的编排手段和手法“移植”到电视新闻节目中来，并充分发挥电视的传播优势和报道、评述的手法，按照一定的宗旨，将几个内容不同、风格各异的新闻节目版块串联为一个单元播出，通过节目主持人穿针引线，使其成为一个有机的整体。最早采用这种节目编排方式进行深度报道的是美国哥伦比亚广播公司的“60 分钟”，而中国第一个杂志型电视新闻节目是上海电视台 1987 年 7 月 1 日开播的“新闻透视”。“新闻透视”设有“纵与横”“社会广角”“长焦距”“当代人”“观众中来”“快节奏”等六个固定的栏目。中央电视台的“东方时空”则已将这种类型节目的影响发挥到一定高度。

以“杂志”这种节目类型来进行深度报道，其优点集中体现在两个方面：一是内容丰富多彩，因为它往往融客观报道与分析性、解释性报道于一体；二是形式多样，既有最快捷、最简明的资讯，又有最权威、最深入的分析与前瞻。

杂志型新闻节目要避免成为“大杂烩”新闻节目，就须从节目主旨、取材范围、基本风格、受众选择等几个方面形成自己的特色；整档节目中小栏目之间的起转承合更要协调。做好杂志型新闻节目是一项庞大的系统工

① 高鑫、周文：《电视专题》，第 144 页，中国广播电视出版社 2000 年版。

程，需要全体采编人员进行全方位的通力合作。

## 三、网络的网页设置

在报纸、广播、电视、网络四大媒体并存的今天，网络媒体无疑最具深度报道的潜力与条件。它视频、音频兼备，同时通过超链接的方式给受众呈现尽可能多的资讯。在实践中，以新浪、搜狐等为代表的大型新闻门户网站已在深度报道探索的路途上越走越宽广，以种种有益的实验和尝试确立了网络媒体在这一领域不可替代的地位。

主要说来，网络媒体通过以下几种方式来安排深度报道：

（一）专题

这类专题在不同的网站中有不同的名称，但其专题的构成大同小异。现以新浪网上的2003年1月8日的"新浪观察"为例加以说明。这一期专题的主题是《烟花爆竹事故与公共安全政策》（以下简称《事故与政策》），其骨架文章是《铁岭烟花爆炸事件调查》和《中国烟花爆竹产业调查》等两篇文章；此外，"新浪专访""新浪时评""网友评论"以及"编后语"、调查问卷等进一步充实了这一专题的内容。通过这一个案，我们很容易得出此类专题的共同特点：

（1）报道主体全面而详实。考察《事故与政策》，我们可以看到《铁岭烟花爆炸事件调查》和《中国烟花爆竹产业调查》这两篇文章，不仅对此次铁岭的事故作了详尽的调查，而且让受众对中国整个烟花爆竹产业有了更全面、深刻的认识。

（2）文体丰富，角度齐全。这一深度报道不仅有调查性报道（《铁岭烟花爆炸事件调查》和《中国烟花爆竹产业调查》），也有访谈（对中国人民大学行政管理学研究所所长的专访），还有评论性文章（"新浪时评"《烟花爆竹并没有"原罪"》），更有来自"民间"的声音——网民的评论。可以说，这一深度报道几乎融合了所有可以利用的问题，涉及应该涉及的多种角度。

（3）即时互动，旨在引导。所谓即时互动，一般通过选择有代表性的网友评论体现出来；此外，调查问卷也是与受众进行互动的一个具体体现，同时反映了网络媒体对受众"表达权"的尊重。至于引导功能，"新浪"在栏目说明中就表达得很清楚，"引领大众对热点新闻和各类社会话题进行深度讨论"。

（二）超链接

所谓超链接，就是对某一深度报道中的关键语词元素、语句元素，或者其中一篇新闻建立某种“链接”，以使信息之间的转换更加便捷。运用超链接进行深度报道，其呈现方式如下：

（1）把新闻中的语词元素和对它构成词解的说明性文字进行衔接，是谓“词链接”。

（2）把一篇新闻中的语句元素（或一部分文字）与另一篇直接关联的新闻进行衔接，是谓“篇链接”。篇链接可以是不断下行的，愿意阅读到哪一个层面由受众自己决定。

（3）把一篇新闻与另一类新闻相链接，则谓“类链接”。使用类链接的新闻与它下行的新闻相比，没有同一事实的联系，但却有某种间接的事类的联系，受众从下行中可以得到更为广阔的新闻背景。类链接也是可以不断下行的，愿意逐渐换位到哪一个类别层面也由受众自己决定。①

使用超链接来进行网络新闻深度报道的组织，可以使读者几乎无穷尽地了解该报道的相关背景资料；但过度使用和依赖超链接提供的丰富资讯，也会使读者陷入到浩淼的信息海洋之中而不能自拔，大大降低阅读速度和阅读效率，甚至完全偏离原来的阅读主题和阅读初衷。

# 第三节　深度报道编辑中各元素配置

不同媒介，有着各各不同的构成要素。为更好地进行深度报道，编辑和记者要充分理解媒介特性，运用自身的特有手段和操作方式，有效配置诸多相关元素，在统摄性思维制导下达到深度报道的目标。

## 一、报纸的元素配置

对于独立文体的深度报道而言，我们主要对其标题、图片以及行文这三个方面进行考察。

① 杜骏飞、胡翼青：《深度报道原理》，第 317 页，新华出版社 2001 年版。

(一) 标题

标题的好坏,具体体现在表达的内容和外在形式两个方面。而无论是表达的内容还是外在的形式,都必须遵循各自的原则。

内容方面的要求有:

(1) 言简意赅。即用最简洁的文字最大程度地概括报道的内容,以便读者第一眼就能掌握或者推测出报道的大致内容。

(2) 晓畅而不庸俗。现在的一些报纸为了吸引读者,不惜走"黄色报纸"的路线,凶杀、色情的字眼充斥标题,造成大量的"视觉垃圾",非但不能吸引读者,反而使读者望而却步。

(3) 最大限度地引起读者的阅读兴趣。这是基于以上两条原则对记者、编辑提出的更高层次的要求。对于深度报道来讲,一则好的标题可以把读者的注意力牢牢地吸引住,提高报道的阅读率(因为好的报道会众口传诵);如果深度报道是被安排在头版位置,"抓"人的标题还可以促成读者的购买冲动,提高报纸的发行量。

形式方面的要求,主要落实为字体和字号两个方面:

(1) 字体:深度报道的标题字体宜庄重、大方,忌花哨。阅读各家报纸,人们不难发现,宋体和黑体已经成为深度报道的主流字体,究其原因,也是因为它们庄重大方。在相当长的一段时间内,以《新民晚报》为代表,标题"细眉小眼",后来逐渐被淘汰,代之以南方报纸"浓眉大眼"的标题,并逐渐成为报纸媒介青睐的对象。到了今天,介于两者之间的中间状态成为报纸标题的主流。目前通行的是,深度报道的标题字体以恰到好处的黑体以及较之黑体更加秀气一点的宋体为主。花哨的字体已经被报纸所普遍抛弃,个中原因恐怕是因为"花哨"使人产生华而不实之感,有损于深度报道的权威性,也增加了读者对深度报道内容的不信任感。

(2) 字号:深度报道标题的字号大小并不固定,通常来说,一份报纸各版面主打报道的标题字体应该一致;此外,深度报道标题的大小还须与所在版面相协调。

(二) 图片

对于深度报道来讲,图片与文字一样,都能对报道主题起积极作用。好的图片能与文字相得益彰,共同为报道主题服务。深度报道中图片的使用原则为:

(1) 图片必须与报道内容密切关联。这里说的密切关联,是指图片所反映的就是报道的内容,或者图片虽不与报道内容直接相连,但对烘托主题等有着积极而深刻的意义。

(2)图片要有冲击力。冲击力不仅表现在图片内容的场面壮观、气势恢弘,更表现为"细节的力量"。有时候,细节更能打动人,并给人以深刻、长远的记忆。譬如,说到"希望工程",人们的脑海中就会浮现出那张"黑眼睛"的照片。为什么呢?因为拍摄者抓住了细节,即小女孩那双渴望上学的、天真无邪的大眼睛。英国安德鲁·博伊德曾把细节理解为高潮时的动作,他认为,"最有影响力的照片是在行动的高潮时捕捉到的"——因为"新闻的主题就是关于行动和变化,所以新闻摄影应该面向运动中或者变化中的事件"①。

(3)最好使用独家图片。使用独家图片有两种理解,一是独家买断图片库提供的照片,二是使用自家媒体记者拍摄的独家图片。唯有这样,才能避免"泯然于众人",提高自身在读者中的地位。

(4)图片比例协调。长期以来,报纸编辑为避免报纸"开天窗",就采用"文字不够,图片来凑"的方法,无原则地拉大图片;同时,还有些编辑片面地认为图片拉得越大,效果就越好,就越有震撼力,以致有限的版面资源被肆意浪费。所以,在配置图片时,应根据图片的内容、版面的大小等因素来综合考虑图片的配置。

(三)行文

对于一篇好的深度报道来讲,不仅要让读者思考,还要让读者领略到文字之美。而我们谈论报道的行文,也就在这两个方面展开。

(1)文字应严谨、简洁。对深度报道的文字来讲,严谨应该是第一要义,其次才是简洁。严谨的文字能够增强报道的说服力和权威性;而简洁的文字则让人产生干净利落之感,让整篇报道呈现出活力与节奏。

(2)行文的立场要中立、客观。其实,无论什么样的新闻报道,行文立场的中立和客观都是不可忽视和忽略的。只有行文保持立场中立和客观,整个报道才能在此平台上展开,才能令读者信服。

对于组合文体的深度报道而言,除了以上各要素的配置之外,还需要注意以下几个问题:

(1)以新闻事实为主体,因为这是整个深度报道的出发点和归宿。

---

① 安德鲁·博伊德:《广播电视新闻教程》,第314~315页,新华出版社2000年版。

(2) 各种文体的搭配要呈现和谐之美。对于纯粹意义上的深度报道而言,应该融调查、分析、评论于一炉,各种文体的搭配也要适宜。

## 二、广播电视的元素配置

对于广播电视来讲,报道元素主要有声音和画面两种。在深度报道中,这两种元素自身必须臻于完善,二者的配合也极为重要。

(一) 声音

电视新闻报道中的声音由两类构成:一类是摄录事物景象同时记录下来的各种现场声音;另一类是后期制作时插入编辑配加的播音员解说词和必要的配乐。

我们这里主要讨论解说词。在电视新闻深度报道中,解说词起着举足轻重的作用,与画面共同构成完整的报道。在深度报道中,解说词主要有以下的作用:

(1) 补充画面未能反映的背景内容。譬如,人物的心理活动等就很难通过镜头来表现,这就需要通过解说词表达出来。但是,能够通过画面明确反映出来的内容则不需要用解说词进行重复,甚至"最好避免使用形容词描述屏幕上所见所闻的事情"①。

(2) 整合画面。我们知道,电视新闻节目是由一个个相对独立的镜头组成的,对于电视新闻的深度报道而言,其涉及的镜头就更加多样。这些镜头之间起转承合的关键就在于解说词。解说词设计得好,就会使镜头浑然一体,天衣无缝;而观众在收看时,也能一气呵成,并逐渐沉浸到报道之中去,思维随着报道的节奏而律动。反之,观众看到的只是一个个拼凑生硬的镜头,且镜头之间也毫无衔接与逻辑可循,这样的报道自然会使人反感。

(3) 点明主题,引发思考。任何报道的最终归宿点只有一个,那就是寻找所报道问题的解决方法。但是,很多报道所反映出来的现象和问题并不是一朝一夕、一招一式可以解决的,而是需要依靠集体的智慧,群策群力。因此,媒体作为政府和群众之间的纽带,有责任引导读者进行深入的思考,并提出切实可行的解决方案。策略的解说词可以使读者自觉地进入媒体所设定的思考轨道,引导受众进行广泛的讨论和深入的探求。

① 安德鲁·博伊德:《广播电视新闻教程》,第326页,新华出版社2000年版。

（二）画面

画面是一种无声的语言，与声音相配合共同完成报道。电视新闻最主要、最重要的信息应该是通过画面表达或者反映出来的。“电视是最能保持生活素材的完整性和原始形态的传播媒介，它能将生活中正在发生、正在进行的事件的存在方式和运动状态及时、同步地传播到世界各地，其中包括形象、声音、氛围、环境、表情、动作等形成综合的多方位的信息场，这是以往任何传播媒介包括电影所不能做到的，是电视画面独特的本质，它可以载负全方位的信息场。”①而电视画面形象的吸引力，也是电视新闻报道有别于报纸新闻报道、广播新闻报道的一个最显著的方面。与此同时，电视画面虽然也可以因技术处理而“失真”，但在观众的心目中它仍然是权威和值得信赖的。

## 三、网络媒体的元素配置

除了提供常规的新闻之外，网络媒体的很多功能和技术都可以为深度报道在网络上的进一步发展提供信息支撑和技术支持。

（一）电子邮件

与传统邮件相比，电子邮件具有明显的优势，它的传播速度更快，价格更低廉，功能更多，即时性更强，保存、查阅更方便。基于以上优点，网络媒体在进行深度报道的时候，完全可以采用电子邮件的形式进行调查访问。

（二）在线聊天

现在网站的聊天室模式一般有两种：一是许多人平等地进行交流，聊天参与者既可以同时向所有其他参与者讲话，也可以对某一特定参与者讲话；一是以名人为中心的聊天，在这种聊天模式中，人们的交流围绕着一个中心人物而展开。相对来说，后者的交流频率较高，传达的信息量相对来说也比较多。比如，新浪等网站经常会约请热门人物作客聊天室，与网民进行交流。这样的形式完全可以被深度报道所采用。它的及时性、交互性是现在网络深度报道专题中的专家文章所难以比拟的。

（三）在线调查

互联网络为编辑和记者的调查研究提供了新的沟通方式。在线调查具

① 朱羽君等：《中国应用电视学》，第411页，北京师范大学出版社1993年版。

有简捷、高效、无限制的特点，可以做到及时询问、及时填写、及时报道调查结果。另外，由于在线调查体现了受众的参与性，其过程还形成了网络新闻传播的一个“看点”，给受众以深刻印象。

在线调查一般可通过网站主页、主题区、BBS（电子公告板）或新闻组等进行。如果是大型多线的BBS站，可以约请采访对象一起上线，彼此通过线上会议讨论问题，当然也可以将调查问卷送到电子公告板刊登。高质量的在线调查，应该在主题设置、问卷设计、表现方式等方面作科学论证、精心策划。

（四）网上论坛

网上论坛英文BBS，即BULLETIN BOARD SYSTEM（电子公告板系统）的缩写。现在的BBS就像现实生活中的公告板一样，用户除了可以进入各个讨论区获取各种信息之外，还可以将自己要发布的信息或者参加讨论的观点“粘贴”在公告板上，与其他用户展开讨论。现在的BBS在对突发事件的披露和重要问题的深度分析上有着极快的速度和较深入的认识，很多深度报道的选题、观点和策划都和BBS上的相关内容有着密切的联系。

当然，网络的功能和技术还有很多，如链接、搜索、电子刊物、转发功能等，它们都会对网络深度报道产生深刻而积极的影响。鉴于有些内容前面已有提示，这里就不作赘述了。

# 主要参考文献

张国良主编.20世纪传播学经典文本.复旦大学出版社,2003.

沃纳·赛佛林,小詹姆斯·坦卡德.传播理论:起源、方法与应用.华夏出版社,2000.

常昌富等编选.大众传播学:影响研究范式.中国社会科学出版社,2000.

孙旭培著.新闻学新论.当代中国出版社,1994.

陈力丹.精神交往论——论马克思、恩格斯的传播观.开明出版社,1993.

刘建民.宏观新闻学.中国人民大学出版社,1991.

刘建民.当代新闻学原理.清华大学出版社,2003.

童兵.比较新闻传播学.中国人民大学出版社,2002.

童兵,林涵.20世纪中国新闻学与传播学.复旦大学出版社,2001.

徐耀魁主编.西方新闻理论评析.新华出版社,1998.

杨保军.新闻事实论.新华出版社,2001.

李彬.新闻传播史.清华大学出版社,2003.

李良荣.西方新闻事业概论.复旦大学出版社,1997.

尹鸿.媒介研究导论.清华大学出版社,2003.

罗杰·菲德勒.媒介形态变化.华夏出版社,2000.

刘建民.媒介批评通论.中国人民大学出版社,2001.

胡正荣.媒介管理研究.北京广播学院出版社,2000.

张国良主编.新闻媒介与社会.上海人民出版社,2001.

喻国明.解析传媒变局.南方日报出版社,2002.

喻国明.传媒影响力.南方日报出版社,2003.

陈大斌等.国际大众传播媒介简介.青岛出版社,1993.

钟大年主编.香港内地传媒比较.北京广播学院出版社,2002.

端木义万主编.美国传媒文化.北京大学出版社,2001.

刘海贵主编.中国现当代新闻业务史.复旦大学出版社,2002.

李希光. 现代媒体采访写作. 清华大学出版社,2003.

密苏里新闻学院. 当代新闻采访与写作. 周知文化出版社,1995.

刘明华. 西方新闻采访与写作. 中国人民大学出版社,1993.

陆地. 广播电视导论. 清华大学出版社,2003.

熊澄宇. 网络传播教程. 清华大学出版社,2003.

袁正明等. 用事实说话——中国电视焦点节目透视. 上海人民出版社,2000.

杜骏飞,胡翼青. 深度报道原理. 新华出版社,2001.

时统宇主编. 深度报道范文评析. 新华出版社,2001.

罗钢. 叙事学导论. 云南人民出版社,1994.

约翰·霍洛韦尔. 非虚构小说的写作. 春风文艺出版社,1988.

陈作平. 新闻报道新思想——新闻报道认识论原理及运用. 中国广播电视出版社,2000.

沈征郎. 实用新闻编采写作. 台湾联经出版实业公司,1992.

沃尔特·福克斯. 新闻写作——报刊记者指南. 新华出版社,1999.

杰里·施瓦茨. 如何成为顶级记者——美联社新闻报道手册. 中央编译出版社,2003.

戴维·加洛克. 普利策新闻奖(特稿卷). 新华出版社,1999.

瓦莱里·麦克拉里等编. 普利策新闻奖最佳作品集. 中国新闻出版社,1987.

中国新闻奖作品选. 新华出版社,1991 年至今.

# 后 记

写这本书稿,差不多花了一年半时间。尽管多方搜集资料,书房中也准备了满满一书架的书,仅剪报就有20多本,但当我交出书稿的时候,仍然诚惶诚恐。现代新闻传媒业真是瞬息万变,各种现象层出不穷,深度报道也正以多种新的方式不断呈现,因此,在当今的传媒大变局中,学术研究所追踪的“前沿”,恐怕只能说是新探索的开始。

本书的部分章节,已在国内学术刊物上发表过,并得到了一些学者的肯定。这里,特别要感谢的是著名学者孙旭培先生,他不仅多年来关心和指导本人,并且还在百忙之中热忱为本书撰写序言。他给予的厚爱和关心,会激励本人在学术的道路上不断走下去。同时,也要感谢本院的诸多师友,来自这样一批志趣相同、相互切磋的学术群体的关心和支持,增添了我继续深研的信心。

在本书的写作过程中,部分内容曾在研究生“新闻文体研究”课堂上作过讲授,并且听取了这批富有思维活力的年轻朋友们的意见。学术需要交流,我希望这种交流能继续进行下去。另要说明的是,为避免与本人撰写的《新闻采访与写作》内容雷同,我特意约请本人所指导的几位研究生撰写了部分章节,其中第八、第九章由沈一明撰写,第十章由陈佳撰写,第十一章由邢超撰写,他们写出初稿,最后由本人作修改和定稿。

本书的出版是一个研究阶段的结束,同时也是新研究的展开。恳请读者对本书提出批评和指正,以使本书不断臻于完善。

徐国源

2004年2月28日于苏州东吴园